（修订第3版）

格调

社会等级与生活品味

Class
A Guide through the American Status System

［美］保罗·福塞尔——著
梁丽真　乐涛　石涛——译
石涛——荣誉策划

北京联合出版公司

你怎样穿戴,看什么电视节目,或者看不看电视,你吃什么饭,或者什么时间吃饭……这些都是你所属社会等级的指示计!

你属于哪个阶层?

	你家的客厅	你最爱喝的饮品	你的措辞	你开的车
上层阶级	磨出线的东方地毯 深色的木墙壁 富于异国情调的过季花卉	加冰的苏格兰威士忌(不加苏打水),用饰有帆船图案的玻璃杯喝	"爷爷死了。" "玛菲怀孕了。"	又旧又破的普利茅斯或雪佛兰
中层阶级	房间里铺满地毯 模仿 Tiffany 的台灯 壁柜里的《大不列颠百科全书》	马提尼鸡尾酒	"奶奶去世了。" "梅丽迪丝有喜了。"	崭新的奔驰或宝马
下层阶级	漆布地面 可折叠的人造革沙发 稀奇古怪的热带鱼	易拉罐装的国产啤酒	"叔叔去见耶稣了。" "米妮娅要当妈妈了。"	无论什么车,车窗玻璃上都挂着鼓鼓囊囊的玩具骰子和娃娃鞋

机智、挑剔、富于启发性……极为令人惊异并常常辛辣尖刻……福塞尔击中了要害……极富挑动性。

——《芝加哥太阳报》（Chicago Sun-Times）

一本少见的好书……丰富的历史向度、敏锐的洞察力、刺骨的滑稽，投向美国等级社会的一线强光。

——合众国际社（United Press International，UPI）

悄然的震撼……保罗·福塞尔以他的丰富、密集、富于洞见和批判性使你不得不爱不释手地在一个晚上读完这本书，并且还满怀乐趣。

——《旧金山纪事报》（San Francisco Chronicle）

这本书的独到和有价值之处就在于，它指出了无处不在的格调区分。

——《中国青年报》

《格调》的风靡一时，主要是因为它的有趣，单是作者那种特有的温柔的刻薄、狡黠的犀利以及善意的恶毒，就已经使《格调》有了一种特立独行的"格调"。

——《北京青年报》

正如人们曾经谈论"媚俗""品味"一样，《格调》出版后又开始流行一个词语——格调。

——《文汇报》

目录

译者序 ··· 1

第一篇 敏感话题 ··· 1
在美国，人们忌讳谈论社会等级，但他们的敏感恰好说明了社会等级存在的严酷事实。

第二篇 解剖等级 ·· 15
美国大熔炉到底有多少社会等级？人们的常识认为只有两种：富人和穷人，或者统治阶级和被统治阶级。随着生活水准的普遍提高，这一简单划分显然不再适用。

看不见的顶层…25 / 上层…27 / 中上层…30 / 等级地图…35 / 中产阶级…41 / 上层贫民…48 / 中层贫民…53 / 下层贫民…56 / 赤贫阶层…57 / 看不见的底层…58

第三篇 以貌取人 ·· 59
相貌、身高、胖瘦、衣着都是人们社会等级的特征。比如微笑，贫民妇女的微笑就要比中上层阶级妇女更频繁，嘴也咧得更大。

容貌…60 / 微笑…60 / 身高…60 / 体重…61 / 衣着…64 / 颜色…65 / 质地…65 / 易读性…67 / 整洁…69 / 西装…71 / 总统衣着…73 / 政客穿着…75 / 低品味标志…78 / 衬衫领子…79 / 饰物…80 / 雨衣…81 / 长裤…81 / 领带…82 / 帽子…86 / 高级品味：古风崇拜…89

第四篇 住房 ··· 95
小心你的房子，它会使你的社会等级一目了然。车道、草坪、房子的外形、院子里摆放的东西、门牌号码的写法……这些都能指示出你的社会等级。

车道…96 / 围墙…97 / 门牌号码…97 / 车库…97 / 草坪…98 / 家畜…99 / 院内摆设…100 / 花草…101 / 谁的房子…101 / 户外家具…106 / 汽车…107 / 室内陈设和装潢…109 / 上流社会起居室…111 / 中上层阶级起居室…112 / 中产阶级起居室…113 / 贫民阶层起居室…114 / 电视机…115 / 电视节目…117 / 厨房和卫生间…120 / 宠物…122

第五篇 消费、休闲和摆设 ······························ 125
消费选择、休闲方式和室内摆设也是社会地位的陷阱。你喜欢喝什么饮料，看什么电视节目,抑或根本没有电视,读什么杂志……都会确凿地暴露出你的社会层次。

喝酒…126 / 用餐…130 / 食品…132 / 甜食…135 / 购物场所…135 / 下馆子…136 / 电视食品广告…138 / 超级杯派对…139 / 度周末…140 / 旅游…142 / 体育运动…144 / 邮购商品…151 / "收藏"…157 / 可读性装饰…158 / 各阶级商品目录…159 / 个人化饰物…164

第六篇 精神生活 ········· 169
作者讨论了美国的大学,因为大学主管人们精神生活的等级。此外,阅读也与人的品味和等级密切相关。

大学…170 / 读物…189 / 《圣经》…196 / 观念…197

第七篇 "一张口,我就能了解你" ········· 203
一个人怎么说话,说什么话,当然毫无例外地会显示等级和品味。另外,对自己的社会地位有没有自信,也决定了一个人的说话习惯。

第八篇 升与降:贫民化趋势 ········· 233
人们的社会地位并非一成不变,而是有升有降。从整个社会角度看,世界正趋向于贫民化或者大众化,这一趋势已经无可逆转。

往上爬…234 / 沉沦…235 / 贫民化趋势…237

第九篇 冲破常规的另类 ········· 247
那么,有知识有创造力的人们呢?如果他们不想在社会等级的夹缝中随波逐流,应该怎么办?好在已经诞生了一个新的人群:另类。另类是富于创造力又热爱自由的人们的最后出路。

第十篇 练习题、客厅评分表与读者来信问答 ········· 263

中译本第1版序言　品味——社会等级的最后出路 ········· 277
中译本第2版序言　等级、格调,新的社会话题 ········· 285

出版后记 ········· 294

译者序

在经历了如此之多的变迁、磨难和不幸之后，今天，生活格调对中国人来说还是个问题吗？

1999年《格调》一书初次在中国出版时，曾受到前所未有的关注，甚至学术界也卷入其中，其争论焦点就是：这是中国人的真问题还是伪问题？12年过去了，我们似乎仍然没有获得一个确切的答案。一方面，恶俗仍然在以各种各样的形式蔓延，所有福塞尔在80年代美国观察到的社会等级符号在今天的中国依然泛滥，攀爬上财富阶梯顶端的人们正花样百出地炫耀财富，而且形式更为极端。另一方面，由于财富分配的严重不公，社会生活的重心正在向追求公平和正义转化，人们如果连住房都买不起，还能侈谈生活格调吗？

中国的改变太快，以至于没有什么东西可以长时间存留，包括社会习俗和生活品味。然而，不管生活正在变得多么艰难，只要有机会改善，人们还是希望自己的言行举止更得体，生活更有情趣，更丰富充实。这种根深蒂固的倾向，任由多么强大的生活压力也无法摧毁。所以《格调》一书所揭示的道理并没有改变：如果你是一个注重生活品质和自身形象的人，不管钱多钱少，还是渴望让自己与众不同。

尽管媒体当年沸沸扬扬，我曾经怀疑这本书对中国社会是否真正产生了影响。一个朋友告诉我，至少有两种东西因为《格调》的出版而衰落了，一是保龄球，二是轿车后窗上悬挂的毛绒玩具。暂且不论保龄球和后车窗的毛绒玩具格调高低，仅从功能角度考察，保龄球肯定不如户外运动更有益于健康；而后车窗上悬挂过多的异物，无疑会遮蔽后视镜需要的视线，容易引发车祸。另一方面，也有一些东西因为《格调》时髦了起来：由于福塞尔观察到，在球类运动中，球的尺寸越小越被认为有格调，所以今天中国越来越多的有钱人都打起了高尔夫球。而在诸多的对比中，我自己观察到的一个最明显的变化，则是地产开发商在改变住宅品位方面所做的不懈努力。今天，你已经很难在中档以上的住宅区内看到笔直的道路了。小路正在变得越来越弯曲，常常莫名其妙地消失在绿树掩映的楼群里。

当初把此书介绍给中国读者时，是当作社会学大众读物定位的。今天回头来看，此书的定位远比社会学读物要复杂得多，它包含了许多心理学、经济学，甚至政治学的元素，这些元素被包裹在生活品味的外衣之下，巧妙地影响了人们的思考。其实，这一复杂的定位不是正好对应了中国社会隐秘多变的价值取向吗？我甚至相信，在今后很长一段时间里，此书都将继续磨砺我们的生活智慧。

石　涛
2011 年 10 月于加州硅谷

第一篇

敏感话题
A TOUCHY SUBJECT

尽管绝大多数美国人感到，他们的确生活在一个极其复杂的社会等级制度当中，他们甚至怀疑，正是对社会地位的种种顾虑，左右了置身其中的人们的言谈举止。然而，社会等级这个话题迄今依然显得暧昧可疑，并且经常是过于敏感的。时至今日，哪怕只是稍稍提及社会等级这个话题，也能大大地激怒别人。这情形就仿如一个世纪以前，当绅士们坐在社交沙龙中饮茶时，一旦有谁过于公开地谈及性问题，全场顿时鸦雀无声。

最近有人问我正在写些什么，我回答道："一本关于美国社会等级的书。"这时，人们总是会先紧一紧自己的领带，然后偷偷瞥一眼袖口，看看那儿磨损的程度。几分钟之后，他们便会悄悄站起身走开。这不仅仅由于他们怀疑我是个社会等级暗探，还仿佛我刚才的话说的是："我正在写一本书，想鼓励人们用幼海豹的尸体痛打幼鲸，直到它们断气。"自动手写这本书以来，我已经数次体验了 R. H. 托尼[1]洞察到的一个可怕的真理。他在《平等》（*Equality*，1931 年）一书中写道："'等级'这个词会引起种种令人不快的联想。所以，只要在这个话题上稍作逗留，就会被理解成是精神变态、嫉恨和充满偏见的症状。"

尤其在美国，等级这个概念相当令人尴尬。社会学家保罗·布卢姆伯格（Paul Blumberg）在他的作品《衰落时代的不平等》（*Inequality in an Age of Decline*，1980 年）中，干脆把社会等级称作"在美国遭禁的思想"，此话可是不假。通常，哪怕这个话题刚被触及，人们就开始变得烦躁不安。当两名采访人问

---

[1] R. H. Tawney（1880—1962），英国著名的经济学家、历史学家、社会批评家、教育家。——编者注

一位妇女，她是否认为这个国家存在不同的社会等级时，她回答道："这是我所听到过的最最肮脏的字眼！"当另一位男士被问及同一个问题时，他变得很有些愤懑，"社会等级应该被彻底消灭！"这句话冲口而出。

实际上，在面对这个问题时，人们恰恰会暴露他们对社会等级的敏感：越是感到烦恼和愤怒，越说明等级存在的真实和严酷。如果谁容易变得非常焦虑，这种倾向暗示你是一名中产阶级，你非常担心自己会下滑一个或两个等级梯级；另一方面，上层阶级热衷于谈论这个话题，因为他们在这种事上投入的关注愈多，就愈显得地位优越；贫民阶层通常并不介意讨论这个话题，因为他们清楚，自己几乎无力改变自身的社会地位。所以，对他们而言，整个等级问题几乎就是一个笑话——上层阶级空洞的贵族式的自命不凡不过是一种愚顽和妄自尊大，而中产阶级的焦虑不安和附庸风雅则令人生厌。

事实上，对社会等级高度敏感的恰恰是中产阶级，有时候，他们甚至会被这个问题吓得要命。在某图书馆的一册由罗素·林内斯[1]所著的《品味制造者》(*The Tastemakers*，1954年)中，一位中产阶级的代表人物留下了他的痕迹。此书有一节以屈尊俯就的态度论及中产阶级那不可靠的装饰品味，然后冷嘲热讽地将他们和另一些阶层更为高级和精致的艺术行为做了一番比较。在这段文字旁边，这位怒火中烧的读者用大写字母批道："狗屎！"就我的经验而言，此公肯定是一位无可救药的中

---

[1] Russell Lynes（1910—1991），美国艺术史学家、摄影师、作家，《哈泼斯杂志》编辑部主任。——编者注

产阶级男士（说不定是位女士？）。

正如对等级问题的愤慨恰恰暴露了阶级身份，解释这件令你生气的事物的方式也会产生同样的效果。底层的人们乐于相信，等级是以一个人拥有财富的多少来作为标准的；生活在中层的人们承认金钱与等级差别有关，但一个人所受的教育和从事的工作类型同样重要；接近上层的人们认为品味、价值观、生活格调和行为方式是判断等级身份不可或缺的标准，而对金钱、职业或受教育程度则不加考虑。

斯特兹·特克尔[1]曾为写作《美国：分离街》(*Division Street: America*，1967年)采访过一位女士。她不但对等级这一问题表现出惊慌不安，而且出于本能将职业视为划分等级的主要标准，这类反应清楚无误地表明了她的中产阶级身份。"就在这条街上，住着几乎各种等级的人们，"她说，"可我不该提等级这个词，"她接着说，"因为我们并不是生活在一个有等级差别的国家里。"接着，职业标准就来了，"但在这条街上，既有看门人，也住着医生，还住着商人和会计师。"社会学家们司空见惯的是，受访者总会屡屡声明他们居住的地区并不存在社会等级差别。《美国生活中的等级》(*Class in American Life*，1959年)一书的作者伦纳德·赖斯曼[2]写道："几乎无一例外地，调查者记录下的第一句话总是：'我们这个城市没有等级差别'。一旦这句话脱口而出，也就道出了这个地区存在的等级差别，因为随之而来的是同一社区的好公民们令人惊异地众口一词表示附

---

[1] Studs Terkel（1912—2008），美国作家、历史学家、演员、广播员。——编者注
[2] Leonard Reissman（1921—1975），研究阶层和不平等问题的美国城市社会学家。——编者注

和。"小说家约翰·奥哈拉（John O'Hara）曾经不遗余力地探索过这一极度敏感的主题，他对此问题的敏感简直让人吃惊。还在孩提时代，他就开始留心观察他出生和成长的宾夕法尼亚州某小镇，"年长的人对待别人可不是平等的。"

美国的等级差别是如此复杂和微妙，以至于国外的访客常常会忽略那些细微的差异，有时甚至意识不到等级制度的存在。就像弗朗西斯·特罗洛普[1]在1832年游历美国时描绘的那样，"平等的神话真是威力无边"。政府面对这个问题时相当尴尬——成百上千种划分级别的标准从政府机构出炉，官方却不承认存在社会等级——所以，国外访客稍不留意就会忽视等级体系在这个国家的运转方式。英国小说家和文学批评家瓦尔特·爱伦（Walter Allen）的经历就是很好的例证。20世纪50年代到美国一所大学教书之前，他曾想象："美国几乎不存在等级，就算有，也许不过是为了在不同种族或者源源不断的移民当中作一些区分吧。"可是，在密歇根州的大瀑布城住了一段时间后，他终于清醒了。在那里，他见识了新英格兰的势利，以及当地人长期以来对古老家族支配的道德与文化权威所表现的顺从。

一些美国人满怀快意地看待20世纪70年代的电视连续剧《灯塔山》（*Beacon Hill*）的失败，这是一部有关上流社会的作品，以英国戏剧《楼上，楼下》（*Upstairs, Downstairs*）为原型。观众坚信并借此安慰自己，这部作品之所以会以悲惨的失败告终，是因为美国并不存在等级制度，也就是说，根本不可能有

---

[1] Frances Trollope（1779—1863），英国小说家。——编者注

人对这类题材的艺术作品感兴趣。其实他们错了。《灯塔山》未能吸引美国观众的原因在于，它关注的也许是本地人最不感兴趣的一类人——准贵族上层阶级。如果故事发生在一个人人都会关注的冲突点上，比如上层阶级与中产阶级冲突，并抵制后者向上爬的企图；或者中产阶级同仇敌忾地对付低于自己的阶级，那么这种戏剧化表现的效果就会好得多。

如果说外国人经常对美国政府关于社会平等的宣传信以为真的话，美国公民倒是乐于了解个究竟，即使他们谈论这个问题时多少会感到不安。一位敏锐的南方黑人这样断言他的一位雄心勃勃的朋友："乔伊是不可能和那些大人物排级论等的。"这话让我们觉得，现实确是如此。就像一位木匠所说："我讨厌说生活中存在着等级差别，只不过，人们跟与自己背景相似的人待在一起更舒服。"

他这种用"相似背景"区分等级的方式，尽管确切地说并不科学，但与其他任何试图把一个等级与另一个等级区别开的方式几乎毫无二致。不论你与另一个人是在讨论公羊队和四九人队[1]，还是讨论休闲旅行汽车、大屋（the House，即牛津大学的克莱斯特教堂）、"莱奥尼斯大妈"意大利餐厅（Mama Leone's）、纽约证券交易所大行情板、葡萄园或者瓷器，如果你不觉得有必要对你话中的暗示详加说明，或者根本无意解释你的意指，你就很可能在与一位与你等级身份相同的人谈话，这一点千真万确。

本书中，我的理论将主要针对社会等级问题中那些可见到

---

[1] 以1849年涌往加州淘金的人命名的美国橄榄球队。——译者注

的和可听到的符号，更具体些是关注反映一个人行为选择的符号，这意味着，我不会考虑种族因素，甚至不考虑宗教或政治因素（除非偶尔论及）。种族的区别显而易见，却由不得自己选择。宗教和政治观点通常由人选择，其表现除了偶尔出现在前院的圣龛或汽车保险杆上的小标贴，一般并不外露。面对一个人，你通常看不出他是"罗马天主教徒"还是"自由派"，你也许只能看到手绘的领带或者蹩脚的涤纶衬衫，听到"起限定作用的因素"，或者"就……而论"这类话语。

为了弄清楚诸如此类五花八门的信号，我一直依靠感觉和直观判断，而非任何可以称为"合乎科学标准的"方法。正如《高层：形象与现实》（*Class:Image and Reality*，1980年）的作者阿瑟·马威克[1]所说的那样，我深信"等级……，正因为这是一个太过严肃的话题，所以不能留给社会科学家们来处理"。

等级尤其应该成为一个严肃的美国话题。因为在这里，我们并没有一个世袭的头衔、地位和荣誉的体制可以从容展开分析，每一代人都不得不重新界定等级体系，这个社会比世界上任何其他社会都要变化得更快。并且，几乎是独一无二的，美国人会因为在这个社会立足何处的问题而困惑不安。20 世纪 30 年代赋予人们等级身份的种种事物——打高尔夫球穿的白色亚麻布绑腿灯笼裤，镀铬的鸡尾酒摇晃器，白色滚边马甲——说得委婉些，已是明日黄花，不可能在今天起什么作用了。身处一个速变而非传统的社会，美国人发现，与大部分欧洲人相比，他们更难于"了解自己立足何处"。而另一桩迫在眉睫的事

---

[1] Arthur Marwick（1936—2006），英国著名史学理论家。——编者注

情——"去行动",又显得尤其重要。"我该怎样做?"纽约市长考克(Koch)曾经大声追问。他的大多数听众都心有戚戚,感觉他恰到好处地提出了一个有代表性的美国式问题。

就像英国哲学家安东尼·奎顿(Anthony Quinton)所说,绝非偶然的是,"有关礼节的现代形式的书刊主要是美国产品,这些书刊的'伟大'作者名字是爱米丽·鲍斯特,或者爱米·文德比尔特。"这是因为,美国是首屈一指的新移民汇集地。这些人特别需要将自己摆在一个有利的位置上,然后迅速发达起来。奎顿说道:"部分新移民是外国移民,这是从地理意义上说;另一些是新富,这是从经济上说;还有一部分是年轻人,这是从年龄角度上看。所有这些人无一例外地面对着如何与一个社会群体的运转紧密联系的问题。"

抱怨自己一无所获的喜剧演员罗德尼·丹哲菲尔德(Rodney Dangerfield)属于约翰·亚当斯[1]研究过的一类国民,亚当斯早在1805年就说过,"报酬……在生活中是别人对你的尊重和赞赏。忽略和轻视,则是对你的惩罚……渴求他人尊重的欲望就像天然的饥饿感那样真实,而世人的忽略和轻视则像痛风病或结石一样引发剧痛……"大约与此同一时期,爱尔兰诗人托马斯·莫尔(Thomas Moore)也感到,随着美国确立了主张人人平等的宪法,一种特殊的困境已经降临到美国人的生活中来。他将华盛顿特区的公民们描绘为某种"生来是奴隶,却想奋斗成为主子"的人。三十年后,托克维尔[2]在《论美国的民

---

[1] John Adams(1735—1826),美国第二任总统。——编者注
[2] Alexis de Tocqueville(1805—1859),法国政治思想家、历史学家,《论美国的民主》是其最知名的著作。——编者注

主》（Democracy in America）一书中精确地触及了这片土地的特殊问题：对等级的渴求。他写道："没有任何其他地方的公民像这个民主国家的公民一样显得如此无足轻重。"而结果就是："这里的人们要付出世上最多的艰辛和努力来获取——恐怕这个词远不够正确——地位。"

仍然是19世纪，瓦尔特·惠特曼[1]在《民主的远景》（Democratic Vistas，1871年）中写道，美国政府的结构形式为公民们创造了一种均等的条件（或至少是幻觉），个人为了得到社会认可，确立个人自尊，将因为某种难以言说的焦虑而经历旷日持久的挣扎，那焦虑就是，如果人人都是人物，则人人都不是人物了。在较近一次路易斯·哈里斯民意测验公司[2]主持的民意测验中，76%的受访者认为他们最需要的是"他人的尊重"。在我最近看到的一份广告词中，一位广告写手向某种咖啡桌的潜在购买者展示了极具诱惑力的美国式眼光："为您良好的品味创造一种优裕、温馨、感性的暗示！这种暗示能使您在任何一个可以想象到的环境中唤来尊敬和关注。"

在美国，社会等级间的流动无比顺畅，似乎每一位幸运儿都可以得到奖赏。伴随这一情况而来的特殊危险则是：失望，以及接踵而来的妒忌。这个神话给人的印象是，你能轻易地向上爬。然而，一旦一个人发现自己陷身于一个等级差别体制，并对这个体制存在的必要性表示怀疑，此时的幻灭感和内心痛苦就格外强烈。有一些人在早期的中产阶级生活中发现，在他

---

[1] Walt Whitman（1810—1892），美国著名诗人、人文主义者，代表作是《草叶集》。——编者注
[2] 美国的一家独立民意测验机构。——编者注

们为社会等级的攀升而奋发努力时,一些明显不相关的因素,比如遗传特征、早年背景、父辈或更年长一辈的社会地位,或多或少限制了他们的发展。他们因此变得有些绝望,这种绝望并非没有破坏性,尽管他们一般对这一破坏性秘而不宣。托克维尔敏锐地察觉到了这些心理危机,他承认,"在民主时代,欢乐要比贵族时代来得强烈,有极多的人可以分享欢乐。"但他又补充说,在人人平等的氛围中,"人们的希冀和欲望更经常被摧毁,灵魂所受的折磨和烦扰更大,因此要更加细心地照料自己"。

希望破灭后,妒忌纷至沓来。永远不要低估这个国家恶劣的乃至罪恶的行为背后,纯粹的等级妒忌所产生的力量,以及对官方宣称的阶级平等神话的幻灭引起的恶果。谁若将自己诱人的轿车停在一个大都市的街道上,返回时却发现车窗玻璃被砸得粉碎,收音机天线被拦腰折断,谁就会理解我说的话的含意。国会议员约瑟夫·麦卡锡(Joseph R. McCarthy)于1950年在西弗吉尼亚发表演讲时运用的词语,使人们对他的真实意指一目了然,他猛烈抨击中上层阶级和上层阶级,并非因为他们沾染了"共产主义",而显然是出于妒忌。他说:"并不是那些不太富有的人或一些少数集团的成员背叛了这个国家,而是那些已拥有了种种优越条件的人们,最好的家庭,最好的大学教育……"

幽默作家罗杰·普莱斯(Roger Price)在《伟大的鲁伯革命》(*The Great Roob Revolution*,1970年)中,甚至将等级嫉妒理解为对平等主义的报复。他这样区别平等主义和民主:"民主要求它所有的公民生而平等,而平等主义则坚持所有公民应死而平等。"L. P. 哈特利[1]曾在小说《外貌公正》（*Facial Justice*，1960年）中讽刺过一个多少与我们今天相似的未来社会。那里的人们持有一种"对美丽外貌的偏见"，而政府的整形外科医生矫正了每个人外貌的不平等。这里，手术刀绝非用来使人们变得美丽——它被用来使人人变得相貌平平。

尽管我们对政治和法律的平等公开表示欣然接受，但就个人的认知和理解而言——其中的大部分很少表露——我们会纵向地将事物进行分类，并坚持价值观上的差异至关重要。无论我们就"平等"发表什么看法，我认为每个人在某方面正日渐体会到奥斯卡·王尔德[2]曾谈到过的一点："人类的平等博爱并非仅仅是诗人的梦想，它是一个令人十分沮丧和深感羞辱的现实。"似乎，我们从内心深处需要的是差别，而不是聚作一团。差别和分离令我们兴趣盎然，融合则令人油然生厌。

尽管联邦政府不愿命名一个社会等级制度，但它似乎承认，如果从法律上说我们人人平等，在实际生活的其他方面，情况则截然相反，所以政府才会将它的公务员划分为十八个等级：从最底层的第一等（邮件投递员），第二等（邮政人员），往上到第五等（秘书），第九等（药剂师），第十四等（司法人员），到最上面的第十六、十七和十八等（政府高层行政管理人员）。建筑行业也存在一个不同工种的等级制度。最底层的是"土活"，也就是地基挖掘工作；位列中间的是下水道、道路、坑道的铺设建造；最上层的则是建筑物本身（随着建筑高度的

---

[1] L. P. Hartley（1895—1972），英国作家。——编者注
[2] Oscar Wilde（1854—1900），英国剧作家、诗人、散文家。——编者注

▽一个高级军官的太太正把咖啡倒进低级军官太太们的杯子里。注意她的伪中上层阶级穿着打扮。

上升,地位也越高)。销售"老板台"和相关办公设备的人们了解,他们和顾客之间会就一个严格的"等级"制达成共识。橡木桌最低,核桃木桌其次,往上是桃花心木(如果你中意的话,这属于"中上等"),直到极品:柚木。在军界的各种女士社交场合,倒咖啡是一种特权,属于较高级军官的妻子。那里的每位女士都清楚,咖啡比茶要位高一等。

几乎处处都可以发现等级排行。以乐器为例,按惯例,交响乐团根据不同种类乐器的声音微妙程度和演奏难度来排列乐器组。弦乐器身居高位,木管乐器随后,铜管乐器其次,打击乐器则排在最后;按演奏难度分,手风琴近乎最低,小提琴则接近最高地位；另一类按某种"社会等级"的概念排列乐器的方法，是考虑惯常演奏这种乐器的乐器组的声望，如作曲家艾德华·寇恩（Edward T. Cone）所说："如果你演奏的是小提琴，你可以在弦乐四重奏乐队或交响乐团演奏，但不可以在爵士乐队演奏，更不可能在军乐队中演奏；而在管乐器中，长笛和双簧管主要是交响乐团的乐器，单簧管则不如它们，因为交响乐团、爵士乐队和军乐队中都有它的份儿；至于铜管乐器，法国号位置最高，因为至今它也没有被用来演奏爵士乐；同样道理，打击乐器演奏者中定音鼓手地位最高。一种乐器能发出的音调越低，一般来说它的等级就越低，因为人们一般认为低音乐器容易演奏（巴松管除外），所以索萨号的等级就比小号要低，低音提琴就比中提琴要低，诸如此类。"

如果有人对你说，"我的孩子正在上长号课"，你脸上浮起的微笑就比听人说"我孩子正在上长笛课"时要更难控制[1]。另一方面，听人说"我的孩子正在学习古大提琴"，你就接收到一种有关等级的强烈信号，这种信号与对古典文化的兴趣、博物馆、画廊及"修养"紧密相关。吉他（除非它被用来演奏古典——也即古代风格的——音乐）天生就属于低等，这也就解释了为什么20世纪六七十年代的年轻人那么喜欢用它来表现国际主义的等级弱化。吉他总是与吉卜赛人、游牧民族或另一些既无遗产又无固定收入且居无定所的人们发生联系。所以，对那些从中上层阶级或中产阶级逃脱出来的青年人来说，吉他是

---

[1] 这里，微笑在作者看来表现了某种如释重负的轻视，这通常是欧美人的文化反应。——译者注

一种最能完美体现他们身份的标志。

前社会主义者，《党人评论》（*Partisan Review*）编辑威廉·巴列特（William Barrett）回顾过去二十年的社会变革时总结道："'无等级社会'看来越来越像是一个乌托邦幻觉了。社会主义国家发展了它们自己的等级结构"，尽管那里的等级主要是建立在官僚体系和阿谀奉承的基础上，"既然无论如何都会存在等级，我们为什么不让它以更有机、更异质、更多样化的'西方固有形式'存在下去呢？"。因此，既然我们的社会存在等级，为什么我们不去尽可能地了解它呢？这个话题可能过于敏感，却也不必让它永远暧昧不明。

第二篇

解剖等级

AN ANATOMY OF THE CLASSES

好像没人确切地知道,"等级"这个词究竟意味着什么。有一些人,例如万斯·帕卡德[1],曾尝试援用更客观的术语,也谈论过"社会地位体系"。社会学家马克斯·韦伯的后继者们,倾向于在谈到一个人拥有多少财富和财富的利益杠杆作用时才谈论"等级"。他们谈的"地位"是指一个人拥有多少观众的社会声望,而他们说到"党"时,则是在衡量一个人的政治势力多大,也即你究竟拥有多少内在的力量去免除他人的骚扰和麻烦,不受别人的摆布。我说的"等级"包括以上三个方面,不过也许对"地位"尤其强调。我真诚希望"caste"[2]这个词已经美国化了,因为它能很好地表达这个国家实际上非常严格的等级界线,以及一个人想从养育了他的等级向上或向下移动的困难程度。

我们不禁要问:美国社会里一共存在多少社会阶层?最简单的回答是:两种——富人和穷人,雇主和雇员,地主和佃农,资产阶级和贫民阶层。或者,不考虑经济和政治因素,只考虑风度和生活格调,则有绅士和无赖两种。当一组社会学家向一位调查对象询问"社会等级"一词包含了什么意思时,他回答:"看你有没有教养。"而按"社会化"的标准来考察,则把那些"享受"世袭财产的人和那些根本不考虑这件事的人区别开来。保罗·布卢姆伯格注意到,今天还存在一种"基本的社会等级差别",就是买得起房子——任何房子——的人和买不起房子的人之间的差别,按这一思路再降一级,就变成了买得起车的人和不得不花费大量时间等公共汽车的人之间的差

---

[1] Vance Packard(1914—1996),美国记者、作家、社会批评家。——编者注
[2] 等级,尤指印度的世袭等级制度。——译者注

别。英国幽默作家吉丽·库柏（Jilly Cooper）在她的《等级》（*Class*，1981 年）一书中，暗示了一幅二分的社会图景："有负疚感的"人和"被欺骗的"人。她写道：

> 一边是中产阶级和上层阶级，尽管他们通常不一定比工人阶级挣得多，却总是心怀歉疚，满脑子都是社会关怀。另一边则是各种劳动阶级，他们已经被电视和报刊杂志中关于美好生活的种种想象彻底洗了脑，于是因为大蛋糕上自己的那一块太小而觉得受了欺骗。

世上只存在两个等级，这也被"二战"期间英国驻北非第八步兵团的一名士兵意识到了，他曾雄辩地描绘了这种差别：

> 长官，这就是一个倒霉蛋打发自己倒霉的一辈子的好办法，不是吗？您听说过等级差别这回事吗，长官？让我来告诉您这是什么意思。它是说，维克斯-阿姆斯特朗[1]挣了钱却装成输了的样子，丘吉尔又点燃了一支雪茄，《泰晤士报》在解释"自由"和"民主"，而我，屁股坐在利比亚的战壕里，用钢盔朝一个昏迷的家伙劈头盖脸地浇凉水。只要你能待在一个好等级里——这一点非常重要——这等级制就错不了，长官，因为一个等级得到蜜糖，而另一个等级只有狗屎。

对这名士兵的结论可以有另外一种表达，那就是，每一个地方的所有工作都能分为两类：安全的和危险的。每年有十万

---

[1] Vickers-Armstrong Ltd.，指维克斯-阿姆斯特朗公司，英国著名军火制造商，1847 年由英国贵族 W. G. 阿姆斯特朗创建。——编者注

名工人因为与工作相关的事故或疾病死亡，四十万人因工伤致残，六百万人在工作时健康受到损害。在《劳动阶层的大多数》（*The Working-Class Majority*，1974年）一书中，安德鲁·李维逊（Andrew Levison）写道："所有那些认为过去的等级差别已经消失的陈词滥调和让人乐观的说法，都会因为下面这个不争的事实而变得毫无意义——美国的工人必须将重伤甚至死亡视为他们每天现实生活的一部分。中产阶级则不需要。"他接着说：

想象一下，如果每年总有那么几个公司总部像矿井一样坍塌下来，砸死六十到七十名管理人员，全球会爆发多少抗议？或者假设所有的银行都长期弥漫一种会令经理、职员、出纳员们生癌的看不见的毒尘，情况会怎样？最后，试着想象一下，如果每年都有成千上万名大学教授在他们工作时失聪、断指、失去手或者眼睛，请想象一下那种恐怖……

死亡和受伤，也许是美国最可怕的等级分界线。正是这条分界线，把听任自己的孩子在越南被杀害或遭受残酷对待而无能为力的父母们，与那些逃脱了这场噩梦的富有的父母们（这主要得力于臭名昭著的S-2大学生延期服役计划[1]）区别了开来。这一次等级分界，已经深深切进了美国社会的心脏地带，它带来的创痛将持续毒害好几代人。谁若仍对这个国家的等级意识将信将疑，就应该去听听一位失去儿子的劳动阶层父亲的直白：

---

[1]"越战"期间，美国政府规定全日制大学在校生和毕业后考入研究院等的学生可以申请延期服兵役。——编者注

我心里很苦，真的。敢用你那该死的美元打赌，我心里很苦。正是像我们这样的人，为这个国家捐出了自己的孩子。那些商人，他们经营这个国家，并从里头大把地挣钞票。那些上过大学的人，那些大学教授，他们去华盛顿告诉政府该怎么怎么做。但他们的儿子，他们并没有在沼泽里死掉，我说的是越南。先生，他们没有。

一位母亲补充说："我们始终没办法弄明白，当我的孩子不得不动身上路时，所有那些富人家的孩子，那些住在郊区的高级住宅里的孩子，是怎么逃开这一切的。"

两分法的确能简易而又有效地强调不公和表达痛苦。但一种三分法也同样被很多人采用，这很可能是因为，"三"这个数字代表着胜利、希望、智慧。它总能奇特地预示征兆，令人联想到民间传说，甚至还颇有神秘的魔力。至少从 19 世纪起，当马修·阿诺德[1]将他的邻人和朋友划分为三等：上等、中等和下等，或者是他那令人难以忘怀的三个命名即野蛮人（注意，指上等）、非利士人（中等）和平民（下等）时，英国人早已普遍接受了三个等级的划分。中等阶层的人们，已经习以为常从这个三层观念出发来思考等级制度，这不仅因为这个观念为他们提供了道德和社会安全感，同时，这种划分恰到好处地使中层能够等距离地远离那个高于他们的阶层（也远离那些属于上层特有的种种罪恶，诸如骄傲、势利、挥霍、漠不关心），和那些低于他们的等级及其各种特征（诸如肮脏、拘束、羞惭、屈辱）。尽管称呼"下层阶级"的英式委婉语"劳动阶层"大有取

---

[1] Matthew Arnold（1822—1888），19 世纪英国诗人，曾在死前游历美国。——译者注

前者而代之的势头，上层、中层、下层仍是称呼这三类人的习惯性用语。

如果说，在等级划分上，普遍为人接受的数字是三层，社会学家们则更倾向于五层：

上层
中上层
中层
中下层
下层

要将等级的数目一一数清，有些人可能会自动放弃，因为他们会像写作《美国的炫耀》(*Showing Off in America*，1981年) 一书的约翰·布鲁克斯[1]发现的一样："在新的美国社会结构当中，各种各样的等级仿佛无穷无尽。"或者，他们会像一位被问及波士顿等级状况的当地人一样回答："我能数清楚或者叫出名来的等级太多了……见鬼，大概有15到30个吧。"（像一个美国好公民那样，他还会马上补充一句："不过，这事儿跟我可他妈毫无关系。"）

我的研究结果使我确信，这个国家的等级最好分为如下九类：

---

[1] John Brooks，《纽约客》全职撰稿人、许多关于商业和华尔街的大部头著作的作者。——编者注

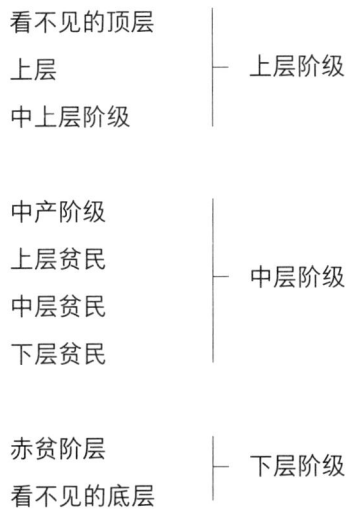

有一点最开始就要弄明白：区分这些等级的绝非只有财富一项标准。"不可能只根据金钱，"一位工人说得尤为正确，"因为谁也不会确切知道你这方面的情况。"与金钱同样重要的因素还有风范、品味和认知水平。乔治·奥威尔[1]说过："从经济上说，毫无疑问只有两种等级，富人和穷人。但从社会角度看，有一整个由各种阶层组成的等级制度。每一个等级的成员从各自的童年时代习得的风范和传统不但大相径庭——这一点非常重要——而且，他们终其一生都很难改变这些东西。要从自己出身的等级逃离，从文化意义上讲，非常困难。"当约翰·肯尼迪（John Kennedy）在电视上看到理查德·尼克松（Richard Nixon）露面时，一脸吃惊地回头冲他的朋友说："这家伙没一

---

[1] George Orwell（1903—1950），英国记者、小说家、散文家和评论家。——编者注

点档次。"当然他指的并非金钱。

想象巨额财产和高薪就能赋予一个人高等身份的人们,或许能从一本名叫《与一位百万富翁共同生活的一年》(*Live a Year with a Millionaire*)的小书中获得些许安慰。该书的作者是科尼里斯·文德比尔特·惠特尼[1],他于1981年圣诞节将此书(免费)送给他的朋友们。不用多说,这位作者的平庸、愚蠢、自满和毫无智慧,只能让读者联想到《拉德纳响铃》(*Ring Lardner*)中的角色,或者像辛克莱·刘易斯[2]的《了解柯立芝的人》(*The Man Who Knew Coolidge*)一类讽刺喜剧里的人物。"他们很有大城市人的气派",惠特尼在描述一次聚会上遇到的人们时说,"来自全国各个地方。"他说得越多,读者就越容易觉察,除了他的钱以外,惠特尼骨子里压根儿就是一个中产阶级家伙,他不自觉地说着他那个社会阶层的种种陈词滥调。

对于再往下的阶层,这条原则同样适用:金钱并非那么说明问题。约翰·布鲁克斯以两家在郊区毗邻而居的居民为例,很好地说明了这一点。一位先生是汽车修理厂的机修工,典型的"蓝领";另一位是一家出版社的雇员,"白领"。他们的收入不相上下,可生活差别却大极了。蓝先生购置了一座干净漂亮的"牧场小屋",白先生买下了一座破烂的旧屋,并自己动手重新装修了一番。蓝夫人在当地的商店尤其是住家附近的购物中心采购,并觉得它们棒极了,"多么方便啊。"而白夫人去城

---

[1] Cornelius Vanderbilt Whitney(1899—1992),美国商人、电影制片人、作家、政府官员。——编者注
[2] Sinclair Lewis(1885—1951),美国作家,美国第一位诺贝尔文学奖获得者。——编者注

▽一个上层贫民充满嫌恶地看着一个赤贫阶层，并非由于其贫穷，而是由于他们糟糕的生活格调。

里的店铺买她的衣物。蓝先生饮酒，倾向于私密地喝，通常是在星期六晚上，窗帘紧闭。白先生一家也饮酒，很开放，常常在自家的后院里喝。蓝先生夫妇常冲着对方大喊大叫，声音穿过他们的每一个房间，或传遍他们那块地皮的每一个角落，但他们并不觉得有什么不妥。白先生一家总是控制着自己的音量，有时声音小到互相听不清楚。至于家居摆设，书籍当然是一个重要标准。蓝先生家中见不到哪怕一本书，而白先生家的起居室里有无数堆放得满满的书架。布鲁克斯总结道："总的来说，这两个家庭可以说毫无相似之处，但他们的收入却大体相当。"同样，罗素·林内斯也正是因为数年前就注意到品味、知识和感知力比金钱更能决定人的社会等级，才提出一个三重结构的说法，即把人分为有高度文化素养的人、有一般文化教养（中产阶级趣味）的人和缺乏文化教养的人。

并不是说最上层的三个等级没有钱。界定他们地位的关键因素并非只是金钱，而是他们拥有金钱的方式。作为衡量一个等级的指标，金钱的来源远比金钱的数量更有意义。将上层的三个等级区别开来的最重要的标志，是他们继承的财富与自己实际挣得的财富之间的比值。"看不见的顶层"（像洛克菲勒家族、杜邦家族、梅隆家族、福特家族、文德比尔特家族等），完全依靠继承来的财产。无论一个人拥有的财富多么庞大，如果是靠自己的劳动挣来的，比如像电影明星们，就不能位列这一等级，尽管他们的巨额收入和挥金如土的消费可以使他们模仿这一等级的身份。继承的财产——也就是俗话所说的"老钱"[1]——是标志头三个等级的不可或缺的原则，而且最好这个家族的财富已经传了三代或四代人了。不同地区的人们各有不同的微妙方式来鉴别这种财富的"年龄"。英国旅行家乔纳森·拉班在美国中部旅游时，遇上了一位名叫萨莉的姑娘。她告诉他说："'新贵'们管密苏里州叫 Missouri；'老钱'们则说 Missoura。"

---

[1] old money，英文中指"继承的财富"。——编者注

看不见的顶层

一个看不见的阶级。他们的钱来源于继承遗产。他们曾经喜欢炫耀和挥霍。后来,他们在媒体和大众的嫉恨、慈善机构募捐者的追逐下销声匿迹了。

"当我想到一位真正的富人时,"一位波士顿的蓝领阶层人士说,"我想到的是那些你从公路上压根就瞅不到影子的大宅的主人。"所以,我们或许可以把最高等级称作"隐蔽的阶级",他们的豪宅从来就建在远远避开街道或公路两侧视线的地方。他们喜欢隐匿在山里,要么就远走希腊或加勒比海沿岸的小岛(他们往往会买下这些岛屿),但求能暂时避开世人的嫉妒和种种烦扰,避开惩罚性课税,最后避开政府对私有财产的征用。万斯·帕卡德推测,正是1929年的经济大萧条吓坏了那些巨富,教会了他们在炫耀自己的财富时变得"谨慎,几乎一言不发"。从20世纪30年代开始,大批财富从一些很能鼓励表现癖的地方(比如纽约上城第五大道的豪宅),转到了弗吉尼亚的小城镇、纽约州北部的乡村、康涅狄格州、长岛和新泽西州。

19世纪90年代托斯丹·凡勃伦[1]在《有闲阶级论》(*The Theory of the Leisure Class*)中讽刺过的情形与今日相比可谓大相径庭。在他那个时代,富人们喜欢铺张声势地炫耀自己,奢华的仆人和随从队伍就是明证。如今他们藏匿了起来,并非只为逃离妒忌和报复,也是为了躲避媒体对他们的曝光。他们的心

---

[1] Thorstein B. Veblen(1857—1929),美国制度经济学鼻祖、社会批评家。——编者注

机和残忍与凡勃伦时代相比亦大有长进。他们尤其想逃避一个根本不为凡勃伦当年所知的更严重的威胁：福利基金会的乞讨。那些身着三件套笔挺西装的行乞者，总是成群结伙不屈不挠地打搅着这些有钱人。在美国，巨富的最大满足曾经来自炫耀，如今他们不得不隐居山林，真是堪称憾事。

不仅豪宅被藏了起来，"看不见的顶层"的成员们也纷纷从他人的窥视和探查里消失了。这一等级的人们往往会极力避开社会学家、民意测验者，以及消费调查人员们详尽的提问和计算。无人对这个等级做过细致研究，因为他们的确看不见。一位"看不见的顶层"的成员极可能会轻蔑地将一份调查问卷扔在地板上，这种视而不见的作风倒是与"看不见的底层"颇有几分神似。正是从这里，我们开始观察到美国等级制度当中最奇妙的一幕——"看不见的顶层"和"看不见的底层"之间那奇特的酷肖，如果实非"源自兄弟之情"的话。

就像那些隐匿在遥不可及的住宅高墙背后或形形色色的小岛屿上的顶层人物一样，底层的人们也同样隐而不见。他们如果不是被收容在一些公共机构或幽闭在修道院里，或隐居在寺院和群居村里，就是在躲避那些想索回自己的车子或家具的债主、受骗的假释担保人或被欺骗的商人们。这个"看不见的底层"只会短暂地出现在某时某地，比如春天的纽约街头，嘴里咕哝着自己倔强的幻想。这个一年一度的仪式性自我展示结束后，他们就会再次销声匿迹。正是由于避开了他人，这两个阶层的人分享着一种同样的焦虑，但求自己的名字不要见诸报端。底层人物——凡勃伦说他们自己不挣钱，他们只接受钱——不是通过自己的努力或天赋，而是得益于福利机构或管教体制，他们才能应付开支。如出一辙,顶层人物也是从别人(祖辈)那里获取财富。还有一个相似之处:这两个阶层的人都极少随身携带现金。从主要的方面来看,我们可以认为,"看不见"的顶层与底层的实际身份明显地证明了一个历久不衰的原则,即所谓"两极相通"。

上　层

一个既富有又看得见的阶级。可能是大银行的主管,还喜欢参与国会某委员会的事务。他们贪图安逸,有时还很有趣,家中宾客川流不息。但有一点:他们对思想和精神生活毫不关心。

顶层往下的一个等级,上层阶级,在两个主要的方面与"看不见的顶层"存在差异。首先,尽管这个阶级的财富中有很大一部分得自继承,但他们自己也从工作中挣得相当多的财富。通常,如果不做一些非常吸引人的工作(干起来很轻松),他们会深感无聊甚至羞辱。他们的工作极有可能是控制银行或历史悠久的公司,主掌智囊团和基金会,或与联邦政府的行政部门(通常是国会)一道忙于支持较古老的大学,帮忙处理外交关系顾问委员会、对外政策协会或经济发展委员会等机构的事务。在由外行担任外交官的年代里,外交官里的大部分是从这个阶层中挑选出来的,而很少出自"看不见的顶层"。其次,上层是人们看得见的,他们经常惹人注目地表现自己。这也就是说,"看不见的顶层"已经远离了凡勃伦所说的那个铺张炫耀的结构，而留给上层阶级来扮演自己以前的角色。当你走在街道上或驾车行驶在高速公路上时，只要经过一座外观相当醒目的房屋，你就知道那里住的肯定是上层阶级的一员。白宫恐怕是最好的例子。它的历任住户当中，哪怕曾经有过富兰克林·罗斯福或是肯尼迪家族这样的人，能被列为"看不见的顶层"的人却一个也没有，只有上层阶级而已，这座周身纯白，刻意坐落在高地上的建筑简直太过显眼，而对它的大部分住户而言，在这里的短暂居留通常意味着落魄和失势。这地方无可救药地只能属于上层阶级——或者甚至更低，比如在哈里·杜鲁门居住时期。

当然，人人都无一例外地属于所有这些等级当中的一种。不妨想一想威廉·鲁道夫·赫斯特[1]和他在圣西米恩的住宅。从地理位置上看，这"屋子"属于"看不见的顶层"的风格，因为你从高速公路（离宅子最近的公共道路）绝无可能瞧见它的尊容。一旦你穿过绵亘数里的户外公园和"动物园"，看到迎面而来的大宅，便会感到主建筑的正面设计原来是为了唤起敬意，或者不如说敬畏，这时你就会明白，这种假贵族的作派，完全无法掩饰赫斯特的真实身份：他根本不是个"看不见的顶层"。他太操心自己会给别人带来什么影响了。他在排场奢华的宴会上使用纸餐巾的举止倒有可能体现出一个真正贵族的怪癖，但他让自己住所的正面引人注目——看起来活像埃维拉大教堂[2]，包括其他几座风格雷同的建筑——的用心却暴露了他的秘密，

---

[1] William Randolph Hearst（1863—1951），20 世纪 20 年代美国报业大亨。——编者注
[2] 埃维拉，西班牙中部城市，建于 11 世纪，以其天主教大教堂闻名。——译者注

只有中上层阶级会在小男孩才会有的炫耀方式上栽跟头。

像其他所有阶层一样,上层阶级也有它自己独树一帜的标记。例如,它会在《社会名流纪事》上出现,而中上层阶级却不可能,尽管其垂涎三尺。用自己的名字命名一条街道也能标志一个人的上层身份,但至少要用姓氏。如果用名字,比如凯希街(Cathy Street),你就是个中产阶级或者更糟。说一口流利的法语,尽管这语言与你的实际生活、事业或兴趣等毫无关系,也是上层的标志。自然,避免过于正确或完全"法式"的口音也很重要。

完全不吸烟是很有上层阶级风格的,不过一旦让人注意到这风格是经戒烟得来,你便立刻下降到中产阶级。家中"访客"川流不息是上层万无一失的身份标记,因为这意味着大量空闲的卧室,以及一应俱全的饮料、食品、游戏、派对等,可以让客人们随心所欲地休闲娱乐。在上层阶级的成员面前,你必须注意不要随意夸赞他们,因为那会被视为不恭——那里的一切理所当然地美丽、昂贵、耀眼,这点是毫无疑问的,不需特意提及。只有中产阶级才习惯性地回报别人的恭维,因为这个阶级需要从恭维中获取信心。

上层阶级从不质疑一件物品的价值,因为毋庸置疑。某位青年艺术家拜访一对祖上来自英国古老家族的夫妇。走进餐厅时,他忍不住赞叹说从没见过如此精彩的赫伯怀特[1]椅子。没过一会儿,他就被主人逐出门去。他们这样对别人解释:"那个家

---

[1] George HeppleWhite(1727? —1786),18世纪英国著名家具设计师,以其设计的椅子闻名。——译者注

伙居然夸奖我的椅子！无礼得可恶！"与上层人物一同进餐时，一般也不要夸奖食物的美味，因为女主人上好的品味自然不会有错。况且，这也不是出自她的厨艺，家里的厨师当然是一流的。另外，如果你把酒洒了，也不要惊慌，仆人自会过来将一切收拾干净。

对马的热爱——买马、养马、骑马、赛马、骑在马背上追猎小动物——仍然是相当值得信赖的上层阶级的标志。尽管在中上层阶级仿效之后，这种生活方式已不再是上层的独占，这情形有点像此前的双陆棋戏，在日渐流行后也就丧失了等级。不过，美国的上层与所有贵族共享一种一望而知的特性：他们对形形色色的思想无动于衷，毫无兴趣（这也是"看不见的顶层"的标志，科尼里斯·文德比尔特·惠特尼拙劣的文字表演就曾证实过这一点）。马修·阿诺德之所以把他们称作"野蛮人"，正是由于他们对思想的漫不经心。他明确地将他们的逍遥归因为"从来不让任何人的思想烦扰自己"。尽管如此，他们仍不失为一个不错的阶级。只要对任何才情焕发、独树一帜的说法闭目塞听，他们的生活就是舒适、优裕甚至妙趣横生的。

我们现在该谈一谈中上层阶级了。

中上层

一个有钱、有趣味、喜欢游戏人生的阶级。所有比这个阶层低的阶级，都渴望成为中上层阶级。

这个阶层的家财与上两个阶层不相上下。区别在于，其中的大部分财富，是通过诸如法律、医药、石油、航运、房产乃至更令人起敬的艺术品买卖等行业赚来的。中上层有时也会享有一些继承的财产，或者说白了，家里用着一些"继承物"（如银器和东方地毯），但他们总是被一种布尔乔亚式的感觉——比如羞耻感——困扰，因为这些人有一个观念，依赖别人的钱，哪怕是祖宗赚来的钱生活，总归不是太好。

中上层阶级的等级标志包括在住宅里留有不少空房间，以备大批"夜客"涌入时，能模仿上层阶级好客的派头。另一个标志则是这个阶级性生活的纯洁，能打动这一阶层的女式浴袍一定是世界上最不性感的东西（这里的"世界"包括英国和加拿大），男式内裤则是中上层男士们爱穿的拳击短裤。中上层男女的服装设计是为了遮掩，而绝非为了强调两性在解剖学上的差异。由于肩膀是男人第二性特征，他们穿溜肩的短外套，因为肩章会强调肩膀，容易使自己与下层阶级混淆（贫民阶层的双肩是为体力劳动准备的）。军队制造了大量肩章，立刻暴露了与贫民阶层的内在关联。如果有人在最近的总统竞选中投了约翰·安德森[1]的票，十有八九她（或他）是中上层阶级。这个阶级也是"角色保守"的一群人：男人绝不考虑烹饪或家务，而女人的就业范围则不外乎新闻、戏剧或房地产（当然了，只有中产阶级的主妇才老是足不出户）。中上层阶级喜欢通过给自己

---

[1] John Anderson，20 世纪 80 年代伊利诺伊州众议员，作为独立总统候选人，在与里根和卡特的总统竞选对抗中赢得了将近 600 万张选票。为了让宪法承认耶稣基督高于美国的"合法性和权威性"，他曾三次提出修宪议案。——编者注

的宠猫起名为斯宾诺莎、克吕泰墨斯特拉或者赣第德[1]，来显示自己昂贵的教育水准。正如你已经领悟到的，这种做法同时意味着，他们几乎完全吻合1980年那本无人不知的《权威预科生手册》（Official Preppy Handbook，莉莎·伯恩巴赫[2]与他人合著）中所描绘的阶级特征。

1970年红遍全球的电影《爱情故事》（Love Story），还有一首常青藤名校歌曲，也曾讴歌过这个阶级。这两样东西惊人的知名度表明，中上层阶级的生活风格对所有该阶层以下的美国人具有相当的吸引力。事实也是如此，绝大部分中产阶级或以下的美国人宁愿成为中上层阶级，也不愿成为上层阶级或"看不见的顶层"。一次最近的路易斯·哈里斯民意测验显示，当要求回答"你愿意成为哪一阶层的成员"时，大部分人选择中层。当问题是"你愿意属于中层的哪一部分"时，大部分人的回答是"中上层"。成为中上层阶级是人们谙熟而可靠的梦想：这个阶级的习俗较之中产阶级稍显尊贵，易于辨别，便于习得。而如果做一名上层阶级成员，你可能会因不知如何食用鱼子酱和某道法国菜，或如何使用一只洗手指的碗而脸红心跳。很少有美国人私下里不愿意成为中上层阶级的。

对于中上层阶级，我们如果用一种较为粗略的方式研究，只需稍稍浏览一下两本书：约翰·莫罗依（John T. Molloy）所著《为成功着装》（Dress for Success，1975年）和《为成功而生活》（Molloy's live for success，1981年），就可以收集到更多这一

---

[1] 这三个名字分别是17世纪的荷兰哲学家、古希腊神话人物和18世纪法国启蒙思想家伏尔泰的小说《赣第德》里的主人公。——编者注
[2] Lisa Birnbach（1957— ），美国作家。——编者注

阶级的等级标志。自称"美国第一位衣橱工程师"的莫罗依，凭着令人不敢小视的天才受雇于一些工商企业，作为提供公司着装规范的顾问。他的理想是使每一位企业雇员看上去都像中上层阶级，因为中上层阶级就意味着成功。他意味深长地解释说："成功的着装无非就是要达到中上层阶级的良好趣味和外观。"甚至行政人员办公室也要经历一番不甚内行的整修，直到它们开始洋溢着成功的气息。正如莫罗依所说："成功的办公室也会展露中上层阶级的特质。"也就是说，"办公室要显得宽敞疏空，要豪华、整洁、醒目、舒适并且私人化"。来宾等候区也要与其他办公室一样，能够让每一位来宾在第一眼就读出"中上层阶级"几个字。莫罗依认为，除了衣着、办公室、接待室以外，人们的面部表情、身体、手势和姿态，也能被改造得具有中上层阶级的外观特征。在《为成功而生活》中，他用曲线图展示了贫民阶层和中上层阶级男性侧面形象的差异。贫民阶层男性要么是下巴痛苦地充满挑衅地紧缩着，要么是嘴张着，一脸愚蠢的好奇。相反，中上层阶级男性双唇微闭，双臂舒展，绝无诸如狡猾、畏缩和"老爷，再打我一鞭子"式的颓靡不振等失意的下层人专有的特征。莫罗依还发现，"中上层阶级和中下阶层的人们不光站姿不同，他们的举止也有差别。中上层阶级的举止由于自控而显得一丝不苟。他们摆动手臂和选择落脚点的方式，与中下阶层的人们有非常明显的不同，后者的两只胳膊总是向外摆，而不是紧贴着身体"。

毫无疑问，像莫罗依和麦克尔·科尔达［Michael Korda,《成功！男人和女人如何获得》（*Success! How Every Man and Woman Can Achieve It*，1975年）一书的作者］这样的指导者，完全能

▽根据莫罗依的标准绘制的中上层人士、贫民人士侧面图。

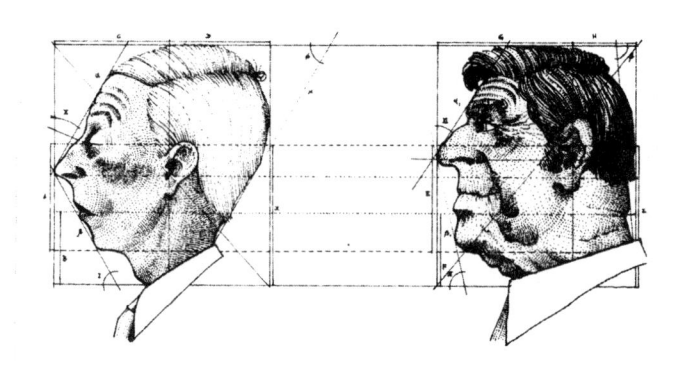

够教会那些胸怀抱负的人们模仿中上层阶级的外表。至于他们能不能真正培养出真正的中上层阶级，能不能培养出那种与这一阶层协调的（亦可理解为产生这种风格的原因）放松、游戏感，以及适度的嘲弄，则让人心存疑惑。我们可以想象，其他阶层的人都有委婉的说法来表示"我们干吧"[1]。我们的确知道其他阶层的人可能发出饶有趣味的邀请："让我们藏腊肠吧。"但就像《权威预科生手册》所说，除了中上层阶级，我们不敢想象还有其他阶层的人会说"让我们来玩藏腊肠游戏吧"，并随即充满柔情地将"腊肠"简称为"肠"，就像他们将"血玛丽"[2]简称为"血"，或者将"金汤力"[3]简称为"G和T"一样。对于中上层阶级而言，一切都是游戏（事实上，是"生活游戏"），难怪他们天生就对高尔夫球、网球和游艇等无聊的活动兴致勃勃。

---

1 指性活动。——译者注
2 一种用伏特加酒和番茄汁调成的鸡尾酒。——译者注
3 一种用杜松子酒和汤力水调成的鸡尾酒。——译者注

等级地图

拥有最多和最完备的保龄球设施的城镇,一定是等级最低的地方。没有一份好的报纸,或者宗教气氛过于浓厚的城市,有品味的阶层不会居住。新英格兰[1]各州,毫无疑问是美国上层阶级的心脏。

至此,我们有必要在这个不断向下推进的讨论进程中稍作停顿,来考虑一下位于上方的三个阶层的地理分布。中层和贫民阶层的成员倾向于认为这三个阶层与地理位置问题毫不相干。只要你属于上层阶级,待在哪里不都一样吗?这种看法就大错特错了。

"我明白了,年轻人,你想加入'大都会俱乐部'。"
"是的,先生。"
"告诉我,你是哪儿的人?"
"实打实地说,先生,新墨西哥州。"
"哦,原来如此。"(视线转到另一边)

在美国,有成百上千个大到足以拥有自己的邮政编码的地区。只要具备足够的知识和良好的品味,你就可以将所有这些地区按阶级差异从上至下来一个分类排比,从格罗塞角镇和观察山半岛往下直到尼德斯和派克斯维尔。从社会意义上看,那

---

[1] 新英格兰是位于美国大陆东北角、濒临大西洋、毗邻加拿大的区域,包括缅因州、新罕布什尔州、佛蒙特州、罗得岛州、康涅狄格州和马萨诸塞州六个州。——编者注

些经济上精细审慎的盎格鲁-撒克逊人居住时间最长的地区很可能位居榜首：比如罗得岛州的新港、康涅狄格州的哈德姆，以及缅因州的巴尔港。至于洛杉矶，并不仅仅因为她的丑陋和平庸乏味而不入流，还因为西班牙人在这个地方盘踞的时间委实太长，同样的原因也可以解释为什么圣路易斯[1]要比得克萨斯州的圣安东尼奥位高一等。

要精确地说明究竟是哪些因素赋予一个地区等级，可能性比较小。五十年前，H. L. 门肯[2]在《美国向导》（*The American Mercury*）中尝试创造一种可信的测量方法。他的办法是发明一百个"社会指数"，比如某地居民中有多少人在《名人录》中榜上有名，有多少人订购《大西洋》杂志，或有多少人消费了大量汽油。今天，我们极有可能将一个人口增幅最小的地区列为高等级地区的上选，时间可以从门肯那个时代算起。我们得出如上衡量标准是由于从 1940 年至今，有许多糟糕的地方人口猛增，如迈阿密[3]，人口已经从 17.2 万猛增到了 34.3 万；而凤凰城[4]的人口从 6.5 万增加到了 68.3 万；圣迭各[5]的居民则从 20 万飞跃到今天的 84 万。

另一个似乎可取的等级标志，是看这个地方是否设有保龄球场。此话听来似乎奇怪，但实在言之有据。在《地区估评年鉴》（*Places Rated Almanac*，1981 年）中，理查德·伯耶

---

[1] 美国密苏里州重要城市，居民主要为白人。——译者注
[2] H. L. Mencken（1880—1956），美国记者、散文家、杂志编辑、讽刺作家、尖刻的文化批评家。——编者注
[3] 佛罗里达州南部港市，住有大量古巴移民。——译者注
[4] 亚利桑那州主要城市，住有大量墨西哥移民。——译者注
[5] 加州南部与墨西哥交界城市，是墨西哥移民进入美国的主要地点。——译者注

（Richard Boyer）和大卫·萨瓦乔（David Savageau）发现了那些提供最多最完善保龄球场地的地区。一看之下，我们就会发现这是些多么可悲无趣的地方：

  蒙大拿州的比灵斯
  肯塔基州的欧文斯伯勒
  得克萨斯州的米德兰
  伊利诺伊州的皮奥里亚
  艾奥瓦州的迪比克
  得克萨斯州的敖德萨
  路易斯安那州的亚历山大

  刚才我已表明，指出一个地区为什么不具备社会学意义上的等级地位较为容易，而要指出一个地方为什么可取则比较困难。

  评估某地区的不可取性还有一种办法：看这个地区的基督教原教旨主义[1]达到什么程度。俄亥俄州的阿克荣（从其他标准看，这地方肮脏丑陋），就因为是雷克斯·杭巴德牧师[2]的故乡而臭名远扬。像南加州的格林威尔镇，因为是伯比·琼斯大学[3]的所在地而"声望"卓著。而伊利诺伊的惠顿则与惠顿学院画了等号。人们记得这地方，是因为把这儿当作发了迹的比

---

[1] 基督教原教旨主义强调圣经内文的真确无误，且圣经拥有最高权威。——编者注
[2] Rex Humbard（1919—2007），美国第一个电视布道家。——编者注
[3] 美国著名的基督教原教旨主义教会学校。——译者注

利·格雷厄姆牧师[1]的根据地。同样，加州的加登格罗夫也只是因为罗伯特·舒勒牧师[2]大人而让人难以忘怀，此人以机械的微笑和他那温馨滑稽的"水晶大教堂"著称。一位属于高级阶层的成员会选择弗吉尼亚州的林奇伯格居住吗？很可能不会，因为那个小镇是杰瑞·弗尔威尔博士[3]的无线电广播传教发源地，也是他的教堂所在地，并且是自愿捐赠的汇集地。

看来，这的确已成了一条屡试不爽的通则：社会阶层高的人们，绝不会居住在一个与宗教预言或奇迹有牵扯的地方，比如麦加、伯利恒、法蒂玛、卢尔德或者盐湖城。值得注意的是，一些最开化的城市——像伦敦、巴黎，甚至纽约——都能安全无恙地通过这项测试。尽管用最严格的标准衡量，罗马仍会让人不大放心，但还是比耶路撒冷要更有格调。

一个城市最重要的新闻报纸的质量，也是这个城市（在等级意义上）可取程度的标志。尽管华盛顿一贯以它作为首都的优越地位——各国大使馆所在地和其他诸如此类的原因——而自豪，但一旦翻开《华盛顿邮报》，这个城市顿时显得微不足道。周日版为它的读者们（上层贫民？）提供的不但有天宫图，还有长篇累牍的电视肥皂剧情节介绍，外加安·兰德斯[4]教导人们如何往上爬的建议。与此相似，你只需注意《印第安纳波利

---

[1] Billy Graham（1918— ），"二战"后美国最著名的牧师，与11位美国总统之间有着不平凡的交情，全世界数亿人的"精神顾问"。——编者注
[2] Robert Schuller（1926— ），美国牧师，电视福音布道节目 Hour of Power 的发起人，多本励志书籍的作者。——编者注
[3] Jerry Falwell（1933—2007），美国著名电视人、畅销书作者、时事政治和道德评论家、牧师。——编者注
[4] Ann Landers（1918—2002），美国专栏作家，以其"忠告专栏"闻名。——编者注

斯星报》为它的读者们提供的所有与《华盛顿邮报》雷同的货色，包括头版的"今日祷辞"，你就可以推断，印第安纳波利斯这座城市毫不具备等级上的优势。

数十年来，佛罗里达（也许棕榈滩除外）和南加州一样，一直被认为是社会等级意义上最糟的两个地区。似乎出于众所周知的原因，在国外，尤其是一些暴发户"新贵"聚集的地区，比如西德（联邦德国）那些毫无品味和格调的夜总会，经常取名"佛罗里达"。有教养的人们拒绝考虑在坦帕[1]附近居住的另一个原因是，20世纪70年代，有类广告牌在坦帕附近的阿波罗海滩赫然可见："名叫龙巴多的家伙想跟您做邻居。"同样，加州埃斯康迪多的退休公民会被怂恿去买进"劳伦斯·威尔克[2]乡村俱乐部不动产"的一部分股权，目的是分享他们的音乐英雄的魔力。在最近一期贫民阶级最爱读的《国民探秘者》杂志的分类广告栏中，有四则广告正在出售伪造的大学文凭：所有四个出售文凭的地方从地址上看都在加利福尼亚。另一些例子则在等级意味上相当令人满意：被废弃的玛丽王后号游轮[3]，作为一堆废铜烂铁恰恰被扔在一个无聊的地方——加州长滩[4]；而

---

[1] 佛罗里达州一海滨城市。——译者注
[2] Lawrence Welk（1903—1992），美国音乐家、手风琴师，组建了Lawrence Welk乐队。——编者注
[3] "二战"前欧洲上流社会奢华生活达到顶峰时的产物，以英国国王乔治五世的遗孀——玛丽王后的名字命名，是一座浮动的海上皇宫。1934年9月26日下水，从此频繁游走于欧洲和纽约之间，成为上流社会人士旅行休闲的最佳选择。60年代，发达的航空业抢走了大部分的旅客资源，玛丽王后号开始出现高额亏损。1967年退役，被美国人用350万美元的价格购买，永久停靠在加利福尼亚州长滩，改建为"玛丽王后号旅馆"。——编者注
[4] 南加州洛杉矶附近一海角。——译者注

佛罗里达的圣彼得堡成了达利博物馆所在地；自然地，劳德代尔堡[1]是 STP 公司[2]的总部。

于是有了这样一个问题：那么，一名最高阶层的成员可能住在这个国家的哪些地方呢？纽约当然是首选，接下来是芝加哥、旧金山、费城、巴尔的摩、波士顿，也许还有克利夫兰，或者康涅狄格州、纽约州、弗吉尼亚州、北卡罗来纳州、宾夕法尼亚和马萨诸塞州深处的乡村地区，情形大致如此。除了伯纳德斯维尔和普林斯顿以外，在新泽西州居住并不是个好主意。但新泽西的任何地方都要胜过加州的太阳谷、赛普拉斯和康普顿，俄亥俄州的坎顿，内华达州的雷诺，怀俄明州的夏延，新墨西哥州的阿尔布开克，佐治亚州的哥伦布，以及其他相似的军营城镇。当然还有俄亥俄州的帕尔玛——这个城市人口有 10 万，却没有一份日报，也没有公共汽车系统、旅馆甚至地图。科罗拉多州的常青市同样不可能被考虑，因为约翰·欣克利[3]就是从那儿来的；还有达拉斯，因为——众多理由中的一条——李·哈维·奥斯瓦尔德[4]曾居住在那里。

据说，某位研究此类问题的专家将拉斯维加斯称作"世界下等人之都"。我认为，您完全可以凭自己对这类知识的谙熟程度，对自己的社会等级高低有一点眉目了。对了，阿卡普尔科也能算入上面的城市中吧？

---

[1] 佛罗里达州南部一海滨城市。——译者注
[2] 一家生产汽油添加剂的美国公司，20 世纪 60 年代因虚假广告而衰落。——编者注
[3] John Hinckley，刺杀里根总统的凶手。——译者注
[4] Lee Harvey Oswald，刺杀约翰·肯尼迪总统的凶手。——译者注

中产阶级

一个最谨小慎微、了无生气的阶层。他们是企业的螺丝钉,"可替换的零件"。他们最惧怕"他人的批评",因此是为他人而存在的。他们是全社会中最势利的一群人。

现在,我们再回头谈论等级。有助于我们辨认出中产阶级的是他们的一本正经和心神不宁,而不是其中等水平的收入。我认识一些很富有却顽固地保留着中产阶级身份的人们,也就是说,他们依然对于别人会如何看他们感到恐惧,并且一心希望将每一件事都做得无可挑剔,但求不被他人批评。餐桌上的仪态对中产阶级来说是个极重要的问题,用来掩盖某些活动的网眼窗帘也很盛行,比如遮掩"藏腊肠"活动(当然,中产阶级是不喜欢用这个词的,他们这一行为的对应词是呆板的"做爱")。经常担心会不会冒犯别人的中产阶级是漱口水制剂的主要推销目标,如果这个阶级不存在了,整个除臭工业恐怕会就此坍塌。如果说内科医生通常是中上层阶级,牙医则不得不沮丧地对自己的中等阶层身份有所认识。据说,若在社交场合将一位牙医介绍给一位"医师"——牙医们喜欢这样称呼对方,牙医经常会感到严重的地位焦虑。而医生们称自己为大夫,并尤喜在牙医面前如此,当然,他们也喜欢在大学教授、按摩师或牧师面前这么说。[1]

---

[1] 英语中,Doctor 一词既有"大夫"的意思,也有"博士"的意思。美国的大学教授通常是哲学博士,牧师是神学博士,因此作者以此作为反讽。——译者注

据《白领》(*White Collar*，1951年)和《权力精英》(*The Power Elite*，1956年)的作者C.赖特·米尔斯[1]称，"地位恐慌"是最具中产阶级色彩的焦虑形式，所以他们才需要申请越来越多的信用卡，订阅《纽约客》杂志，因为他们估计这表现了中上层阶级的品味。中产阶级对这份杂志，或其中的广告的热爱，恰好印证了米尔斯对他们的描绘："不从更高的社会环境借来地位，他们就会不得其所。"《纽约客》杂志的广告商看来早就对这批读者的心态了如指掌，他们在这些中产阶级面前的"准中上层阶级"姿态有时简直逗噱。比如，他们最近用一张打印的请帖大肆抨击使用昂贵信笺的恶习。跃入眼帘的第二个单词格外醒目，造作地遵循英式拼法将美国通用的 honor 拼成 honour：

兹订于
本周五于康涅狄格州斯坦福镇狩猎谷俱乐部
列奥那德·亚当·威斯特曼博士和夫人
杰弗里·洛冈·布兰顿博士和夫人
恭请您光临——

（到这儿上层阶级可能会说"鸡尾酒会"，或者，要想绝不会出差错的话，说"酒会"。但这里，布兰顿"博士"和夫人邀请您特别消费——）

香槟和鱼子酱

---

[1] C. Wright Mills（1916—1962），美国社会学家。——编者注

这儿唯一漏掉没提的是食品的品牌。

如果说此类东西的读者，曾一度是家族历史悠久，广泛植根于美国的一群人的话，今天的中产阶级却似乎是最没根基的群体。中产阶级的成员不光购买自身阶层的传家宝如银器什么的，他们还得每隔几年奉自己所属的公司之命长距离地搬家（通常目的地是所有最没格调的地方）。这些人通常是石油公司雇用的地质学家、电脑程序设计师、航空动力学工程师或被派驻到一方新市场的推销员，以及被公司委派的"市场经理"（从前叫"销售"），以便监督他的前任。这些人和他们的家人散布在各个郊区和新开发的住宅区，如威廉·怀特[1]所说，他们的雇主就是他们的人生目的地。IBM和杜邦公司从一些二流大学招募来这些雇员，并不断教育他们，如果不成为这个团体的一员，他们简直什么都不是。没有任何余地留给所谓个人，他们亦不能自由地哪怕是温和地表现自己的怪僻。这些雇员很快便学会了将所有带有意识形态色彩的说法抛诸脑后，这一点哪怕是从他们起居室的装饰也能体现得一清二楚。这些人由于异常害怕失掉工作而在生活中变得非常被动，他们仅仅将自己当作一个无限庞大的结构中的一个部件，进而磨灭了自己的人性，他们是可以随意替换的部件。IBM的一位行政人员曾对人吹嘘说："公司的培训计划使我们的雇员成为可替换的零件。"

大部分时间被当作奴隶对待的中产阶级，对实力和成就抱有一种狂热的错觉，实在是不足为怪的事情。其中一个标志便

---

[1] William H. Whyte（1917—1999），美国社会学家、新闻记者、人类研究学家，是美国关于城市、人与开敞空间方面最有影响力和最受尊敬的评论家之一。——编者注

是他们对纹章证书的追求（"这张美丽的压有凸纹的证书会显示您的家谱"）；另一个标志是他们习惯于每年发出家族通讯，报告家里人在成为"职业人士"的角逐中的最新名次。

约翰年方二十二，正在韦恩州立大学的牙医学院度过他的第一个学年。

卡罗琳在艾奥瓦州博伊西市（州首府）一家很有声望的公司谋得了一个相当不错的职位：行政秘书。

有时候，这些骄傲的一览表着实令人心碎，上面满是家里人在过去一年中建立的"关系"："今年鲍勃成了四个组织的成员：地方商会平民会、北美啤酒罐收集者联盟、伊万斯威尔大学校友会，以及凡德伯格县青年共和党组织。"（参见凡勃伦的论述："由于保守主义是富人们的特征，富人们因此在社区享有更好的名声。这样一来，保守主义也就获得了某种能令人肃然起敬并富于装饰意味的价值。"）由于害怕自己淹没在人群里，中产阶级家庭主妇在出门购物时总是精心地梳妆打扮。就像一位中产阶级妇女对刨根问底的社会学家讲的一样，她的直觉告诉她："你一走进百货商店就会明白，等级是存在的。女人穿得越体面，受到的招待就越好。"

字典中对"势利小人"一词的通常解释是："把出身或财富当作检验价值的唯一标准的人。"要想发现势利之徒，就到中产阶级中去寻找。中产阶级总是为自己的品味，以及这些品味究竟对自己有没有好处忧心忡忡，因此总是将自己与想象中的金钱、权力和品味的拥有者联系起来（过于脆弱的联系），用来克制自己向下沉的自然倾向。中产阶级苦念着"正确无误"和别做错事,因此,即使在最普通的餐会后,他们也要写一纸感谢函,赠送过于昂贵或"正确"的礼物,绝不会说,哪怕是略为提及任何公认等级低俗的地方——比如,阿肯色州的史密斯堡。游历过很多地方的读者会很从容地接受英国的势利学研究权威内尔·麦克伍德(Neil Mackwood)的发现——比利时是全世界最伟大的势利之辈的摇篮,也可被看成是全世界中产阶级的大本营。

中产阶级的另一个标志是迫切要让自己从属于什么的欲望,以及他们用购物等机械行为满足这一欲望的方式。"俱乐部"和"协会"等词汇(例如在"每月一书俱乐部""文学协会"等称呼中)总是具有强大的诱惑力。很自然,中产阶级也就成了下面这一类房地产开发商的广告针对的目标:

您属于

森林公园社区!

只要举步迈入我们这个社区,您就会懂得

欢迎的含义:

您是这个大集体的一分子……

怪癖、内向、热爱隐私,这些都是中产阶级最大的敌人,是与他们的高尚秩序截然相悖的价值。中产阶级当中流行一种观念:建一道篱笆,哪怕高一点的灌木,也是对他人的有意侮慢。此外,他们还流行一种观念:你可以事先不打电话预约便造访邻居或朋友。中产阶级生来幼稚、殷勤、不事遮掩,所以很难相信并非所有人都如此。又由于生性羞怯、思想传统，他们当中谁也不敢想象有人会在下午——而非夜晚——性交。很显然，夜晚才是事务缠身、行为庄重的公司职员行此举的正确时间。威廉·怀特曾一面在一处郊区闲混，一面研究那里的居民。一位典型的中产阶级妇女告诉他："再也没有比我们这条街上的人更友善的了，他们来的时候总会敲门。"

女人们珍视"友善"，男人们则视拥有一个体面的职业为至宝（这经常比金钱更重要），并且尤其强调"管理人员"一词。（事实是，人们面对这个术语时，究竟是心怀敬意还是唯恐避之不及，标志着等级的重要分野。）在家中安装一台录音电话，自然很容易（花费相对较低）就能模仿高级专业人士的作风，但不要指望在蜂鸣声过后会有一个滑稽或古怪的声音——例如用法文或者模仿唐老鸭、理查德·尼克松的声音——告诉你可以留言了。中产阶级都很胆小，如 C. 赖特·米尔斯所说，"他们向来是有所属的人，公司的、政府的、军队的……"没有比中产阶级更小心谨慎的了。一位"管理顾问"告诉斯特兹·特克尔："你的妻子和孩子应该守规矩，你应该克己、遵守社会规范，你应该小心注意自己的行为。"乔治·奥威尔在《为舒畅而来》（*Coming Up for Air*，1939 年）中为他书中的中产阶级英雄代言，把这一点说得很到位：

过去好多蠢话讲的是劳动阶级的痛苦，我自己并不为贫民阶层感到难过。……贫民阶层的痛苦是身体上的，可他不劳动时是个自由人。但在每一座灰砖小盒子里，总有那么些可怜虫，从来就不知道自由是什么滋味，只除了蒙头大睡的时候。

由于本质上是一些推销员，中产阶级人士培养了一种推销员式的风格，因此也才有他的乐观主义。他坚信，只要自己奋力投入，就必定有自我改善的可能。音乐剧《安妮》(Annie)和《堂·吉诃德》(Man of La Mancha)之所以有那么高的票房收入，是因为向中产阶级男人和他们的妻子提供了诸如《明天》(Tomorrow)、《不可能的梦想》(The Impossible Dream)一类歌曲，并向他们允诺，所有美好的事物都可望又可及。中产阶级的最后一个标志，源自这个阶级的社会不安定感，即习惯性地拿自己开玩笑打趣。尽管尚无法确定这些玩笑在传达何种社会效应，但"推销员"的角色使他们有必要推销善意和乐观主义。于是，中产阶级人士充当自己心醉神迷的听众。有时候他会当众道出几句也许聪明的俏皮话，但随即便会环顾四侧，捕捉听众的反应。当然，他强烈地渴望称赞。

中产阶级青年酷似他们的父辈。如果你想知道是哪些人在研读约翰·莫罗依的作品，以求掌握打入中上层阶级的手段和技巧，这些年轻人就是答案。一个又一个公司培训计划将他们送到全国各地，所以你常常能在飞机上遇见他们。他们的衬衫总是白得让人难以置信，外套总是过分的深色，领带模仿企业家的风格，发型仿照20世纪50年代的样式。他们常说的词是"底线"，需要说"不"时，他们总会说"一点也不"。他们的脖子总是显得长度不够，眼球的转动则太频繁，不是从上到下，而是瞟来瞟去。他们将以公司受训人员的身份步入自己的成年期，并在四十五年尽忠职守的生活后成长为一名公司高级职员。剩下的时间里，他们会纳闷生活是不是应该大致如此。

关于这个占我们人口几乎80%的伟大的中产阶级（人们这

样描绘自己的等级，如果你天真地表示赞同的话），我们就谈到这里。

上层贫民

一个被称为"蓝领贵族"的阶级。他们靠手艺吃饭，认为自己和律师、医生们一样也算"专业人士"。他们的钱夹总是鼓鼓囊囊的，外边还会勒一根皮筋。

往下，我们自然该谈谈中下阶层了。20世纪六七十年代的经济萧条使这个阶层陷入贫困，并逐渐演变为上层贫民阶层。所以，他们绝不会比中产阶级存在的时间更长。他们同中产阶级相比，究竟区别何在呢？更加缺少自由和自尊。这个从前的下中产阶级，如今的上层贫民，是"大众"的领头羊。但即使将他们定位在各个贫民阶层的最前列，你仍能辨认出他们的原型，他们深深地受制于金融政策、巧取豪夺的广告、时代要求、错觉、低级大众文化、速食品和劣质消费品。早在20世纪40年代，这个国家的确存在过一个名副其实的中下阶级。他们凭着自己充足的中学教育，以及对"储蓄"和"收支计划"的迷恋，得以停留在一个高于劳动阶级的等级——当然，总是岌岌可危。C. 赖特·米尔斯说，那时候，"平民大众比今天要少。区区几年中学教育，恰恰使他们（数目相当可观）避开了资本主义发展进程中一些更尖锐的工作体验。他们无拘无束地享受着自己种种根深蒂固的幻觉：对个人能力，对这个体制的总体上的信任。然而，随着同类的与日俱增，他们不得不日渐屈服于周薪工人的境况。"

结果是社会等级的降低。这些从前的低薪白领，如今不过是些工作机器，他们的妻子也通常得像丈夫一样卖力工作。

一般讲，工种和他们焦虑的类型将贫民阶级依次划分为三个等级。上层贫民是熟练工人和手艺人，比如印刷工人。中层贫民是电话接线员、公共汽车司机。下层贫民是毫无技能的体力劳动者，比如码头工人。上层贫民独有的焦虑是害怕丧失或降低等级地位：他深深为自己是一名优秀的木匠而骄傲，并希望这个世界能正确无误地理解他和体力劳动者的区别。中层贫民特有的焦虑是担心丢掉工作。至于下层贫民，咬啮他们内心的苦痛是感觉到自己可能永远挣不来足够的钱或者自由。得不到自己想要的，干不成自己想干的。

上层贫民的工作类型总是使他们执意将自己称作真正的"专业人士"，比如，大城市的"清洁工人"。一位邮递员告诉斯特兹·特克尔他为什么喜欢自己的工作："人们总在说，'送信人怎么怎么啦'……我觉得，这是一份在全国最受尊敬的工作。"从事护理行业的贫民阶层妇女从来都津津乐道于自己是如何如何"专业"，而她们当上空中小姐（上层贫民最心仪的职业）的女儿们同样有此癖好。由于军官总是在上司面前胆战心惊，他们可能更像中产阶级，而不太像上层贫民。尽管如此，他们越声称自己"专业"，就越发显得等级低：他们先是在越南丢人现眼，随后又为自己的社会名声坐立不安，上述说法就越来越像是冒傻气的套话。一位军人的妻子说："有人喜欢把医生、律师叫作'专业人士'。所有的军人都是'专业'的嘛。"

▽贫民外套上的肩标。

然后是一个明显的逻辑偏差:"还有谁会比用自己的一生来保卫祖国的人更专业呢?"

确定某人究竟是中产阶级还是上层贫民成员有一条普遍适用的原则:此君的工作服和"最好"的衣服悬殊越大,所属等级就越低。不要仅只笼统地考虑体力劳动者和蓝领阶层,也要想一想看门人、年轻侍从、农夫、铁路管理员、火车司机和消防队员。他们中有一位曾说过:"我原来打算做律师,唉,我还想过做医生,可我就是做不到。你得脑瓜聪明才行。"但上层贫民是很聪明的,至少是精明。因为通常没有人严格监督他们的工作，他们信奉个人独立并为之骄傲，不太瞧得起那些不能像自己一样独立的人。这些人，就像社会学家 E. E. 拉马思特斯（E. E. LeMasters）在他的书《蓝领贵族》(*Blue-Collar Aris-tocrats*，1975年）中描述的那样，他们对中产阶级的蔑视与贵族阶级对中产阶级的蔑视很有些相似。一位上层贫民说："如果我儿子打算一辈子都系着那根见鬼的领带，对老板打躬作揖，他有权利那么做。可是上帝啊，如果他愿意的话，他至少也应该有权用自己的两只手老老实实地干活谋生啊。"拉马思特斯说，像其他贵族阶层一样，这些人"已经在他们那个社会环境的顶层了，所以就没有必要花时间和精力来'往上爬'了"。他们在其他方面也颇有贵族气，比如对赌博的忠诚，对猎鹿的喜好。室内装饰的鹿角使他们的住处看来不亚于一个苏格兰贵族的小屋。奥特加·加塞特[1]指出，上层贫民还"倾向于把游戏和运动当作自己毕生的职业来从事"，并对女人抱一种不甚浪漫的态度——这方面也酷似贵族。

　　由于这些人完全不会在选择正确的地位标志上忧心忡忡，他们也就相当地悠闲自在。他们可以举止随意，无论说什么话，怎样穿戴、装扮，都少有羞耻感。羞耻感属于比他们优越的中产阶级，进一步讲，羞耻感主要是一种资产阶级的情绪。吉丽·库柏发现，约翰·卡尔文[2]是中产阶级的先知，卡尔·马克思则是

---

1 José Ortega y Gasset（1883—1955），20世纪西班牙最伟大的思想家之一，于文学和哲学皆有深厚造诣，还是现象学传播史上至关重要的人物。——编者注
2 John Calvin（1509—1564），法国神学家、牧师、新教倡导者、宗教改革家，他创立的卡尔文教派，其教义、教会组织形式更适合资产阶级的需要，因此在法国流传很广。——编者注

贫民的代言人，尽管这两个阶级的大多数人对此一无所知。

除此之外，还有一些绝对可靠的标志帮助你辨认上层贫民阶层。他们属于大过圣诞节的一族，经常通过分期付款购买大宗物品。比如，他们喜欢把钱花在精致的彩色电视机、立体声音响和操作复杂的电冰箱上。而中产阶级倾向于投资购买"品味良好"的家具，并一一陈列于客厅和餐厅。开车的时候，上层贫民阶层的男士们坐在前座，他们的妻子被安放在后座。（如果是中产阶级，总是前座一对夫妇，后座另一对夫妇。而在中上层阶级中，你很可能发现两家的丈夫分别和另一家的妻子同坐一排座位。）

社交活动中，上层贫民都守时不误，迟到二十来分钟是等级更高的标志。如果你打算在酒吧估测一个男人的等级地位，不妨找个借口与他聊聊，直到他摸出自己的钱夹，上层贫民的钱夹总是鼓鼓囊囊的，里头不光有妻女儿孙的快照，以备酒后展示一番直至被感伤情绪淹没，更有各类让人留恋的纸张纪念品，比如重要的体育比赛门票票根、信件，以及其他一些能随时掏出来"证明"什么的文件。百分之百的上层贫民钱夹，上面一定绑着一根宽宽的橡皮筋。

贫民阶层人士无一例外地对广告和商标抱有高度的敬意。了解这些东西，你就能够展示聪明和时髦，同时将自己与广告商品的成功联系在一起。热天喝一听包装醒目的可口可乐，并不单单是为解渴消热，还意味着你与比你优越的人们——可口可乐公司——以及你的邻居分享一种公认的成功模式，他们还会认为你的举动是地道的美国化，简直妙不可言。约翰·布鲁克斯发现，纽约地铁车厢里的涂鸦作者会在任何地方涂鸦，但几乎不碰广告牌,"似乎这些创作者尊重社会的这一方面:广告"。

菲利浦·罗斯[1]所著的一本书里的主人公索菲亚·波特诺,一直在中产阶级和上层贫民之间徘徊。若说她那措辞强烈的自我夸耀是中产阶级式的,她对广告商标的尊敬和对物价的敏感则很有上层贫民的味道。她在谈到黑人女佣时对儿子说:"只有我一个人对她那么好。只有我一个人给了她整整一罐金枪鱼作午饭。我说的可不是那些不值钱的破烂玩意儿,阿历克斯,我说的可是优质的,被称为'海中鸡肉'的那种……四毛九两罐。"以"蓝领妇女"为主要目标的《真实故事》杂志(*True Story*),向它的广告商们信誓旦旦地承诺,这本杂志的读者"对商标最最忠贞不贰",这一点无疑是正确的。如果你是一位上层贫民,你所做的一切正是这个商业社会要求你必须做的。

在西南部(这个地方我们应该欣然表示接受,以避"精英主义"之嫌),上层贫民阶层家庭最流行的晚间娱乐活动是去洗车行洗车,并顺便在回家的路上光顾一下当地的连锁食品超市,也可以去看冰上表演,招牌上写的是:"太空邦尼虫"。

中层贫民

一个在工作中失去自由的阶层,由于经常受到老板的斥责而对生活心存怨恨。他们生活中唯一的乐趣,也许就是串亲戚。

---

[1] Philip Roth(1933—),美国小说家、美国文学艺术院院士,曾获古根海姆奖、欧·亨利小说奖和美国文学艺术院奖,被认为是当代最杰出的美国犹太裔作家之一。——编者注

上层贫民阶层为人不错。可是再往下走，中层和下层贫民阶层的举止可能就会让一些人觉得受冒犯了。中下层贫民为自己的工作感到痛苦，通常是因为对他们的监督和管理太严酷，总被别人当成任性的孩子一样对待。一名汽车装配厂的工人说："这儿就像在军队，不，比军队还糟糕……哪怕你去撒尿，也得领一张护照。"《劳动阶层的大多数》一书的作者，安德鲁·李维逊，曾提示我们想象一番"老有一双工头的眼睛在你身上扫视的滋味，中产阶级社会里绝对不会有这般礼遇"。领薪的专业人士当然也有自己的上司，但人们终究难以想象，如果一位教授或者管理人员旷了一天工，会有人要求他们出示医生的病假条，或者汇报他们上卫生间的具体次数。

中层和下层贫民之所以处于如此情形，是因为他们在一个凡勃伦称为"人对人的强制性压制"的关系中扮演着牺牲品的角色，这一现象委实令人不快。（施加这种压制，而不是让自己被人压制，是那些更幸运的人们的特权：经理、教师、作家、新闻记者、神职人员、电影导演等。）

的确，被监督的程度，通常比收入更直接地显示等级差别。这就表明，整个等级体制更像是在识别自由的价值，而非仅仅宣扬金钱的价值。你的工作在多大程度上受到监督，比你从这种受监督的劳动中所领报酬的多少，更能显示你的真实等级。这一点说明了为什么中学教师比大学教授的地位要"低"。中学教师有责任每周向校长、行政负责人或"课程协调人"报告"授课计划"，也就是说，承认自己的屈从地位。大学教授则因为无须向任何人汇报工作而位高一等，尽管中学教师有可能更聪明、更有风度、更有钱。（如果你想辨别贫民，就会立刻注意到，只有在公立中学、邮政部门、警察署才常常听到这样的术语——督察、指导。）

如果一个人的恭顺服从总是第一位的，他或她一定是个中层或下层贫民。职业阶层从事的工作，在很大程度上依赖于不发生差错或失误，即使发生，也可以远远逃避后果，事不关己、无人问津更好。千万不能因为立刻被发现并遭到老板的斥责，而蒙受耻辱和丢脸。由于长期在工作中忍受屈辱，下层贫民总是精神消沉。如一位女工所说，"我们中间好多人的工作，在精神层面简直太没劲了。"圣路易斯的一位出租汽车司机这样为美国发动越南战争辩护："我们可不能是一个可怜的、没救的巨人。我们要让他们明白，我们是第一。""您是第一吗？"斯特兹·特克尔问他。沉默片刻，他回答道："我是零蛋。"

贫民倾向于用简化的方式表达对等级的失望。当我们观察贫民时，最好注意英国批评家理查德·霍嘉特（Richard Hoggart）的结论："绝对不存在简单的人。'平常'人也很复杂。"罗伯特·布莱[1]一定会表示赞同，因为他的诗歌已经表明了这点。这首诗的名字叫《跟我来》：

跟我来，进入那些事物，那些
感受这绝望已太久的事物——
那些在可怕的孤独中嗥叫的
被卸下的雪佛兰车胎。
躺在灰烬和尘土里，像醉倒的人

---

[1] Robert Bly（1926— ），美国"深度意象派"代表诗人，曾获美国国家图书奖。——编者注

赤身

摇晃着跌下山,在夜晚,终于

湮没了,在池塘,

那些弃在高速公路路肩上的内胎,破裂,

黑色,干瘪的躯体,被使用过,爆开

并被扔掉。

那些散落在车库长椅周围,蜷缩的薄钢片,

有时候还温暖,坚硬,当我们握住

它们,但也放弃了,只把万事归咎于政府

那些南达科他的公路,迂回着

四处探触,

在黑暗里⋯⋯

这倒是一个提醒:正是他们,那些中层和下层贫民阶层,纷纷退缩到他们私人的乐趣中去:家庭作坊,房屋修缮,洗车擦车,打扑克,钓鱼,打猎,野营,观看电视上的体育比赛和西部片,把自己当作球场上的四分卫或者开拓边疆的英雄,走亲访友(相反,大多数中上层人士对亲戚退避三舍,只与朋友来往),在周六或周日与家人在当地的商厦购物。

下层贫民

一个没有明天的阶级、非法移民的大军,过一天算一天是他们的常态。正是这一阶层,承担了美国社会中最低下的工作。

劳动阶级的最底层——下层贫民的特征是：明显地感到就业不稳定。这个阶层包括非法移民，如墨西哥的水果采摘工，以及其他一些移民工人。这层人的典型特征是与社会隔绝，霍嘉特对英国低层劳动阶层的描绘同样适用于其他国家："这个社会阶层的……每一天、每一周都几乎毫无计划。没有日记，看不到记事簿，书信往来极少。"他们的特征是疏远和孤独，就像生活在阿巴拉契亚大山谷当中。我们会发现，这些人曾经受过训练，如今却一无所获，很可能会出于彻底的、固执的绝望而参军入伍。

赤贫阶层

一个无家可归、流落街头的等级。懒惰、失望和怨恨压倒了他们的自尊。这是人们看得见的最贫穷的一族。

但他们的境况还是要比看不见的底层好得多，后者并无季节性工作可干，只能完全靠福利救济过活。赤贫阶层与"看不见的底层"的区别不在于他们比后者钱多一点，而在于他们"看得见"。"看得见"的底层出没在充斥着廉价酒吧、乞丐、酒徒的街道上，是随身携带购物袋生活的人，是在公共场所长篇大论地向听众诉苦的人，是那些从纸袋裹着的酒瓶子里喝酒的人[1]，是

---

[1] 美国法律禁止在公共场所喝任何含酒精的饮料，因此街上的流浪汉为了逃避警察，便套着包装纸袋喝。——译者注

那些出于渴求别人的认可而当街"表演"的人们。

看不见的底层

一个在慈善机构和管教所里度过一生的阶级。像看不见的顶层一样,我们看不见这群悲惨可怜的人。

因此,当过失和苦恼到了让人绝望的地步,人们就沦为"看不见的底层",要么整日守在福利机构的房间内,要么想方设法让人弄进一处公共设施,至于那是慈善机构还是管教机关,对他们来说并不那么要紧。

各个阶层大致如上所述。

把它们想象成一条长街两侧数间毗邻的剧院也很形象。这里,每一家剧院门口都挂着挑出的遮篷,上面贴着无数海报。每一家剧院,无论是最舒适的、最少装饰的,还是最简陋的,都在旷日经年地上演有关自尊的戏剧。奇怪的是,没有哪一家能晋升为更高一级的剧院。关键问题是:每一家剧院,无论气派最为不凡的,还是平淡无奇的,都不见有演员表演。因为每一个演员都害怕自己会跌跤、漏念台词或穿错戏服,反正不愿以诸如此类的倒霉事惨淡收场。如果你能找到一个美国人,此君对自己的等级地位完全无忧无虑,请把他披挂好展示出来。这样的家伙我还从来没有见过。

第三篇

以貌取人
APPEARANCE COUNTS

为什么敏锐的人能在一瞥之间判断一个人地位的高低？他捕捉哪些特征？

【容貌】首先，优美的容貌。当然，各个阶层中都不难发现容貌姣美之人，但相貌漂亮通常是上层等级的标志。吉丽·库柏认为，这是审慎的自然选择的结果。她发现，如果上层人士与阶层较低的人结婚，他们通常只会选择美人。她总结说："大体上说，长得漂亮的人往上走，与社会地位更高的人结婚，……缺少安全感、容貌丑的人一般与低于自己阶层的人结婚。"

【微笑】再者，微笑，另一个等级标志。这意味着，不要笑得过头。走在街上，你会注意到贫民阶层的女士比中层和上层阶级的女士要笑得更频繁，嘴也咧得更大。一方面，她们喜爱展示自己漂亮的牙齿，当然是假的；另一方面，她们沉浸在那种急于告诉别人"我今天很快乐"的文化里，大多数时候会忍不住流露出带有防范性的乐观主义。说到假牙，最近我亲眼见到一个惊人的举动。在某个公共场合，一位贫民阶层男性上面的假牙托掉了下来，他用舌头将那粉红色和黄色的玩意儿向前推，想把它顶回原位，结果假牙托从嘴里向外突出了差不多一英寸，看来似乎要让那东西"透透风"。人们根本无法想象，一位中产阶级或中上层人士会有如此举动。如果人们见到一位对旁人不屑一顾的上层人士这么做，是不会吃惊的，因为知道他是故意为之。

【身高】身高在英国比在其他任何地方都更是可信的等级标志。甚至在美国，有等级地位的人也很少会是粗短的小个子。再者，如果屁股向外撅，肯定是较低阶层的人士，就像脖子很短（或者显得很短）是低层阶级的特征一样。劳伦斯·威尔克、约翰尼·卡什一类的西部乡村歌手和类似的贫民中，短脖子的情况格外明显。如果你对于外貌能体现一个人的等级和社会地位仍表示怀疑，不妨试着想象一下，将下面这些人物放在一起相互比较会是何等情形：把罗伊·阿卡夫和埃夫里尔·哈里曼[1]放在一起，把理查德·M.戴利和乔治·布什[2]放在一起，或者，把米尼·帕尔和杰奎琳·奥纳西斯[3]放在一起。

【体重】由于62%的美国人体重超重，所以，显示区别的一个不费力的办法就是身材苗条。身材苗条是位于上方的四个阶层的一致目标，尽管中产阶级要为抑制爱吃马铃薯的嗜好付出很大的代价，因为他们的工作多数是案牍劳动。赤贫阶层和看不见的底层通常不会有什么赘肉四处炫耀，不过这并非出于他们自己的选择。多数超重的人属于三个贫民阶层。速食品和啤酒是导致发胖的两个重要原因，另外，对自己的社会地位会否下降的焦虑引发的神经质暴食亦是原因之一，这在上层贫民中尤为显著。贫民阶层将肥胖自圆其说成稳定

---

[1] Roy Acuff（1903—1992），美国歌手，被称为美国"乡村音乐之王"；Averell Harriman（1891—1986），美国民主党人、商人、外交官。——编者注
[2] 前者为美国民主党家族戴利家族成员，曾任芝加哥市市长；后者为美国共和党家族布什家族成员，曾任美国总统。——编者注
[3] Minnie Pearl（1912—1996），美国女喜剧演员；后者为肯尼迪总统夫人，后改嫁希腊船王奥纳西斯。——译者注

▽ "你的体重是你社会等级的广告。"图为身体超重的贫民夫妇。

的周薪和有能力经常外出用餐的结果,甚至把"外出吃早餐"也当作合情合理的举动。然而我们知道,他们对麦当劳电视广告的迅速反应,其实是出于他们生活水平的限制。

最近有一份以贫民阶层为对象的杂志,刊登了一则广告,为一本节食的书做宣传。这则广告批评有关体重的数种谬见,刻毒地称那些说法"全是胡说八道"。它大张挞伐的谬见中包括这样的说法:"所有的社会阶层都一样超重。"该广告解释道:

您的体重就是您社会等级的宣言。一百年前,肥胖是成功的标志,但那样的日子已经一去不复返了。今天,肥胖是中下阶层的标志。与中上层阶级和中产阶级相比,中下阶层的肥胖人数是前者的四倍。

不光是数量上的四倍，还是四倍的可见度。炫耀肥胖是贫民的又一标志，目的似乎意在向较高阶层进行最大程度的美学冒犯，从而达到某种形式的报复。英国旅行家乔纳森·拉班在明尼苏达州商品交易会上，有幸目睹了一个似乎是精心、刻意展现的肥胖奇观：

> 这些农业家庭……是从德国和斯堪的纳维亚半岛饿着肚子来到美国的移民的后代……一代又一代，这些家庭的成员慢慢吃成了美国人。如今他们全都身材相仿：同样宽大的臀部，同样的大肚腩、同样的火鸡式松垂下巴和抹香鲸似的躯干，同样看不见脖子。女人们勉强挤进粉红色弹力裤里，男人们则从格子衬衫和涤纶便裤的每一条缝和每一个纽扣之间鼓凸出来。

拉班继续谈道，似乎唯恐自己不够惹眼，这些男人还戴着便帽让我们去注意他们后脖颈上的赘肉，似乎专门要跟"幸福就是做祖父母"的老话作对，越老反而越蠢了。拉班发现自己简直被美国的肥胖状况迷住了，他居然弄出一张美国的肥胖人口地图。根据这张地图，最肥胖的人们都居住在移民后代集中的地区，这些移民一直对"先辈的饥饿记忆犹新"。另一方面，"1776年以前在北美建州的几个地区，居民脂肪厚度方面的数据最低，居民的腰围则按从东到西、从南到北的规律递增。美国的赘肉之都大约坐落于明尼苏达、艾奥瓦、南达科他和北达科他三角地带的某处。"

我们用不着跟着拉班到处观察，就能确信这个国家存在一种精英外貌：它要求女人要瘦，发型是十八或二十年前的式样

（最有格调的妇女终生梳着她们读大学时喜爱的发式），穿极合体的服装，鞋和提包价格昂贵但很低调，珠宝饰物极少。她们佩戴丝巾——这立即就表明了等级身份，因为丝巾除了体现等级之外别无他用。男人应该消瘦，完全不佩戴珠宝，无香烟盒，头发长短适中，决不染发；染发是中产阶级和上层贫民的标志，里根总统的这一做法就是明证。他们也决不戴假发，假发只限于贫民阶层。（上层和中层贫民称假发为"小毯子""垫子"或"桌垫"，下层贫民则称之为"toops"。）对时兴、惹眼物品和多余之物的拒绝，成就了男人和女人的精英外貌。既然肥胖既惹眼又多余，上层阶级便拒斥肥胖。麦克尔·科尔达在他的《成功!》一书中一语中的，他发现"瘦很昂贵"。

【衣着】上层人士对多余之物的拒绝并不意味着他们在服装上追求"最少化"。相反，多层穿戴是必需的。艾莉森·卢里[1]在《服饰的语言》（The Language of Clothes，1981年）中认为，"大体上，一个人穿的衣服层次越多，他或她的社会地位就越高。"她还说"近年来多层服装的流行，可能像有时声称的那样，与能源短缺有关[2]，但这也是显示家中衣橱庞大的好办法。"

中上阶层女士几乎无一例外地身着灰色法兰绒裙、斯图亚特格子花呢裙，或卡其色裙、藏青色卡迪根式开襟毛线衣（有时是缆绳花样的针织衫）、彼得·潘式衣领的白衬衫、平跟鞋，

---

1 Alison Lurie（1926— ），美国社会风俗小说家。——编者注
2 美国政府曾号召人们穿多一点以节省取暖消耗的能源。——译者注

最好再用无边平顶帽罩住头发。气温低时，就披上蓝色上衣，有公事在身则改穿灰色法兰绒外套。但无论什么衣服，最理想的颜色是真正的藏青色。多层混穿屡见不鲜，低调则是共同的倾向。必不可少的饰物是一种装饰着手工刺绣花边的眼镜盒。（这可是一个重要的等级标志：手工刺绣表明女主人每天拥有数小时闲暇来从事这种手艺——对贫民阶层来说这是不敢想象的。）如果一位妇女为家人和朋友做许多刺绣活，她很可能属于中上阶层。但如果她在织完一件毛衣后还缝上一个小标牌，写着"格特鲁德·威莉丝手制"，那她一定是位中产阶级妇女；如果标牌上写的是"格特鲁德·威莉丝编织艺术"，那她无疑是位上层贫民妇女。

【**颜色**】藏青是中上阶层的颜色，紫色属于贫民阶层。紫色一直遭到芭芭拉·布雷斯（Barbara Blaes）的诟病。这位劳工商务部、中央情报局和食品与药物管理局的服装顾问日薪400美元，专事改变政府部门女性工作人员的贫民服装风格。她希望女人身着藏青色或灰色、由裁缝制作的外套，尽可能让自己看上去像女性化的男人。毋庸置疑，绝不允许出现连裤套装，尤其不能是紫色的，更不用说紫色涤纶的了，这是经典的贫民阶层服装，绝对的最低等级标志。此外，贫民阶层苗条女性深深喜爱一类打扮，其程度不亚于肥胖女性对连裤套装的热衷，即名牌牛仔裤配极高的高跟鞋。此类搭配常见于刚搬到郊区住的上层贫民女孩，她们尚未掌握中上阶层准预科生式的着装准则。

【**质地**】紫色涤纶连裤套装有悖于两条决定服饰等级的基本准则：颜色准则和有机面料准则。除藏青色外，颜色越柔和、黯淡越有档次。至于面料，生物成分越高越有档次，也就是说，羊毛、丝绸、棉和各类动物皮毛才高档，仅此无它。所有的合成纤维均属于贫民阶层，既因为它们比自然纤维廉价，也因为它们千篇一律得令人厌倦。（难道你能在一件丙烯酸纤维毛衣里找到草或羊粪的痕迹？）凡勃伦早在1899年就慧眼辨识出这一点，他是这样从总体上来谈论大批量制造的产品的："粗俗和教养不良之辈都崇拜和偏爱机器制造的日用品，因为机器制造的东西实在太十全十美了。这些人从不关注（哪怕稍加关注）高贵的消费品。"（有机原则也判定，厨房里木材要比塑料贴面有档次；餐桌上的台布，棉的要比塑料或油布等级高。）对真正的中上阶层而言，完全摒弃人造纤维尤为重要。这些上层人士的鉴别力是如此精到，以至于像《权威预科生手册》中提到的，"一件牛津布衬衫中的一丁点涤纶成分"也能察觉出来，因为那是可悲的中产阶级标志。这本书同时还热情地颂扬了年轻的卡罗琳·肯尼迪——"严格地讲，她在衣饰、举止方面比她母亲更有预科生风范。"——因为"在哈佛广场[1]的四年当中，任何非自然类纤维都未能贴近过她的身体"。我还想提一件看起来相当美国化、相当具有20世纪晚期特色——也即贫民化特色的事情，那就是，我们今天购买的浴巾已经掺进了12%的涤纶。浴巾的功能无非是吸收水分，但因为其中唯一的吸水纤维——棉——

---

[1] Harvard Square，在哈佛大学附近，因哈佛大学而著名。——编者注

被减少了，这一功能已大打折扣。

然而，这些说法都会遭到费舍尔·莱姆斯先生的指责。莱姆斯先生是总部设在华盛顿的人造纤维制造商联盟公共事务主任，这个联盟旨在说服陆军和海军尽量采用人造纤维，不光用于毛巾，也用于拖把和海绵揩布。莱姆斯先生随时准备回击各种恶言中伤，在最近一封写给《纽约时报》的信中，他就从捍卫涤纶的立场出发，严词驳斥了一位时装评论家对涤纶的非难。"涤纶，"他说，"因其多种华美的形式，业已成为当今最广泛采用的时装面料。"（当然，从等级观点看，如此说法恰恰道出了他的谬误。）

【易读性】除了服装的颜色和涤纶成分，服装的"易读性"通常也可以判断人们是不是贫民阶层。那些印着各类期待你去解读并景仰的信息的T恤和诸如此类的蹩脚货色，被艾莉森·卢里命名为"易读衣着"，一个颇为实用的术语。印在衣服上的信息通常很简单，无非是啤酒商标，比如百威或喜力。当然也有较为老练和淫昵的，比如一位姑娘的T恤上写着："最好的东西在里面。"当贫民阶层欢聚一堂共度闲暇时，绝大多数人会身穿印有各种文字的服装亮相。随着社会等级的升高，低调原则随即开始奏效，文字逐渐消失。中产阶级和中上阶层的服装上，文字被商标或徽记取代，例如一条鳄鱼。再往上，当你发现形形色色的标记全部消失了，你就可以得出结论：你已置身于上等阶层的领地，印着"可口可乐才是正牌"的T恤属于贫民阶层；同样的原理，写着"玛拉伯爵夫人"品牌的领带俗不可耐，因此是中产阶级趣味的表现。

▽可读服装：左边的是中产阶级，右边的是贫民。
（中产阶级的T恤上印着"毕加索"，提袋上是"我爱纽约"，手里的文件夹上印着"纽约大学"。贫民的服装则带着服装品牌标志。——译者注）

贫民阶层感觉到有必要穿戴易读服饰，存在若干心理原因，因此他们看上去并不滑稽可笑，反倒惹人同情。穿上一件印有"运动画刊""给他力"（一种运动员饮料）或者"莱斯特·拉宁[1]"字样的衣服，贫民人士会觉得自己与某个全球公认的成功企业有了联系，于是在那一小段时间里揽升了自我的重要性。这也可以解释，为什么每年五月在印第安纳波利斯的赛车跑道周围，

---

1 Lester Lanin（1907—2004），美国爵士乐大师。——编者注

能见到一些成年男人穿着荒唐蹩脚的衣服骄傲地晃来晃去，上面必然写着"GOODYEAR"或"VALVOLINE"[1]。商标在今日拥有一种图腾般的魔力，能为其穿戴者带来荣誉。一旦披戴上可读衣饰，你就将自己与某个企业的商业成功混同为一，弥补了自身地位无足轻重的失落，并在那一刻成为有存在感的人物。只需要往佛罗里达州哈利德的邮政信箱寄去 27 美元，你就可以得到一件前胸写着"Union 76"[2]的蓝、白或桔红的尼龙茄克衫，尺寸齐全，有专为女士和孩子预备的尺寸，正适合外出野餐时穿。这并非只有贫民阶层热衷，中产阶级也不例外，比如印着《纽约书评》标识的 T 恤和大帆布手提袋，表达的意思是"我读难懂的书"；如果印着莫扎特、海顿或贝多芬的肖像，则意在向人宣告："我是文明人"。中产阶级还喜爱穿镀金纽扣上印有大学标志的西服上装，那上面炫耀的信息同样能够把他们和一些醒目的品牌——如印第安纳大学和路易斯安那州立大学——紧密联系起来。

【整洁】衣着过新，或者过于整洁，也表示你的社会地位不太稳定。上层和中上阶层的人们喜欢穿旧衣服，似乎在告诉别人自己的社会地位丢得起传统尊严。他们敢于光着脚穿船型便鞋，原因亦是如此。道格拉斯·萨瑟兰[3]在《英国绅士》（*The English Gentleman*，1980 年）中解释了穿旧衣原则，他写道："绅士可能会将自己的外套穿到磨出线，而且能让你看出来他故意这样穿；同时，哪怕最没眼光的人也能一眼看出，

---

1 前者为美国著名汽车轮胎公司，后者为美国著名汽车润滑油公司。——译者注
2 美国最大的石油公司之一，加油站遍布全美。——译者注
3 Douglas Sutherland（1919—1995），英国作家、新闻工作者。——译者注

那件外套出自手艺不凡的裁缝。"中产阶级和贫民阶层都对新衣服情有独钟,当然,常常是涤纶含量极高的新衣。

整洁的等级意义是个更复杂的问题,它也许并不像艾莉森·卢里认为的那么简单。她发现整洁"是一种地位标志,因为保持整洁总需要花费时间和金钱"。但煞费苦心达到的一丝不苟的整洁,可能是你对自己的社会地位是否会下滑心存忧虑的体现,也可能由于你对他人的评价过分在意,这两项都是低层等级的特征。毫无瑕疵的衬衫领口、系得太标准的领带结、过分操心送去干洗的衣物,都会暴露出你是个缺乏自信的人。还有,穿戴过于讲究也有同样的效果,会令你显得俗气。以男式领结为例,系得整齐端正、不偏不斜,就是中产阶级品味;向旁边歪斜,似乎是由于漫不经心或者不大在行,就是中上阶层;如果系得足够笨拙,无疑是上层阶级。社交场合最糟糕的表现莫过于:当你应该显得不修边幅时却很整洁,或者当你看上去应该邋里邋遢时,你却一身笔挺。打个比方,擦洗得一尘不染的汽车,是贫民阶层万无一失的标志,社会地位高的人才敢开脏车。这就好像在大街上,等级高的人们可能会把文件塞在一个粗糙的棕色纤维文件夹里,文件夹已经不太平整,可能还被汗水渍湿了,但绝不会装进精美、带亮闪闪黄铜饰物的皮质公文包,这样的东西确定无疑是中产阶级的标志。

勿太整洁的原则在男士着装中尤为关键。过分仔细意味着你的低等——至少是中等,甚至贫民阶层身份。"亲爱的老弟,你穿得太好了,简直不像一位绅士。"《德布雷特进与出》(*Debrett's In and Out*,1980 年)的作者内尔·麦克伍德(Neil Mackwood)杜撰的一位上层阶级绅士这样告诉一位中产阶级,那口气似乎在暗示对方,你不是一位绅士,而是一个时装模特儿,或者百货商店的铺面巡视员,或者演员。万斯·帕卡德曾经写道:"某位颇有名气的好莱坞影星总是在落座时暴露出自己的低层背景……他会习惯性地把裤子往上提一提,以便保持自己的裤线。"据说,乔治四世观察罗伯特·皮尔[1]之后得出的结论是:"他不是绅士。每回坐下前,他都要把燕尾服分开。"

【西装】上层和下层男士着装效果的差异,主要体现在上层男士更习惯于穿西服套装或至少是西服上装。据艾莉森·卢里说,套装"不但能使懒散的人显得优雅妥帖,还能使体力劳动者显得难看(还包括运动员体型的人和肌肉过分发达的人:阿诺德·施瓦辛格身穿套装时活脱脱就是个丑角)"。因此,套装——最好是深色套装——是19世纪资产阶级与贫民阶级分庭抗礼的最佳武器。卢里说:"套装的胜利,意味着蓝领阶层在与'上层'的任何正式对抗中,即使披挂上自己最体面的服饰,仍会处于劣势。"回忆一下狄更斯《远大前程》中的铁匠乔·加格里:进城时费尽心思把自己装扮得十全十美,却只落得让衣着闲适的庇普神气十足地对他施以恩惠。

卢里还认为:"这一战略上的不利地位,至今仍可见于地方银行、信贷公司劳资冲突的双方,或一位工人造访某个政府部门之时。"下面是约翰·莫罗依关于男士通过服装传达等级信息的一个例子。他发现,当两位男子相遇时,"一个人的服装会对另一个人说:'我比你有地位,请表示尊敬';或者'我跟你

---

[1] Robert Peel(1788—1850),英国政治家、保守党创建人,曾任英国首相。——编者注

地位平等，希望你平等地对待我'；或者'我的地位不如您，也不指望您拿我当同等人看待'"。莫罗依由此得出结论，渴求地位晋升的贫民阶层在仿效"东北部权贵人士的衣着"时应该尤其谨慎，要以"布鲁克斯兄弟"和"J.普莱斯"服装专卖店[1]为指南："上班穿的套装应该朴素，不能有花哨的或额外的纽扣，不能有颜色怪异的缝线，不能在前胸口袋里放口袋巾，衣袖上不能有防磨的补丁，上衣背后不能有腰带，不能有皮革装饰，不能有牛仔垫肩。这些东西都绝不应该有。"

无论你身居何处，大体上，着装这件事与习惯和实践有关，C.赖特·米尔斯在《权力精英》（1956年）一书中这样认为。他坚持这种看法，"任何人只要有钱，又愿意买衣服，只要穿穿布鲁克斯兄弟套装，就能学会如何不让自己穿得难受"。我还想补充一句，这样还能学会如何避开表面光鲜的衣服（中产阶级的），选择黯淡的服饰（中上阶层的）。中产阶级服装的毛病在于太光滑，总是在裹住主人以前就闪闪发亮。而上层阶级的服装倾向于更加柔软，有质感，羊绒质地，多结。衣物的差别还暗示了城市与乡村、辛劳与闲散的差别。乡村象征房产和马背上的闲适，而不是破败的奶牛农场和糟糕的中学，因此中上阶层（以及未来的中上阶层，比如常青藤大学的教授）普遍喜爱花呢外套。这种衣服暗示的是乡村式的闲适慵懒，而非城市才有的日薪苦役。

花呢外套是中上阶层混穿花样中不可或缺的部分。如果户外有这样一位男子迎面而来——身着花呢外套、马甲或毛衣

---

[1] Brooks Brothers 和 J. Press，两者均为美国比较保守的男装商店。——译者注

（也许二者兼备）、衬衫、领带、长羊毛围巾、大衣或风衣，那他一定出身于较高的社会等级。这就好比上等阶层的房子中一定会有多个各类用途的房间。中上阶层一般会在一件内衣上再套一件衬衫——比如在高领套头衫外面罩一件牛津布带领扣衬衫，里面穿的内衣可以是有领子、较为斯文的（纯色为宜），就像我在一个暖和的天气里，在纽约麦迪逊大道八十街看到的一位上层男士的穿法。由于毛衣对混穿法而言几乎是必需的，所以，一件设得兰圆领套头羊毛衣（灰色或紫红色）最有档次，尤其里面再配一件牛津布带领扣衬衫（当然不含人造纤维），不打领带。如果外面再罩一件价格不菲的无垫肩花呢外套，就没有人敢断言你不是中上阶层。鸡心领毛衣的设计目的是为了露出领带，这种打扮自然也就表明你是一位中产阶级甚或上层贫民。据说有人把套头毛衣塞进裤腰，我简直难以相信。如果真有这种做法，那只能是等级过低的标志。

【总统衣着】研究一番近几届总统的穿着，也许是诠释对男人等级外观的最好办法。这里的基本准则是：两扣西装远比东部权贵式三扣西装更有贫民阶层气息。大多数总统以前都曾穿过两扣西装，一旦他们着手接管"自由世界"的领导权，他们就会深感有责任来一些改变，因此也就喜爱上了三扣西装，这样看上去就与大通曼哈顿银行的董事会主席颇为相似。正是这一原因，使得理查德·尼克松在大多数时候都显得有些别扭，而当他身着两扣西装——这种加州惠特尔[1]

---

[1] 尼克松的故乡。——译者注

储蓄信贷社的老板多半会穿的服装时,才真正显得舒服合体;尼克松的后继者杰拉尔德·福特(Geraid Ford),尽管很早就受到乡下人的两扣款式的影响,穿上三扣"制服"还算令人信服,比尼克松更适应,也许还学得更快。但他一直没能真正脱掉原来那身穿戴——其外观更像乔·帕鲁卡[1],而非任何一类为人所知的美国贵族;吉米·卡特则对自己有清醒的认知,他意识到必须同时避免两扣和三扣西装,于是与牛仔裤结下了不解之缘,也因此使得试图批评他追求东部权贵形象却落得失败的诋毁最终没能落到他身上。

罗纳德·里根并不需要权贵阶层的着装样式,因为他正确地感知到,这是对支持他的那些文化不高、敬畏上帝、不信任知识阶层的选民们的公然冒犯。(自然,对他们来说的确如此。)里根的着装风格可以锁定为洛杉矶县(甚至橙县)的白种基督教新教徒风格。这种风格给人的感觉是——如果你固执地相信自己与那些受过教育、有修养的人(即东部那些讲究衣着仪表的人们)不相上下,那么你便的确如此。他是"阳光地带"[2]的头脑和灵魂的完美代表。他喜爱的装扮自然是带垫肩的大号两扣西装,前胸衣袋里插一块杜鲁门式白色方巾。当他穿戴齐整时,看上去活像一位准备动身去教堂的贫民阶层的祖父。有时

---

[1] Joe Palooka,美国漫画家费舍尔(Fisher)系列漫画 *Joe Palooka* 中的主角,拳击手,被称为傻瓜 Palooka。——编者注
[2] 20世纪70年代美国人对一些地区的命名,一般指西起太平洋岸的加利福尼亚州,东到大西洋岸的弗吉尼亚州,北至密西西比河中游,南到墨西哥湾沿岸的一个区域,在行政区划上共包括15个州。"阳光地带"包含两层意思:一是指美国南部日照充足,气候温和,适宜人类居住的地带;二是说这一地区各行各业蓬勃发展,经济日趋繁荣,人口不断增加,旅游业昌盛及各种文化互相融合。——编者注

在闲暇活动（他一般会这么称呼）中，他希望自己看上去像个牛仔。一位上了年纪的人如此装扮自己，尤其能博得"阳光地带"老年人的好感。人们甚至会感到犹豫不决，该不该猜测那套行头里含有多少涤纶成分呢？

的确，里根差不多违反了上层甚至中上阶层的每一条着装基本原则。如我们亲眼所见，他的染发就是一次公然的冒犯，脸颊上的胭脂同样惹人恼怒。（总统是不是很快会接着涂上眼影、画上眼线？）取得这种效果的还有他的白色细平纹布衬衫，无论何时都在提醒人们注意那衣领上的撑条（对整洁的焦虑）。令人瞠目结舌的是，里根的便服布料虽然是乡村中产阶级风味的彩格呢，但又不是苏格兰花呢。他无论走到哪儿，领带上端都打着一个完美的温莎结——少年老成的中学男生最心仪的打扮。一次新闻发布会结束后，丹·拉瑟[1]随即进行"总结"，试图弄懂总统的奇异穿戴，比如他的浅蓝色牛津布带领扣衬衫和军团式领带，反倒使总统看上去像一名中上层阶级人士。研究男子等级标志的学生，如果头脑足够敏锐的话，差不多立刻能从里根的穿戴里推断出他那中西部小镇顽劣风格的政治艺术，就像我们能从罗斯福的海军披肩、夹鼻眼镜和烟嘴等饰件推断出他那高尚的贵族政治。

【政客穿着】 公然冒犯所有绅士着装原则的并非只有罗纳德·里根一人，他那惹眼的总统班子中人人如此，比如艾尔·黑格。尽管他已卸任国务卿，但由于他那么渴望成为总

---

[1] Dan Rather（1931— ），美国 CBS 电视台著名新闻节目主持人。——译者注

统，以他为例实在恰到好处[1]。当然，在一位士兵受命装扮成平民时，要求他对服装品味了如指掌未免有些残酷。(尽管有乔治·马歇尔将军为例。他几乎终生身着军装，但后来换上三

▽贫民阶层男士上装张开的领口。

---

1 黑格曾在里根遭到枪击后声称接管政府，引起全美舆论哗然。美国宪法规定，总统不能处理政务时由副总统代理，副总统也不能视政时由众院议长代理。黑格时任国防部长，没有接管政府的资格。——译者注

扣三件套西装也相当不错,仿佛天生具有高等阶层的风仪。)艾尔·黑格身上最突出的下层等级标志,是他那总与脖子保持着一段距离的外套衣领,这通常会暴露出贫民阶层的身份。在艾尔·黑格身上,外套的衣领总是跟衬衫领子离开一截,并向后上方翘出一英寸左右,其效果好似一个人被劈裂开来。这一特征显然并不包含任何特别的政治诉求,只是一个等级标志。这一点已经被理查德·霍嘉特的一张照片证实,此公虽然是英国激进的批评家和劳工党的热心拥护者,但他却用这张照片为自己的一本新书促销。在照片上,黑格的外套衣领足足向后张开了一英寸,充分表明这道豁口同时折磨着极左与极右两翼。实际上,这张照片揭示的并非热情,而是三流滑稽戏小配角的真实嘴脸。

又比如最近威廉·F. 巴克利[1]在他主持的电视节目中采访的一个可怜家伙。此人来自得克萨斯州,正打算对中学教科书进行一次审查,以抑制中学生诸多罪恶之一的乱交。由于他把"乱交(promiscuity)"读成"pro-mis-kitty"[2],观众完全不明白此公在说些什么。巴克利尽可能温和地将他的错误发音纠正过来,以便让观众明白这个可怜的傻瓜究竟在谈论什么。虽然这个得克萨斯家伙对自己获得支持的能力充满信心,却一而再、再而三地重复自己那错误的贫民发音。不过即使他没发错音,我们还是能从他那足足张开两英寸的领口推测出他糟糕的洞察力和感知力。当然,主持人巴克利的衣领一直紧紧贴着他的脖子和

---

[1] William Frank Buckley Jr.(1925—2008),美国媒体人、作家、保守主义政治评论家。——编者注
[2] 正确的发音是 [promɪskjuːətɪ]。——译者注

肩膀，即便在他回身、弯腰或频频点头之际。这里，我要反驳任何声称我薄贫厚富的指控。我要指出的，并不是富人们由裁缝剪裁的服装与大众从商店买来的大路货之间的差别，因为你完全可以从商店衣架上取下一件领口妥帖、十分合身的上衣，至少能将一件上衣改成严丝合缝、领口紧贴脖子的衣服。我要指出的差别是，有人把领口视作等级标志加以注意，有人却对此毫无意识。道格拉斯·萨瑟兰在《英国绅士》一书中说，你必须清楚，判断一件西式外套是否值得一穿，最最重要的标准莫过于"它的肩部必须十分合适"。

【低品味标志】除了豁开的"黑格式"和"滑稽戏配角式"衣领，还有另外两个低级阶层的标志，在你的观察对象不穿外套时仍然清楚可见，并能立刻体现该人的中产阶级或上层贫民身份，这两个标志是兜袋和腰带悬垂物。兜袋是一种外壳通常印有广告的小小塑料套，放在衬衫的胸前口袋里，以防插在上衣兜里的钢笔或铅笔弄脏主人的化纤衬衫。在制造业中，它的专业名称是"衣袋保护器"。专为上层贫民提供邮购服务的制造商们，还向顾客宣传可以在这个小物件上印上个人姓名的缩写。喜爱使用兜袋的人都是有必要关注效率的人，比如超市经理，或者流动的保险推销员，这些人希望让人留意他们需要经常拔出钢笔。

腰带悬垂物无论是真皮还是假皮的，都是中产阶级甚至地道的贫民阶层的准确标志。从最上等的滑尺盒套到墨镜盒，从印有"西部手制皮具"的香烟盒套到眼镜、钢笔皮套（像一份邮购目录里说的：高级牛皮，印着您的姓名缩写），"皮套"一词暗示所有这类腰带小配件可能具有的男性气质。这些腰带悬垂物通常为贫民专用，也能显示那些下层同性恋者的社会级别，他们经常在腰带上佩戴前后左右乱晃的"钥匙圈"，以示自己的"性取向"。我们之所以很难相信一位工程师会成为中上阶层的成员，就是因为他的这一习惯。他从大学时代就开始培养在腰带上悬挂各类物品的习惯——不是计算尺就是计算器，或地质鹤嘴锄一类的低级用具。

请想象一下，一位男子，身着与正从事的工作协调的夏装——白色短袖衬衫（一般是涤纶质地）、深色长裤，打着领带，一只兜袋插在衬衫口袋里，看起来是一位在五金商店工作的中产阶级或上层贫民职员。现在请注意：你只需在他的腰带上加一件或数件悬垂物，并在他头上惹人注目地扣上一顶白色安全帽，他立刻就会变成一名"工程师"。因此，当工程师出现在老板和工人、资方和劳方、脑力劳动者和体力劳动者中间时，由于这些倒霉的腰带悬垂物，他们的社会等级问题总是显得难以确定。实际上，任何形式的腰带悬垂物，就算它们没有不光彩地耷拉着，也必定是上层贫民的标志。例如，装在人造革套子里的墨镜，哪怕让它在衬衫第一个纽扣眼下侧晃荡，也不要惹眼地别在腰间——前一种方式是中产阶级的，反正至少不是贫民的习惯。

【衬衫领子】如果兜袋和腰带悬垂物能即刻表明贫民倾向，另一些标志的作用同样显著。在衬衫外罩一件毛衣或上衣而不系领带的话，衬衫领子要怎么处理？上层或中上层人士会把整个衬衫领放在毛衣或上衣里面，我猜部分是因为，这样做的效果是"漫不经心"而非"整洁"；另一方面，除非你是一位以色列议会成员或希伯来大学讲师，一旦将不打领带的衬衫领子翻到上衣外面，你就是一位刺眼的中产阶级或贫民人士——但也说不定，要知道，在外出骑马或其他户外运动时，总统也喜欢这么穿。

事实上，衬衫在昭示等级差别上是最有说服力的服装之一，衬衫会以无数方式使你失掉等级地位。"白上加白"会使人立刻跌到中产阶级或上层贫民的地位；而在短袖衬衫或 T 恤外面罩一件坎肩（就像《蜜月期》[1]里的艾得·诺顿），则会让人跌至中下层贫民的地位；有时能见到在 T 恤上挂吊带的穿法，这效果好比在短袜上套一双凉鞋，特别是在英国，也包括美国国内的崇英地区，这种穿法表明你是一名中产阶级中学教师（教数学或者化学），倘若还身着一身假日装束，那你就分明是在暗暗渴望沦为上层贫民。

【饰物】饰物也是使人社会等级迅速降低的东西。比如小珐琅质地的"旧日光荣"翻领别针，不是精神病患者，就是在自己选区进行竞选活动的玩世不恭的政治家喜欢戴的。如果他们的夫人佩戴水晶石颜色的同类别针，则会让她们显得地位更低，比如低到了下层贫民。有关手表的普遍等级准则是：越科学、越技术化、越富于太空时代特色，等级就越低。这一准则也适用于"信息量"过于密集的手表，比如显示吉隆坡当地时间，显示今年所剩的天数，或者指示星座标志等。一些喜爱戴黑色蜥蜴皮表带的卡地亚表（Cartier）的

---

[1] The Honeymooners，20 世纪 50 年代的一出美国情景喜剧。——编者注

上层阶级认为，甚至有秒针也会损及戴表人的社会等级，好像他是公共汽车站负责发车和到站计时的职业计时员，对时间的精确性必须锱铢必较。上层人物喜爱的另一类手表，常是最便宜、款式最简单的天美时表（Timex），用经过消光处理的横棱表带，而且时常更换，这种表在正式场合配黑色表带会很逗趣。贫民阶层错误地以为袖扣很有等级，特别是库尔特·冯尼格特[1]的《五号屠场》（*Slaughterhouse-Five*）中的配镜师英雄比利·皮尔格林衣橱里的那种。这类玩意儿要么模仿罗马硬币，尺寸挺大；要么是真能转动的小轮盘；要么是"一对实用的东西：左边一个温度计，右边一个指南针"。这类袖扣让人想起用"最好的人类臼齿标本"做的袖扣，《了不起的盖茨比》（*The Great Gatsby*）中的梅耶·沃尔夫舍姆就曾骄傲地向人夸耀过。

【雨衣】另一个显著的社会等级标志是雨衣的颜色。约翰·莫罗依经过广泛和相当努力的研究，发现米黄色雨衣远比黑色、橄榄绿和深蓝色雨衣级别要高。的确，黑色雨衣看来是可信度极高的贫民阶层标志。莫罗依因此大力敦促那些跃跃欲试，想改变外观的贫民读者尽快为自己添置米黄色雨衣。据估计，米黄色暗示一个人对可能溅上污渍的危险毫不在意。米黄色具有"去你的，我不在乎"的劲头，这是谨慎的黑色所欠缺的气质。现在，你就不会再纳闷，为什么《我爱露西》（*I Love Lucy*）中的里奇·里卡度会身披黑色雨衣了。

---

[1] Kurt Vonnegut（1922—2007），美国作家。——编者注

【长裤】中上阶层,尤其是郊区中上阶层的运动长裤和休闲长裤同样具有这种"去你的"精神。常见类型是绣着绿色小青蛙的白色帆布裤,其变种是绣有深蓝色鲸鱼的淡绿长裤,也可以绣信号旗、钟浮标、浮标、龙虾,以及任何有上流社会气息的图案,它们统统是为了表明这位穿戴者刚刚从他那体积可观的游艇上信步踱下来。白底的甲板鞋有同样的效果,穿它是为了能"在湿滑的甲板上站稳"。同样,有许多根束带的防风衣也能体现这一点。克里斯游艇公司的邮购专递业务会为你提供可以模仿的样本,但中上阶层以下的人们在模仿时应该谨慎,采用游艇主人式风格一般较难令人信服,因为那一类仪态中习惯性的从容随意、被风吹乱的头发造成的精致的不修边幅,实在难以模仿。并且,你的脖子还得又长又瘦才行。

【领带】关于男子领带的等级含意这一主题,恐怕需要一本书的篇幅才能谈透,这里我只能粗略勾勒出几条普遍原则。尽管领带在多层混穿中扮演的角色,与纤维在整套服装中扮演的角色一样可以一笔带过,但仍是一个不容忽视的方面。也正因为如此,领带与高尚地位息息相关。有必要指出,完全不打领带可能表明一个人的阶层极高——比如上层,为的是凌驾于各种批评和指责之上,使得传统意义上的社会尊重法则不再适用。莫罗依的一项实验令人满意地记录了领带与职责、雇员身份,以及驯服的中产阶级其他特质的关联。他让一些男子参加职业应聘面试,其中只有一部分男子打着领带。他发现:

无一例外地,打着领带的先生们得到了工作,而没打领带的则遭到了拒绝。尤其令人意外的是，一位不打领带的应征者让主持面试的人感到极不舒服，他索性给了应征者6.5美元，叫他立刻出门买一根领带，系好，再回来完成面试。当然，这位应征者还是没能得到那份工作。

莫罗依的另一项实验表明，领带的确是区分中产阶级与贫民阶层的重要标志。这次实验瞄准了纽约可怕的公共汽车总站，这地方素来以种种挑战人们想象力极限的恶行、伤害和肆无忌惮的暴力著称。莫罗依将自己装扮成一名中产阶级男士，假装忘了带钱包，正不得不赶回郊区的家。当时正值高峰时间，他试着向人借75美分买张车票。头一个小时他穿着套装但不打领带，后一个小时他穿戴齐整，衬衫领带一应俱全。他记述道："头一个小时，我总共借到了7美元23美分；第二个小时，由于领带的关系，我弄到了26美元，其中一位男子甚至还额外给了我买报纸的钱。"

衣服上的可读标识会使人的身份降级，似乎是报复，这一原则也适用于领带。上层人物的领带回避任何稍稍明显的文字形式，哪怕是极为简单的象征性表达。他们选择条纹、薄软绸变形虫斑点或者小圆点，以期表明自己等级很高，根本无须通过文字或图画在胸前标明等级。（这也是隐私原则的体现，好像在说："管好你们中产阶级小气和让人恶心的事吧，别想从我的领带上嗅出什么秘密。"这是典型的贵族式态度。）深色底衬白色圆点也许是最为保守的领带图案，不但上层和中上层人士喜欢，就是报刊记者、电视新闻播音员和体育报道主持人，也对这种图案抱一种防御性的激赏态度，他们担心自己被人看低，怕被视为粗陋之辈、酒鬼或愤世嫉俗之人。供职于大都市银行信贷部的人也会选择这种图案，以确保自己的信托声誉让人完全放心。

条纹、圈形和圆点往下，低一级的领带图案开始表达明显和确切的文字意义。某些设计专为体现中上阶层的运动品格，多以飞翔的小雉鸡、小游艇、信号旗和六分对角图案为主。（好像在说："我打猎，还拥有游艇。我有钱，还爱运动！"）更次一级的是"背景"图案，这类设计专为体现穿戴者的职业，并加以庆贺。中上阶层中地位不稳定的人（例如外科大夫）、中产阶级中渴望跻身中上层的人（例如会计），会选择这类领带。因此，印有墨丘利节杖[1]的领带就是在声明："瞧瞧吧！我是个医师！"（注意，没有专为牙医设计的"背景"图案。）小天平图案则表明："我是个律师。"如果是乐符："我的工作与音乐有关。"美元标记或钱袋："我是股票经纪人、银行家、获得巨大成功的整形外科医生或彩票赢家。"我甚至见过绘有小型军用吉普车图案的领带，却捉摸不透它的含意。因为假如您是我们打过的任何一场战争中的驾驶员，你大概不会忙着去告诉别人吧。其他一些自我祝福的图案包括小鲸鱼、小海豚和小海豹，表明你不但热爱大自然，还花了很多时间保护大自然，因此你是一个不错的人。带有英式（千万不可以是德式、法式、意式、西班牙式、葡萄牙式或白俄式）军团、俱乐部或大学专用色的棱纹丝绸领带，可与以上所有"背景"式领带替换使用。

等级越往下，领带上的文字也就越多，因为这类领带就是供人研读和品评的。这类展示性艺术品之一是深蓝色的"祖父领带"，斜角上的白色手绘字是孙儿的名字。想象一下打上这

---

[1] 美国医学界象征。——译者注

根领带可以激发的谈话吧！另一种则写着"我宁愿去航海"或"我宁愿去滑雪"等。这类领带统统可以视作对个人隐私的有效触及，从而能"激发谈话"，是有用的巩固中产阶级地位的工具，与他们的另一个传统——希望邻居毫无顾虑地随时造访——有异曲同工之妙。这一类中更低一等的领带常常试图表达出绝顶的机灵，如"感谢主，今天星期五"，或者"噢，见鬼，今天星期一"等，实际上很拙劣。若将上述感叹语变成缩写，再加上游艇信号旗，你就能在博取观众一笑的同时，将自己的等级往上提一点儿。在濒临上层贫民边缘的中产阶级底层身上，我们开始看到带鲜艳的大花朵、简洁明亮的"艺术"色块的领带。这类讯号不外乎在传递"我是一个开心汉"的信息。莫罗依在讨论领带时，不忘谆谆告诫"开心汉"们，"无论何时何地，千万不要用紫色"。

　　当再往下的阶层发现在领带上提示游艇所有权或开心汉身份未免太荒唐时，我们就要面对上层或中层贫民的波洛（Bolo）领带了：毛线或皮革条编成，一枚金属扣（通常是青绿色或银白色）串在上面，此人多半是居住在"阳光地带"（比如新墨西哥州）的退休人员。与其他各类领带的效果如出一辙，他们的声明是："别管看上去怎么样，其实我跟你一样不错。即便我的'领带'有可能出格，总比你那条传统的好。它意味着原始风格，并不是什么特立独行。它代表着纯洁、正直。"领带还会说："戴上我的人是自然的孩子，哪怕他有八十岁。"像贫民购置的许多东西一样，这类领带可能价格不菲，尤其再配上稀有金属制作的标有"艺术品"字样的领带扣。虽然如此，道理却仍然是：钱虽重要，却不总是等级地位的标准。

位于波洛领带佩戴者之下的是下层贫民、赤贫阶层和看不见的底层。他们从来不打领带，即使打，也只有一条。由于打领带的日子屈指可数，所以他们往往对此记忆犹新。对这群人而言，领带是造作甚至骄奢的象征，像故作文雅的淫逸之辈那样系上这么一根玩意儿，只是浪得虚名，这跟在内心想象自己比别人高出一筹没什么两样。一位贫民主妇这样谈到她的配偶："只要殡仪员同意，我会让我丈夫穿着 T 恤下葬。"

【帽子】 今天，帽子比领带更容易说明等级问题，因为少见。自从浅底软毡帽消失以后，中上阶层的男士就只能戴拙劣的类似品了——俄罗斯毛皮帽，国会议员派特·莫尼汉（Pat Moynihan）喜爱的 L. L. Bean 牌爱尔兰花呢帽、曾在顶层人物中流行的软垂边白色钓鱼帽或网帽（尽管这种帽子也曾被富兰克林·罗斯福喜爱过）。如今，只有把帽子当作无足轻重的饰物，才能赋予它等级的意味。严肃地看待戴帽一事，只会使自己的身份降低。尤其是那类新奇的帽子，比如 20 世纪 80 年代早期东北部的中产阶级和西中部的上层阶级酷爱的棕色或黑色平顶软兔毛帽，他们一度籍此猎取他人的敬意，同时出出风头。曾在这群人中走俏的新式帽还有一种带深蓝色帽舌的希腊渔夫帽，这种帽子的广告曾登在《纽约客》杂志上。这款帽的用途是为它的主人声明："我去过希腊，因此我富裕，富到有钱乘坐奥林匹克航空公司的飞机飞那么远的路程。我还敢于冒险，亲自品尝了异国风味，比如松香味希腊葡萄酒、希腊红鱼子酱色拉，等等。"这类头饰的问题在于它与贫民的联系，一旦出现黑皮革质地的款式，就会愈发显得离奇和令人惊诧。实际上，只有六种皮革制品不会损害主人的等级地位，它们是：腰带、鞋、手提包、手套、照相机盒套和拴爱犬的绳子。

过去，当沙皇尼古拉大帝和英王乔治五世还戴游艇帽时，帽舌还不会像今天这样立即表明帽主人的贫民身份。今天，帽舌不光与希腊渔夫有关，还与工人、士兵、汽车司机、警察、铁路职员和棒球手有联系。因此，贫民阶层本能地对带檐帽有好感，这也是带檐帽在他们中间如此流行的原因，流行到我们把这种帽子称作"贫民帽"。这种带檐棒球帽用红、蓝、黄等颜色的塑料网面材质制成，后部镂空，下沿横钉一条可以调整宽窄的带子："一个尺码，适用全体（贫民）。"不论贫民帽的标准风格如何，重要的一点是：必须丑陋。贫民男人戴上它的效果，与他们的妻子穿上紫色化纤类紧身裤的效果旗鼓相当。像所有其他衣物一样，贫民帽也有一定意指。当它碰上的人受过昂贵的教育，坚持尊贵的人类理想形象应该在意大利圣马可露天广场或希腊帕特农神庙里展现，或者相信理想的男性头型属于米开朗基罗的《大卫像》或西斯廷教堂壁画上的亚当，它就会说："我比你一点儿不差。"后部的小带子是重要的贫民阶层标志，因为它降低了买主的身份，这些人如今干的事从前是卖主的义务——帽商们曾经不得不大量贮存各种尺寸的帽子以供选择。当代生活中其他这类特别吸引贫民的产品，如喷气式飞机和超级市场，也有此特点。为了卖主的便利所做的一切，被说成是为了买主的便利。为使贫民帽的丑陋更加夺目，人们有时会将帽子反转过来扣在头上，可调节的帽带抢眼地横跨过额头，仿佛帽主人为这种"一个尺码，适用全体"的小玩意儿深感骄傲，

▽贫民人士反着戴他热衷的帽子，故意向人炫耀帽后可调节的带子。

不由自主地要展示这一"技术"和自己对此技术的"掌握"。里根总统曾在一次演出中戴过贫民帽，当时他正矗立在皮奥里亚一辆拖拉机的顶上，看上去非常自然。任何难以判断贫民帽的等级含意的人，只要浏览一下中上阶层的 L. L. Bean 男帽商品目录便会释然。这个品牌提供的头部用品几乎应有尽有，但恰恰和塑料贫民帽划清了界线，虽然出于市场考虑提供了一款，却是鹿皮制的。贫民帽是仅次于 T 恤的最佳语言展示场所，从粗鲁的"上你"到温和的"卡罗莱纳工具和工程公司""鲍德温过滤器""帕克牌腊肠"。汤姆·卡沃[1]的贫民冰激凌摊贩会头戴前方写着"卡沃"几个大字的贫民帽。

人们也许会认为,贫民帽是各类男子帽饰中的最低点。错了,贫民帽离最底层还差一两步。更底层的一种是贫民帽的改版,帽檐上添了一副可折叠的太阳镜。比这个滑稽透顶的把戏更低劣的还有桑伯雷拉帽(Sunbrella Hat)。这种帽子依靠一条箍带上的若干小支撑物直立在人的脑袋上,并能像雨伞一样一开一合。"雨伞"约二十英寸宽,"伞骨"上的V形三角布通常是红色或白色的。这真是彻头彻尾的"现代派",恐怕也只有20世纪末期的人才想得出来。

【**高级品味:古风崇拜**】说到这里,不得不谈谈崇古之风和最高阶层的趣味了。我们已经明白,羊毛和木材一类有机材料要比尼龙和塑料之类人造物等级高,这就是中产阶级选择殖民风格或科德角式房屋的原因。同理,在美国人眼中,英国和欧洲仍是有等级的,遗产和"老钱"也因此成为重要的等级标志。因此,"看不见的顶层"和上层会让他们的仆人穿上古老的制服,或保留某些遗风——如女仆系白围裙、男管家身着条纹马甲。这种做法意在暗示这个家庭的财富来源久远,这个家庭的后裔还保留着很久以前的生活习惯。

凡勃伦所谓有闲阶层"对古风的崇敬"随处可见:中上阶层大多喜欢歌剧和古典芭蕾舞;喜欢将自己的后代送往男女分校的预科寄宿中学,因为那儿与男女混校相比更稀有,所以也

---

1 Tom Carvel(1906—1990),美国冰激凌业大亨。——编者注

更有古风；常去欧洲或中东观赏古迹；学习人文科学而非电子工程，因为人文科学涉及过去，能熏陶出挽歌式的情感。甚至学习法律也有一种诱人的古韵——那些带拉丁词尾的英语，那些古老的案例。等级高的人们从不筹划未来，筹划未来是交通运输工程师、计划人员和发明家一类粗俗庸人的"专利"。说到老练的电视观众对黑白旧片的热爱，英国批评家彼得·康拉德（Peter Conrad）是这样评论的："所有那些已经衰朽的、遗弃的、消亡的风格样式，就是我们需要的。"由于上层等级把对古风的忠诚视作自己这个等级的准则（如对老式服装的钟爱标志着他们的尚古情感），那些较低的等级除了迫不及待地冲向新鲜事物，还能有什么别的打算？不光是闪闪发亮的外套，还有相机、电子器具、立体声音响、花样翻新的手表、电器化厨房、电子游戏等等，不一而足。

不过，正如罗素·林内斯在《品味制造者》中提到的，尽管存在大公司为博得贫民欢心树立的现代性正面，还有上等商业阶层隐藏在正面风景背后的怀古风情。他写道：

如果你愿意拜访纽约的利华大厦，你会发现，姿态优雅地坐落于公园大道一座玻璃盒子里的，就是利华兄弟公司的办公室。你会发现，管理人员的地位越高，他们周围的陈设就越古旧。为公众服务的前台是大胆的现代风格，职员和部门经理的办公室依照实用的风格设计，走进上层管理者的办公室，你会发现那儿有早期美国风味的壁炉和枝形吊灯……如果你愿意拜访 J. 瓦尔特·汤普森广告公司的行政管理人员餐厅……你会发现自己在一间科德角式风格的房子里，屋里装饰着温莎椅和小块地毯，窗户有木质边框。

诚如每一位推销员的经验,如果你要卖什么东西,卖古旧货对你的社会地位比较有利,比如原汁酒、未杀菌的奶酪、没加防腐剂的面包、文艺复兴时期的艺术品或珍稀书籍。卖旧货的确能避免什么都卖带来的等级耻辱,甚至经营天然海绵也要比卖人造海绵在等级上更可取。这样一来,我们就可以欣赏有机的和古老的物品如何融合为有格调的事物了。

部分由于英国曾经有过鼎盛时期,"英国崇拜"是上层品味中必不可少的要素,范围包括服装、文学、典故、举止做派、仪式庆典,等等。当然,我们也注意到现今崇英阶层生活格调的种种反讽意味。在英国称雄世界的 19 世纪,势利之辈模仿英国时尚当属自然之举。势利之辈如今依然这么做,却并非由于英国强大,而是由于其衰弱腐朽。拥有和陈列英国物品会显示一个人的尚古之情,上层和中上阶层的品味也因此得到确立,于是会有格子呢裙、设得兰毛衣、哈里斯花呢外套、博柏利风衣、军团式领带。中产阶级以上的普通美国男性一般认为,"衣着得体"意味着你应该尽可能让自己看上去像五十年前老电影中描绘的英国绅士。最高阶层中的年轻一代总要学习骑术,因为最好的社交装备和附属饰件是从英国进口的。最高阶层的食物亦与英式食物风格相似:淡而无味、松软黏糊,而且少有变化。中上阶层的周日晚餐菜谱也是英式翻版:烤肉、西红柿和两样蔬菜。去圣詹姆斯宫[1]的美国大使仍会感到有必要强调他的上层地位,哪怕他是沃尔特·安宁伯格[2]本人,这跟在斯里兰卡

---

[1] the Court of St. James's,英国君主的正式王宫,外国派驻英国的大使和专员呈递国书时,按礼节和传统都是呈递到圣詹姆斯宫。——编者注
[2] Walter Annenberg,美国著名富翁和艺术收藏家,曾出任美国驻英国大使。——译者注

或委内瑞拉当大使可不一样。

深深铭刻在美国人意识中的一种崇古，尤可见于美国大学建筑设计中哥特式风格的盛行：高等教育机构越是古雅得地道，就越能让人追忆起它们的两位英国先驱[1]。因此，加州格兰代尔的一家低等函授文凭作坊，为了吸引贫民阶层的美元，竟会为自己取名肯辛顿大学[2]。只有当你从贫民和中产阶级各州向美国东北部移动，直到接近中上阶层时，你才会感到扑面而来的"英格兰母亲"的浓郁气味，那气味仿佛发自昂贵的旧皮革滚边、"洁怡液体"消毒剂[3]和焦油肥皂。你这才意识到，中上阶级确实相信，牛津、剑桥同哈佛、耶鲁相比，不仅更古老，而且更好，当然，密歇根大学就更不值得一提了。研究过中上阶级，你就会发现他们相信"怡泉"（Schweppes）苏打水要比"白石"（White Rock）苏打水[4]更好，尽管他们一向以冷落广告为荣。在餐桌上，你不但会听到人们时不时地提及皇室，还必须洗耳恭听有关英国查尔斯王子、戴安娜王妃、玛格丽特公主、安妮公主、安德鲁王子以及威廉小王子的热烈的长篇大论。

不光中上阶层，中产阶级的崇英情结也不可小视。我曾与一位朋友有过一次书信往来。这位"开发商"或建筑承包商在为他的一条街苦苦构思街名时，来信恳求我帮助（当时我住在骑士街）。他请我按字母顺序列出一份有等级——也即英式的——街

---

1 指英国的牛津大学和剑桥大学。——译者注
2 英国王室有肯辛顿宫，位于伦敦海德公园一侧。——译者注
3 英国的一个消毒剂品牌，于1896年成为英国王室家居卫生用品的御用供应商。——编者注
4 前者为英国产品，后者为美国产品。——编者注

名，以便招徕那些中等地位以上的买主。我深感此事关乎他顾客的自尊乃至精神健康，立即回复了一份名单，开头是这样的：

阿尔伯马尔
伯克利
卡文迪许
德文郡
埃克塞特
范莎，等等。

他要做的无非是在后面添加这类词尾，比如：

大街
短街
环形路
小径
小道（如"公园小道"）
园林街

这样，他的买主就可以免遭居住在麦克吉利卡提大街或伯恩斯坦林荫大道或瓜泊街一类街道上要承受的耻辱了。当我的名单快列完时，我不得不在"W"词条中写下了"温莎"[1]。今天，也许某个可怜的家伙正在困惑不解地想：他在温莎街221

---

[1] Windsor，英国王室著名城堡，由温莎公爵得名。——译者注

号住了这么多年，又没住在俗气的西大街，成功为什么还是迟迟不肯降临呢？一些可怕的新崛起的城市（像休斯敦），总是很快在自己周围营造出大片郊区，然后标上令人震惊的英国地名，比如以下这些名字（它们当真是休斯敦的地名）：

诺丁汉橡树庄园
阿富顿橡树庄园
茵弗内斯森林别墅
舍伍德森林别墅
布列斯庄园
麦利迪斯庄园

甚至还有一处"三叶草[1]庄园"，不但没什么英格兰风味，连等级地位也令人生疑。所幸休斯敦离波士顿[2]很有一段距离，恐怕谁也不会亲自去探个究竟。这倒是让人想起了可怜的赫尔曼·塔罗尔医生[3]。他那中上阶层的女友为了掩饰他的庸俗，在他的客厅里撒满英国杂志，结果害得他一命呜呼。

只要是英国的，就一定有档次——这种观念促使一些人更名换姓，只为听起来带有英国味。没有人会愿意把波什尼兹改成加伯利尼，但人人都乐意不叫霍洛维茨，改称霍依。如果你经营的是平淡无味的小面团，把它们叫作英国松饼吧，你的买卖一定会蒸蒸日上的！

---

[1] 三叶草为爱尔兰国花。——译者注
[2] 波士顿是美国爱尔兰移民最集中的城市。——译者注
[3] Dr. Herman Tarnower（1910—1980），因其设计的斯卡斯代尔瘦身食谱（Scarsdale Diet）而闻名，后因情变，被帮他整理、出版食谱的情人枪杀。——编者注

第四篇

住房

ABOUT THE HOUSE

在 W. H. 奥登[1]的一首诗里，他写道："人们不仅会在城市诊所里见到患病者，也能在私人车道尽头的乡间住宅里找到他们。"我相信，奥登指的这些人不可能是贫民，甚至都不是中产阶级。善于捕捉阶级信号的人知道：倘若这个人有车道，在显示社会地位方面，这条车道的重要性与车道尽头的住宅大体相当。

【车道】如果根本找不到车道，就请大胆推测：这家的主人一定属于看不见的顶层。只有从上层阶级开始，车道才变成了可见的，从而可供研究之用，一般而言，社会等级越高的人家，车道也就越长。另外，长而曲折的车道远比长而直的气派。究其原因，据凡勃伦观察：蜿蜒的车道占地更多，却没什么实用价值。他注意到，按照"不实用准则"，最有档次的车道是在"平坦的地面上拐来拐去的车道"。倘使地面高低不平，迂回绕行便添了实用价值，故而仍然不能体现主人社会地位的高贵。曲折车道的功用仅仅是为了炫耀和卖弄。即便是相对朴实的中上层阶级的车道，径直通向车库的也不如蜿蜒曲折的有气派。

不光是车道的样式，车道的路面材料也是一个不可忽视的因素。中产阶级的车道中，用色调暗淡的砾石铺就的给人印象最深。其中，浅褐色最佳，白色稍逊一筹，因为后者违背了避免醒目和鲜明对比的原则。沥青路面次之，因为太经济实用。砾石优于沥青并非由于前者是自然材料，而是由于石子必须经

---

[1] Wystan Hugh Auden（1907—1973），英国诗人，被公认为艾略特之后最重要的英语诗人。——编者注

常更换，这样花费就多，还会增添许多麻烦，带来诸多不便。经常花掉本可以不花的钱，无可置疑地是社会地位的象征。

【围墙】因为注重隐私是最高阶层的标志，凡围墙高于六英尺就标明了主人的高等级，而矮墙、可以透视的篱笆、根本没有围墙的住宅则宣告了主人的中产阶级身份。如果某座住宅的宏伟壮丽众所周知，且从公路上看不到，那你有可能会在庄园入口的地方发现一座大门，否则入口处就没必要设门，因为那么做过于炫耀。

【门牌号码】其实，通过门牌号码也可以捕捉到人们的虚荣和喜爱炫耀。一种方式是用大写数字而不用阿拉伯数字来书写门牌号码，如"二百零五号"，仿佛那儿是个文具店[1]似的。同理，"贰佰零伍号"则更令人倒胃口。还有一种方式是将姓氏写在宅院正面某处或者信箱上，如"约翰逊宅"，好像尊府是某个机构或官邸。方式之三是在宅院正面雕刻上宅名："温楼府"，似乎要让人联想到温莎城堡似的。在这方面你尽可以挖空心思，特别是当你属于中上层阶级，而且还对英国式品味情有独钟。但是别忘了，给住宅命名的做法在英国的贫民阶层中也很流行，对于他们来说，想借此传达的只是这样的信息：敝宅非政府提供之公共住房，实为房主所拥有，并由住房人支付大部分购房款之私房。

---

[1] 西方文具店的门牌号码通常用大写数字。——译者注

【**车库**】现在，我们来看看车库。中上层人士和中产阶级曾经有那么一个时期，对车库感到不知所措，所以将它和其他不体面的棚屋、畜厩之类附属建筑物一起隐藏在屋后。时过境迁，如今车库已经成了主人身份的标志，可以坐落在屋子旁边的空地上，供路人尽情欣赏。车库最好宽敞得能使两三辆车并排停放。如果外面墙上还装着篮板和篮筐，说明家里至少有一个正在上学的孩子，而且颇有闲暇锻炼身体。越是容易从街上看到的车库，造价也就越高，车库门也就越富匠心，因而更加引人瞩目和艳羡。很少看见容得下三辆车以上的车库，并非这样的车库不存在，而是因为它们都属于名门望族，因此和他们看不见的宅第一样变得隐蔽无踪了。走近任何一所住宅，你都会被扑面而来的等级信号淹没。当然，这不会吓着态度认真的研究者，所以，让我们来依次考察吧。

【**草坪**】首先是草坪。草坪是英格兰特色的重要组成部分，因而也是亲英派的标志。草坪过分整洁通常是社交焦虑症的象征，暗示我们正走近一户中产阶级的住宅。如果草地上根本见不着马唐草[1]，我们可以断定主人一定花费了不少时间修剪，唯恐杂草丛生的草坪降低了自己的社会等级。布鲁克斯注意到，草坪已经变成了一处"人们炫耀攀比的经典竞技场，同时也暴露出主人随炫耀攀比而来的焦虑"。对某家人的草坪视而不见，在中产阶级社区中会招致可怕的报复。"虽然表现得并不明显，"威廉·怀特说道，"但是那种眼神、冰冷

---

1 一种生长迅速、破坏草坪的野草。——译者注

▽这所房子的主人,一个中产阶级男士,正愤怒地盯着一株入侵他家整洁草坪的野草。

的表情和变味的打招呼都是令人震惊的,已经让不少人精神崩溃了。"

【家畜】如果要在草地上饲养动物(只有上流社会才会干这种事),最根本的原则是:它们万万不可以是绵羊、母牛、山羊之类可为餐桌派上用场的动物,凡勃伦认为那样做带有"节俭"的暗示。要养就养那些更为昂贵、更富于吸引力的动物,比如麋鹿或四不像。这些动物"无论实际上还是潜质上都不会使人想到粗俗的牟利性",因而饲养它们才是快乐的,这也正是"无用"原则的根本体现。

【院内摆设】在气候寒冷的地区，到了草坪被大雪覆盖的时候，令中产阶级头疼的问题就来了——草坪再也不能作炫耀展示之用了。怎么办呢？他们就用圣诞灯饰来弥补这种损失。石棉板做的驯鹿在门旁蹦跳，滑稽的圣诞老人正钻进烟囱，虔诚的人家还会在草地上摆放画在胶合板上的耶稣诞生图。似乎没有人全面地研究过中产阶级为什么喜爱举办"街区圣诞大灯展"（约翰·布鲁克斯语），是不是想改善自己在贫民心目中的形象？好像也没有人详实地调查过灯展与草坪之间的关系。怀特为了撰写他的《组织起来的人》（*The Organization Man*，1956年）研究过一个郊区，他报告说，每年灯展期间此地灯火辉煌，有十万人（当然大部分是贫民阶层）驱车前来观看，令人叹为观止。

假如草坪上炫耀的是永久性展品，房主在等级阶梯上就接近贫民阶层了。他们之中的中上层，常常在院子摆一个令人目眩的白色大瓮，还有戳在窗前的"大树"，它们约有十五个生铁铸造、漆成绿色的树枝，枝头吊着放花盆的铁圈。有些人家的展品不仅供人欣赏，还供人参拜，比如院子里立着的圣母玛利亚雕像。你只要将某些老式的带脚浴盆竖起来，就可以在盆底看到这样的浮雕像。地位稍低的人家展示的是塑料做的守护神、火烈鸟和迪斯尼动物，还有蓝色或紫色、篮球大小、闪闪发光的球状物，安置在饰有凹槽的水泥浇铸的底座上。下层贫民将废弃的木制轮胎漆成白色，里边种上鲜花。（汽车轮胎要稍微高档一些。）这一阶层最穷的人家花坛四周是用坏了的灯泡，或者废弃的啤酒瓶。生锈的超市小推车停放在前院，安静地等候哪天再派上用场。

【花草】你若认为种什么花都不会损害房主的社会地位,那就大错特错了。属于中上层阶级的人家种杜鹃花、卷丹、孤挺花、耧斗菜、铁线莲,还有玫瑰(鲜红色除外)。如果想知道哪种花属于粗俗的人,就请留心周日早晨电视上雷克斯·杭巴德或罗伯特·舒勒主持的宗教节目,他们偏爱的品种主要是天竺葵(红色的不如粉色的)、一品红,还有菊花。甚至无须留意布道的质量,你立刻就会知道,它们是中上层贫民阶级的花卉。贫民还种植福禄考、百日菊、一串红、唐菖蒲、秋海棠、大丽花、倒挂金钟和矮牵牛。中上层贫民阶级有时会尝试着在房前草坪上的独轮车或小划船中种鲜红色的花卉,期望借此减少其粗俗性,但鲜有成功者。

广告是一种确定花卉所体现的社会语言的好方法。杰西卡·米特福德[1]在她研究殡葬业的《美国死亡之道》(*The American Way of Death*,1963年)一书中提醒人们注意,一则刊登在该行业杂志上的广告,为花商和用香料保存尸体的商人源远流长的结合大唱赞歌。广告中一位年轻的寡妇正在接受赠花,图片的标题为"忧伤渐远,温柔重现",敏锐的读者一眼就看出她手中拿的是菊花。

【谁的房子】但我们走近的究竟是哪个阶层的住宅?新房子常会因为太普通、太整齐划一、太丑陋而难以确定房主的身份。罗素·林内斯的观点极具讽刺但并不偏颇。他说:

---

[1] Jessica Mitford(1917—1996),英国作家、共产主义者、20世纪英国最受争议的米特福德家族"传奇六姐妹"之一,后移居美国,撰写了多部揭露社会黑幕的著作。——编者注

现今的住宅，无论造价如何昂贵，都像是盒子，或一系列连在一起的盒子。有时房子上有陡峭的尖顶，上面盖着白色檐板，这种样式被美其名曰科德角式；长度大于宽度，又有倾斜屋顶的房子被称为牧场式平房；如果房子是方形的，则称为平房小屋；如果是两层的盒子，就算是殖民式；两个盒子并排而建，一边略高于另一边的是错层式（既有错层式科德角小屋，也有错层式牧场平房）。

这些都是中上层阶级和中产阶级的住房，上层阶级的住房距离街道更远一些。但是如果建造于过去的二十五年中，则基本上没有多大区别。另一方面，要想发现贫民的住房模式就要费些周折了，因为房子较小，车道（当然是直而短、铺着沥青）上塞满了小汽艇、拖车和活动房屋式旅游车，房前屋后还有一两辆正在锈烂的汽车。建筑材料如果是混凝土板，就会给人更真实可靠、更像贫民住宅的感觉。假如除掉车道和后院的车辆，而在前院添上一座井亭，一所贫民住房就顿时变成了中产阶级住宅。井亭是新英格兰建筑风格的组成部分，是中产阶级崇古建筑方式中的一种。

新英格兰风格的建筑还会在前门两侧各悬挂一只灯笼，看上去像黄铜或黑铁皮做的老式车灯；高高的白色门柱上挂着类似的一盏灯来照亮门前的小径。屋顶上安装着可拆除的圆形风向标，前门上还雕刻着黑色镀金、带有殖民风格的雄鹰。门可能是铝制的，但漆成手雕木纹的颜色。似乎没有哪座房子吝啬到没有雕鹰的地步，虽然这一形象早已失去了告诉人们这里是"早期美洲居民"的含义。我的一位属中上层人士的朋友注意到，一些相当寒酸的小房子上竟有大量这样的雕鹰，他认为这清晰地表明该地为海员居住区。中产阶级偏爱其他式样古旧的东西，他们的房子有的模仿19世纪带有温暖舒适色彩，又能够体现高尚品质的美式农舍，有的效仿都铎式建筑风格，大胆采用木质结构，力求坚实、完美和值得信赖。

考虑到现今住宅结构的单一性，房主必须依赖门厅正面的镶嵌和装饰（如鹰等），来体现他想展示的社会地位。20世纪50年代安装在屋顶的电视天线，还有显眼的空调机，体现的就是这种社会功能。但那样的时代过去了，现在二者传递的是完全不利于房主的信息了。门厅和门廊犹如人的口舌，传递的更是毫不含糊的阶级信息。无论主人的地位高低，房屋的正面都力求赢得尊敬，因而成为最可悲的艺术品：直截了当地呼唤尊严，渴望受到他人的关注。

中产阶级的方式之一是通过绝对的对称，来获得新古典主义的效果。他们采用一些众所周知的做法：在前门两侧各种一棵小树或将帘子拉到两边恰好对称的位置，露出牧场式平房绘有图画的门玻璃。门厅中央摆一张小桌，台灯就摆在桌子的正中。显而易见，灯罩上的塑料包装纸还丝毫未动。相似的对称效果（表明其天生整洁）可通过如下方式获得：门厅里安放两张金属质地、装有管状扶手的椅子，组成一个"会话小组"，任车来车往，喧嚣嘈杂，它们都充耳不闻，岿然不动。

渴望尊严的中产阶级，经常用壁柱来增加建筑物的分量，强调其重要性。他们住房的模式之一是将这些柱子漆成白色的，通常为四根，有两层楼高，支撑凌驾于"南方大厦"之上极轻的小屋顶。这种欺骗式的支柱，是中产阶级住宅的通病。在社会等级较低的住房中，我们可以看到两根巨大的方形砖柱支撑一个轻巧的门廊屋顶的现象，还有用大鹅卵石和砂浆掺在一起做的过分粗壮的门柱或用生铁铸成的门柱假装支撑着只有30磅重的百叶窗，以防其掉落在地上。

离我家不远有一幢中产阶级的住宅，房主为了表现自尊几乎到了自大的地步。实际上那是一所朴素的平房：石棉瓦覆盖着的二层灰色方盒子。倾斜的屋顶毫无出奇之处，看上去很像军队的营房，就其结构而言也毫无引人注目之处。但房主为了自我夸耀而煞费苦心，在正面建造了假砖墙，门口两侧是白色、饰有垂直凹槽的爱奥尼亚式巨型圆柱[1]，实际上它们毫无用处。（曲线优于直线的原则也适用于圆柱：方形柱最次，圆形柱优之，圆而饰有凹槽者最佳。这位先生深得其真髓。）与他的良苦用心相悖的是，面朝我们的红砖墙与大量典型的殖民风格白色装饰形成了过于鲜明的对比——白色的窗台、白色的百叶窗、白色的顶篷等等。这所房子摆出的架式，简直是在吁请观察者在任何情况下都只看其正面，千万不要去注意它真实的侧面和背面。它生动地证明了凡勃伦关于他那个时代公寓楼房的精辟论点：

我们城市中上流阶级的公寓楼房，展示的毫无用处的各式正面，给建筑业带来无尽的痛苦……这些建筑上从未被"艺术家们"染指过的侧面和背面，一般说来是整个建筑的最美之所在。

在中产阶级与上层贫民交界的地方，鲜红色与炫目的白色

---

[1] 源于古希腊，是希腊古典建筑的三种柱式之一，特点是比较柱身有凹槽，柱头有向下的涡卷装饰。——编者注

并置带有高贵优雅的意蕴,这使我想起曾经造访过的某小城市一所上层贫民的房子。它靠近人行便道,走上一段短短的混凝土台阶就到了。台阶两侧各有一只混凝土浇铸的狮子,它们昂首蹲伏,周身刷得雪白,惟有张开的大口鲜红欲滴。你可能会觉得它们隐含着某种准"纹章学"的信息,要弄清楚它们的意义,大概够几位符号学家忙活几周的。其实,把砖刷成鲜红色再配上白色灰浆缝,也会产生类似的效果。你很有可能看到这样的贫民住宅:门前有台阶,至少三级,上面密密实实地铺着亮绿色的户外塑料地毯,边上切得很齐,台阶四角则刷成白色,这也称为"谢拉顿式"[1]。

上层贫民的门廊里一般有秋千椅,下层贫民则用旧车上拆下来的后座代替,重要的是要有东西用来休息。在南部各州贫民住宅的门廊里你会看到电冰箱。为什么会放在如此奇怪的位置?这可能源于19世纪的传统,那时冰箱放在后门廊上,这样属于下等阶层的卖冰人就不需要进入正房。如今冰箱摆在门廊里有两个目的,一则让过路人知道你拥有一件昂贵的家什,二则它存有你靠在摇椅上时需要的物品:"苏打饮料""烟袋"[2]、水果以及类似的饮料茶点。

现在到房子四周看看,窗户也显示社会地位,原则同样是循古。最高贵的窗户是仿18世纪的木质垂直拉窗。玻璃窗格子越多越好,标准是不少于六个,十二个就非常出色了。你或许

---

[1] Sheraton Effect,指18世纪英国橱柜设计师托马斯·谢拉顿的设计风格,以简洁、边缘直而整齐著称。——译者注
[2] "苏打饮料"暗指酒类,因美国穷人多为基督徒,喝酒常有负疚感,所以谎称为喝苏打饮料;"烟袋"则暗指大麻。——译者注

会认为基于循古原则，仿都铎风格的钻石形窗户代表上层阶级。其实不然，这些窗户带有明显的欺骗性，又造作又夸张，简直荒诞，像是建于18世纪的某国学院式或哥特式教堂。有些贫民抬高身份的方式是给错层牧场式平房装上舷窗，直径有一至五英尺，边缘为白色，很像年轮。他们希望感到自己常年住在游艇上，但对此感觉好的人其实极少。如果要安装垂直拉动的双层窗，木质的要优于金属质地的，不仅因为他们崇尚有机物原则，还因为大窗子似乎暗示着家里有开窗关窗的仆人。

【户外家具】如屋里确有仆人，他还应当负责照看屋后的户外家具。对于这部分，有机材料同样很重要。最次的东西是带有鲜绿色网状物、铝管做的折叠椅，网状物会随着时间越变越松。木质家具可能是最优的，总是带着许多填塞过满的垫子，因为上流社会的原则是不允许有任何不适感（汽艇上除外）。如果在室内不能坐在拉长的聚氯乙烯条状物上，为什么户外就可以？如果房后有露台，为了体现阶级地位，它一定要比实际需要的大些，而且要摆放一张玻璃面的餐桌，玻璃必定要明亮可鉴。因为玻璃很容易沾灰，明亮可鉴就暗示着必定有佣人经常擦拭。（顺便提一句，室内必须有许多面镜子才能称心如意。）在这样宽敞的露台上，在如此光洁的玻璃桌旁享用早餐，是20世纪四五十年代的电影为上流社会和中上层阶级确定的幸福模式：坐在坐垫雪白的铸铁椅子上（刷黑漆的铸铁椅子作为很少的几个例外，不违背有机物原则），靠在这样的桌旁喝着现榨的橙汁，当然，你不是独自一人，身旁必然有佳人陪伴。

【汽车】好了，我们该谈谈汽车了。一如至关重要的房屋正面，汽车是另一种户外展品。上流社会不够重视汽车，因为根据他们的循古原则，汽车的历史过于短暂，不配进入古典风范的行列。不过总要有辆车开，所以如果你富裕，又有时间（这两样允许你购买任何品牌的汽车），那么，购买最便宜最普通的车表明你并没有认真对待这么易于购买的物品，从而不至于损害你的等级形象。你最好有一辆雪佛兰、福特、普利茅斯或道奇，对它们的型号和颜色毫无挑剔的兴致。车可能很干净，尽管最佳状况是略带风尘。总而言之，车必须是乏味的。

上层阶级再往下，你就可以有一辆"好"点的车了，比如美洲豹或者宝马，但必须是旧的。你最好不要拥有劳斯莱斯、凯迪拉克或奔驰。尤其是奔驰车，约瑟夫·爱泼斯坦[1]在《美国学者》(The American Scholar，1981—1982冬季号)中这样报道：敏锐的西德青年知识分子认为，奔驰轿车标志着一种"高级的庸俗，是专供贝弗利山[2]的牙医和非洲内阁部长们乘坐的汽车"。确切地说，只有中上层阶级中最糟的一类才会买奔驰车，就像他们之中最优秀的人士会开奥兹莫比尔、别克、克莱斯勒这样的车，可能还有吉普车和路虎。高级越野车传递着这样的暗示：你居住的地方交通尚不发达，甚至可能还没铺好公路，普通汽车不一定过得去。

另一原则是：阶级地位越高，车速越慢。喜欢开快车的人无非两种，一种是想给坐在旁边座位上、出身与自己相当的女

---

[1] Joseph Epstein（1937— ），美国散文作家、文化批评家、西北大学文学教授、《美国学者》杂志资深编辑。——编者注
[2] 美国洛杉矶郊区好莱坞影星的聚居地。——译者注

孩留下深刻印象的上层贫民中学生（一定是非盎格鲁-撒克逊种族），另一种是没有安全感的。对自己的阶级地位忧心忡忡的中产阶级看了太多关于赛车的电影，故而认为开快车富有浪漫情怀，性感而刺激。事实上，要想做上等人就得开得慢、开得稳，悄无声息地沿着路中央行驶。

汽车携带的阶级信号不仅仅局限于牌子、车型和车的状况，还包括车上展示的物品，比如轻型小货车行李架上的三枝来福枪、猎枪和后窗上挂着的卡宾枪，贴在车窗玻璃上的"南方卫理公会大学"[1]标贴，以及中上层阶级后车窗上的标贴："我宁愿去航海。"贫民阶层喜欢装点他们的汽车，他们的车上不仅有仿豹皮的家居装饰物，还有在前后窗上荡来荡去的玩具骰子、娃娃鞋和贴在汽车保险杠上的小标贴，如"边界以南"、"爱基督者请按喇叭"，等等。当然，贫民阶层的车里还有仪表盘上小巧的塑料制圣克里斯托弗[2]像之类的饰品。中产阶级也喜欢在保险杠上贴标贴，不过更可能是提醒注意之类的内容，如"我为小动物踩刹车"。

据我所知，美国人是世界上唯一受地位焦虑症驱使，在汽车后窗上张扬自己与某大学的关联的一类人。遍游欧洲，你也绝不会发现任何一辆汽车上贴有"基督学院"或"巴黎大学"等字样。美国的传统使高等教育如此神圣，任何玩笑、诙谐、模仿均不适宜。好好想一想，还真没有哪样东西比后车窗上的大学标贴更令美国各层人士崇敬的了。美国人宁愿不敬国旗也

---

[1] 作者意指教会大学。在美国，绝大多数教会大学学术水平比较低。——译者注
[2] Saint Christopher，基督教里的圣徒，被封为旅行者的庇护者、守护神。——编者注

▽从后面看一辆贫民阶层的汽车。

不会嘲讽后车窗标贴以及它的内容,不会倒着贴、斜着贴,或给"学院"和"大学"加上富有讽刺意味的引号。我听说某个年轻人把"斯坦福"(STANFORD)[1]拼成"SNODFART"[2],然后贴在后车窗上。这种罕见的恶搞行为真是意义重大。任何有幸与哈佛或者普林斯顿大学有关联(无论这种关联已经多么久远)的家庭,都绝不会把库茨敦州立学院的标贴贴在后车窗,哪怕是为了幽默一把。这些标贴带来的道德问题是美国特有的。一位家庭成员从一所著名的学校毕业后,过多久还在继续使用该校的标贴?一年?五年?十年?还是永远?要解决这个问题,美国的家庭们应该得到权威性的指导,而且我觉得,这种指导最好能来自那些大学本身。

---

[1] STANFORD,美国著名大学。——译者注
[2] 意为"斯纳德的屁"。——译者注

【室内陈设和装潢】正如你一般不会拿大学标贴开玩笑，你也不会拿别人家里的室内陈设和装潢开玩笑，特别是起居室。"前进几英寸就到了一个家庭最好的所在，否则就可能永远到不了。"罗素·林内斯如是说。当你步入室内，一眼就能分辨出这是中上层阶级还是中产阶级的住房。他们试图限制卧室和"幕后"区域所占的空间，留出一个宽敞的起居室和客厅作为身份展示的舞台。社会学家斯图尔特·查平（F. Stuart Chapin）五十年前在他的《当代美国习俗》（*Contemporary American Institutions*，1935年）中精心研究过起居室里展现的文化特征，他说："起居室里文化物品的陈设，对朋友和访客关于主人社会地位的看法，可能产生无可估量的影响。"

为了计算起居室传递的等级信息，查平设计了一种他称为"起居室评分表"的工具，来给各种陈设评分。如果起居室里摆着闹钟，你会被扣两分；如果壁炉上方摆着三个或多个器皿，会给你加八分；铺硬木地板则可以给你加十分；每个有窗帘的窗户加两分，每个放满书的书架加八分，每一份报纸杂志可加八分；如果不留心将缝纫机放在了起居室里，就会被扣两分。这个工具很令人钦佩，但也有缺点。一方面，查平的分类并非完美无缺。以杂志为例，重要的应该是什么杂志，《读者文摘》或《家庭圈》（*Family Circle*）会大幅度降低你的层次，但可以通过《史密森学会[1]会刊》（*Smithsonian*）或《艺术新闻》（*Art News*）来弥补。第二，查平没有考虑到中上层阶级的"滑稽模

---

[1] 因其创办人英国科学家史密森得名，是唯一由美国政府资助、半官方性质的第三部门博物馆机构，位于华盛顿。——译者注

仿式陈设"（parody display）。自他那时以来，滑稽模仿已有了长足的发展。他所注意到的令人遗憾的物品包括缝纫机，而今天，缝纫机可以在一个模仿高科技的背景下成为滑稽展示的内容。我试图更新他的评分表，使它成为简便易行的，测量你自己、你的邻人和朋友等级的更可信依据。在本书的附录中你会找到我设计的评分表。

【上流社会起居室】在上流社会家庭里，起居室的屋顶一般距地面 11～13 英尺[1]；在壁脚板、门的镶板以及类似的地方饰有不必要的曲线；凡是看得见木头的地方，都用深色而非浅色，力图给人以古旧的感觉；屋里的地面肯定是硬木地板（拼花木地板最理想），铺着手织的东方地毯，而且一定要旧到差不多磨出线的地步，以便给人一种流传了很多代的感觉。（反之，簇新的手织东方地毯无论看上去多么昂贵，都确凿地表明房主至多是中产阶级。）上层阶级的起居室里会有精致的手工椅垫，砖铺的门阶上面也可能盖着针眼垫，这一切都表明房子里有个聪慧的女主人，她在度过闲暇时为每一个角落增添了趣味。

一般来讲，客厅越带有欧洲装饰风格，主人的社会阶层就越高。黑白相间的大理石廊道、雕花的栏杆和扶手、华丽的锦缎墙面、黄铜门把手（得有人天天擦拭，当然不会是房主自己），这一切都体现了非美国的典雅的上流社会气派。还有一项，尽管并非是上流社会不可或缺的，却绝不是这一阶层以外

---

[1] 相当于 3.3～4 米。——译者注

的家庭会有的，就是桌上摆放的大理石或水晶石制作的方尖碑。这个摆设并非在暗示与埃及有什么瓜葛[1]，因为那里早已没有什么高贵阶层可言，而是指向巴黎，此外还毫不含糊地暗示了房主与Tiffany礼品专卖店的关联，这家店被行家认为是这一类物品的主要经销店。最后，上流社会的起居室里必然会有鲜花（中产阶级家庭主妇们称为"新鲜的花"，以区别于她们的世界里存在的塑料花）。

【中上层阶级起居室】上流社会稍稍往下就是中上层阶级了。这时，客厅里的景观开始出现其他一些特征，比如由左塔·戴维森（Zita Davisson）这样技艺平平的画家为房主或他的妻子绘制的肖像画，此人据称是"著名的人像艺术家，以其富于表现力的现实主义风格闻名于世"。（谁又知道他是谁呢？）据说可以通过贝加多夫·古德曼代理行约她为你画肖像。如果那样耗资太大，你也可以悬挂一张尤素福·卡什为你拍摄的肖像照片（挂这样的照片就好像你是丘吉尔似的[2]），此公常在《纽约客》杂志上刊登广告。倘若要镶上相框，框边必须是镀银的，就像咖啡桌上雪松衬里的香烟盒一样。如果起居室里的书架还有空地，你总可以想起自称为"庭院图书"的公司（位于纽约市麦迪逊大街601号）所做的广告："真皮封面书籍，18—19世纪小说、传记、传教文学、散文、莎士比亚、菲尔丁、卡莱尔、斯威夫特、蒲柏、塞缪尔·约

---

1 作者此处指金字塔。——译者注
2 尤素福·卡什最著名的作品是为丘吉尔拍摄的肖像照片。——编者注

翰逊、弥尔顿等大师力作，尊府室内装饰的极品。"地道的中上层阶级起居室里必然会有关于船舶的暗示，比如加框的南塔基特岛地图，暗示主人熟知那一带的水域。在这个阶层，手织的东方地毯虽说是旧的，但还没到磨破的地步。

上层社会的起居室倾向于模仿艺术画廊或博物馆，中产阶级和更低阶层的起居室则与旅馆房间的格调相近。记住，有一条关键的社会地位分界线——看屋里摆放的艺术品和古玩是真品还是复制品。Tiffany 台灯就是个很好的例子。一旦中产阶级家中或餐馆出现用塑料代替玻璃制作的仿制品，这件摆设便无可挽回地失去了标志等级的意义。今天，甚至在贫民居室的陈设中也能发现它们了。

【中产阶级起居室】中产阶级起居室的某个地方可能会有百叶窗板，家具（大部分为殖民风格）常用枫木或松木打制，电灯开关旁的墙上挂着惹人喜爱的盘子，四处摆放着瓷器、花卉、卡通人物、仿真的刺绣品等。墙上的架子一定会引起你的注意，那儿常堆放着大量奇特的收藏品，如火柴夹、调饮料的玻璃棒等。地上满铺化纤地毯（这是中产阶级起居室最突出的特点），百叶窗帘不是木质而是金属的，百叶窗的夹板则呈弧形。如果屋里有盆栽植物，其中很可能有仙人掌。

最富中产阶级特点的饰物，一定是可以避免争议或没有意识形态倾向的摆设。是的，越谨慎越好。比较合适的图画有船、儿童、动物、田园风光，而不是有暗示意义的形象，如法国、国内战争、纽约或东欧移民。要尽可能避免引起争论，甚至避免意见不一致，温和的格言和符号很有帮助。这其中，最受人

们偏爱的一则是:

伟大的神灵,我穿着邻人的鹿皮鞋已经走了一英里,允许我责备他几句吧。

墙上张贴的奥杜邦[1]鸟类图画由于没有意识形态含义,令人感觉轻松。组合壁架比书架更受欢迎,因为它更易于安置音响和电视一类的东西。(再说,书脊上的书名也可能引起争议。)同样的,真正的中产阶级咖啡桌上摆放的是毫无显著特征的书或杂志,否则就会有人发表意见,提出尴尬的问题,甚至谈论某种思想观点。放映图片的幻灯机是中产阶级起居室的必备之物,差不多和《国家地理》杂志一样受欢迎,因为这玩意儿能够代替交谈。它没有观点,令人愉快,是消除争论之忧的灵丹妙药。中产阶级对思想意识的忧虑,明显地流露在他们中流行的一个词"好品味"当中,这个词儿的意思按照罗素·林内斯的解释就是:"绝无冒犯,毫无特点"。(为使你的起居室有"好品味"你应当去纽约的 W. & J. Sloan 店或芝加哥的 Marshall Field 店买东西。)

中产阶级的装潢缺乏特点的原因之一,是因为他们的女人从畅销杂志上获得想法。一位主妇对林斯说:"如果你从杂志上看到了一件东西,我想它差不多就是大众通常喜欢的物品。"这样一来,就会有挂在砖墙上的铜煎锅,以及富有殖民风格的墙

---

[1] 约翰·詹姆斯·奥杜邦(John James Audubon,1785—1851),美国画家、博物学家,绘制的鸟类图鉴被称作"美国国宝"。——编者注

纸。另一个原因是，中产阶级因工作缘故经常从一个城市的郊区迁移到另一个城市的郊区，适用于一幢房子的饰品必须同样适用于另一幢房子。怪不得一位中产阶级家庭主妇对万斯·帕卡德说："适合经常搬家的东西我就不多挑剔了。"

【贫民阶层起居室】由中产阶级的起居室变为贫民阶层的起居室，只需添上瑙加海德（Naugahyde）人造革躺椅，再把意识形态请回来就行了，但这里的意识形态仅限于"耶稣基督在联合国"之类说法中体现的那种。厚厚的透明塑料布盖住了家具面料，沙发四周挂着流苏，灯罩上悬挂着毛线球，下面可能还结着大蝴蝶结，用装饰品商的话来说，这些饰品满足了贫民对"大量"的热望。餐桌的桌面是一种叫佛米卡的抗热塑料薄板，其余的部分是金属制品。

【电视机】在一所房子里不能久留的观察者，只需留心一下电视机摆放的位置，通常就可以很公正地估计出主人的阶级地位。原则上社会等级越高的家庭，电视机出现在起居室里的可能性就越小。如果出于方便或没有别的地方摆放电视机，可以通过滑稽陈设除去它令人不快的方面，表明你并没打算认真对待它，而仅仅把它当作摆放丑陋骇人的小雕塑、怪模怪样的纪念品、滑稽可笑的婚庆礼品之类东西的地方。

这些建议是以你有电视机为前提的，上流社会倾向于不看电视。在新近出版的一本书里，刊登了一百幅上层人士位于伊利诺伊州森林湖的家庭照片，只有一幅照片里有电视机。一位工业界发言人说：电视显而易见"不是贵族们的媒体"。令人吃惊

▽通过"滑稽陈设"把电视机从突兀丑陋中解救出来。

的是，有些上层人士根本没有听说过露西或木偶剧 the Muppets[1]。

为了除去电视机的粗俗性，中上层阶级的方式是把它打扮得怪模怪样的，以便看起来像是别的什么东西，比方说像一件"精巧的家具"，或用珍贵木材做的哥特式饮料柜。再不就把它隐藏在双面镜的后面，或藏在油画背后，使用时只需挪开画面就能露出它的小屏幕来。还可以效仿英国批评家彼得·康拉德观察到的做法："通常是在上流人士的家中，电视机规规矩矩地和书一起挤在书架上，好像靠近了书籍，电视机就可以变成一件图书室里的物品了。"

在中产阶级和上层贫民中，电视机不再是耻于见人的物品，而是带给家庭某种特定荣耀的东西。你会发现，电视机正在炫耀它们复杂的技术，遥控器很像是喷气式飞机或宇航舱里才有的东西。你还可能发现两台或更多的电视机（当然全是彩色的）。越靠近下层，电视机整天开着的可能性就越大。如果你有一台或多台很少关闭的电视机，你要么是为电视工业或新闻界服务，要么是在帮美国总统处理公共事务，要么就是开电器商店的。在中层或下层贫民家中，电视机很可能摆放在餐厅或厨房里，一家人在那里用餐时，看电视就顺顺当当地取代了谈话，这正是中产阶级和贫民阶层依赖电视机的真正原因。

【电视节目】当然，你看的电视节目也会立刻暴露你的身份。将电视机伪装成其他物品的中上层人士不过偶尔看看全国公共电视台播出的教育节目或专题新闻，如对最近一起政

---

1 *I Love Lucy* 和 *the Muppets*，均为 20 世纪 50 年代的流行美剧。——译者注

治刺杀的报道。中产阶级喜爱 Mash[1] 和"家居生活"（All in the Family），偶尔也看看"犬兔越野追逐赛"[2]，但他们最喜爱的还是体育节目，尽管"观看"不是准确的用词。在比赛现场看才能叫"观看"，从电视中看比赛是在当"间接观众"（罗杰·普莱斯[3]语）。罗杰相当严厉地评论道："是别的什么人正在替我们观看我们的比赛。"越是身体剧烈运动的体育项目，越降低你的层次。网球、高尔夫球甚至保龄球要比拳击、冰球和职业足球赛更高雅。中产阶级每天按时收看电视新闻。他们收看沃尔特·克朗凯特[4]播报的七点钟新闻，并对他推崇备至。哪怕是傲慢的丹·拉瑟[5]播报的新闻，他们也一样会按时收看。他们就是为电视而生的一个群体，也许这就是全国下午出版的报纸都由于无人问津而消亡的原因。

中产阶级里的最下层和贫民中的上层，是电视游戏节目的忠实观众。这些节目包括不那么低档的、在两性方面成熟大胆的搞笑节目，如"家庭世仇"（Family Feud），和主持人平庸的节目，如 Tic Tac Dough 之类。这类节目的主持人越丑陋，对贫民的吸引力越大，"重磅炸弹"（Blockbusters）就是个例证。在相貌滑稽可笑的主持人比尔·卡伦（Bill Cullen）面前，谁也不

---

1 1970 年上映的美国讽刺黑暗喜剧电影。——编者注
2 Paper Chase，假扮兔子者在前边跑边撒纸屑，假扮猎犬者在后追踪的户外运动。——译者注
3 Roger Price（1918—1990），美国幽默作家、出版人。——编者注
4 Walter Cronkite（1916—2009），记者、冷战时期美国最富盛名的电视新闻节目主持人，美国哥伦比亚广播公司（CBS）的明星主持，被称为最可信任的美国人。——编者注
5 美国哥伦比亚广播公司（CBS）当家主播，以深刻理解新闻事件、敢于挑战权威而著称。——编者注

会有低人一等的感觉。大家觉得，比尔的聚酯纤维上衣看起来更像咱们贫民中的一员。

下层贫民也不时看看上述节目。对他们来说，只要电视机开着他们就相当满足了，因为电视始终传递着这样一条崇高的信息："咱家买得起彩电。"从这个值得炫耀的高科技盒子里，中层和下层贫民观看他们喜爱的情景喜剧。这些节目要么是直截了当的魔术，如《飞行修女》(*The Flying Nun*)，要么是某种科技制造出来的奇迹，如《绿巨人》(*The Hulk*)、《生化女战士》(*The Bionic Woman*)、《百万富翁》(*The Six Million Dollar Man*)等。"绿巨人"产生于使用过量的伽马射线，它和由氪元素创造的"超人"一样，备受贫民的喜爱。我在想，科学和技术并没有为整个社会所接受。[在英国电视剧《故园风雨后》(*Brideshead Revisited*)里，无论塞巴斯蒂安·弗莱特在牛津做什么学问，都不能算是化学。]也许部分原因就在于，对科技的兴奋和对进步的幻想带有典型的贫民特征。中下层贫民还喜爱《爱之船》(*The Love Boat*)、《吉利根岛》)(*Gilligan's Island*)之类的情景喜剧，这些节目对话轻松，情节拖沓，如果全家人里有谁没听懂哪句话，也不会感到难堪。观看"燧石"(*Flinstons*)一类的节目是接近社会底层的标志，这类观众买报纸只是为了看里面的幽默专栏。在收看新闻节目和体育专访时，你一定留意过那种人（并不全是青少年），抓住每一个机会挤进拍摄背景里，要么乱蹦乱跳，要么疯狂地挥舞手臂，脸上带着造作的戏剧性笑容，只为了让镜头捕捉住，哪怕只有一秒钟，再被家人和朋友们辨认出来（该多么荣耀！），这类行为表明他们是地道的下层贫民。

大多数中下层贫民因为工作时受人管制而心怀憎恨，他们立刻就能与电视中处于同样困境的人物产生共鸣，这些人物和他们一样经常受到主管、工头、巡视员的骚扰。警匪剧也很受欢迎，除了这类作品带有暴力和胁迫的成分，还因为观众中的贫民能在时而违抗老板，时而与之周旋，时而又迁就听命于老板的剧中人身上找到自己的影子。类似的电视"秀"还有"鲁·格兰特"、"艾利斯"和"五点差九分"一类"雇员"戏剧。

贫民喜欢电视广告，有时他们的谈话中充斥着广告用语："我真不敢相信我居然全吃光了"，"绝不会出门忘了带上它们"，或者"怎样拼写'轻松'？"。尽管生活在看不见的底层的人们也喜欢看电视，但观看什么节目则要由狱警或老人院的护士和勤杂工们说了算。在监狱中，任何描绘性感女郎或能让人想入非非的画面都会大受欢迎。一位从前蹲过监狱的家伙对斯特兹·特克尔说："你一整天都坐在屋里看电视，不用说，'约会游戏'棒极了，因为故事和女人有关。"

【厨房和卫生间】谈论起居室及其功能最强的家什——电视机就到此告一段落吧。尽管起居室最能体现阶级地位，但还有两个房间不容忽视：厨房和洗手间。上层人士的厨房是专供佣人们出入的，所以很容易辨认：破旧、不方便、过时。木器很多，餐桌桌面根本没有佛米卡抗热塑料薄板，一些辅助设备和节省劳力的用具，像洗碗机和垃圾处理装置，几乎都没有。有安安静静的佣人替你做好一切，为什么还要忍受那些嘈杂的劳什子呢？上层人士的厨房里的确有冰箱，但式样古老，四角还是圆的，顶部有一个很大的白色冷凝管。而你一走进中产阶级的厨房，整洁干净、现代化的景象就展现在眼前了。不过厨房越像个实验室，你的社会地位就越低，电炉就不如煤气炉有档次。这里和别处一样，现代化和高效率的物品充分体现了阶级地位低的人士的偏好。"备有微波炉、吐司炉和电咖啡炉"的新型厨房，一如电视机，对一个人的社会地位而言会带来致命的损害，因为电视机的遥控器似乎一直在提醒你记住荒废在技术学院里的青春年华。

上层社会的洗手间与其厨房差不多，也很落后。装在木座上的暗色马桶座圈是很能说明阶级地位的，没有淋浴设备也能起到同样的作用，因为后者暗示了与英国传统的关系而越发有价值[1]。上层社会洗手间里无一例外地会找到两样东西：梅森·皮尔森发刷和肯特郡木梳[2]，它们是值得信赖的社会地位象征，正如芳香味手纸和粉红色的约翰尼地毯是中产阶级的象征一样。

至于上层贫民的浴室，则表现了激烈交锋的两种相互矛盾的冲动。一种是对医院般清洁的渴望，比如喷洒大量来苏水或松香味消毒剂；另一种冲动与之相反，竭力表现繁琐奢华，比如马桶座圈上罩着皮革外套，毛巾很难用，因为是用涤纶和三分之一的金丝线混合织成的。贫民的洗手间是表达"有了钱怎么花"这一幻想的典型场所。这是一家人向往美好事物的陈列室：镀铬的盘子、花哨的饰边、杂志架、小器具、架子、瓶子和罐子、乳霜、滑润剂和护肤液，甚至可插花茎的盛水器和电动牙刷都会在里边出现。为了将上层贫民的洗手间打扮得漂漂亮亮，伍尔沃斯百货商店出售整套色彩柔和的化纤小盖毯，一

---

[1] 英国人传统上热爱盆浴而非淋浴。——译者注
[2] 两者都是历史比较久的英国产品。——编者注

块罩在马桶盖上,一块铺在马桶座圈上,一块围在马桶四周的地板上,还有一块罩在水箱上,以防有谁一时冲动想坐上去。对上层贫民来说,洗手间可是个严肃的地方。你不大可能看到印着幽默淫秽小诗的手纸,或带美元图案的印刷物,抽水马桶里冲出的水很可能是鲜艳的蓝色或绿色,说明了女主人机敏而务实的品质,能对广告商的苦心迅速作出反应。

【宠物】就室内环境来说,无论上层人士还是贫民,宠物都是必不可少的。它们同样释放出等级信号。先谈谈狗,它们越是与没有实用性的打猎有关(还是与英国生活方式相关),就越上档次,因而上层人士饲养的多是拉布拉多狗、黄金猎犬、威尔士矮脚狗、查理士王小猎犬和阿富汗猎犬。想做上层人士就得多养几条这样的狗,还应当依照昂贵的白兰地或威士忌酒名来给它们起名。中产阶级喜爱苏格兰和爱尔兰猎犬,所以就给它们取苏格兰或爱尔兰名字,其中最常见的名字是"Sean"[1],为了好让别人读对发音,还时常拼为"Shawn"。贫民阶层偏好与"保护"这个概念相关的品种,如道伯曼犬、德国牧羊犬和斗牛犬,再不就是可用作户外搜寻的狗,如猎兔犬。对狗来说,越瘦越能体现社会地位。吉丽·库柏曾说:"上层人士的狗一天只喂一次,因而和它们的主人一样苗条。"有身份的人经常夸耀某些品种的狗,仅仅因为地位低于他们的人买不起这些品种,因而他们便一股劲儿地饲养罗威纳犬或德国魏玛犬。狗自古至今备受青睐,不仅

---

1 爱尔兰最常见的男子名。——译者注

由于品种繁多，多养几条能表明主人属于田产丰厚的绅士阶层，还由于让·雅克·卢梭两百多年前指出的另一原因，当时他正在和詹姆士·鲍斯威尔谈论宠物。

卢梭："你喜欢猫吗？"

鲍斯威尔："不喜欢。"

卢梭："我就知道是这样。这是我的一项个性测验，说明你有人类专横的本能。"

这些人不喜欢猫是因为猫太自由，不愿俯首为奴，跟狗以外的其他动物一样不愿意听命于人类。可见上层人士喜爱可以任意支使的宠物，就像他们乖巧的园丁和律师一样，驱策越多就越顺从："坐下！这回乖多了。"

比起猫来，狗更加眼疾腿快，善于察言观色，因而成为吸引购买者和展示主人社会地位的工具。凡勃伦还注意到"猫的声誉不大好，因为它花费太小，甚至还有实用价值"，比如捕捉老鼠之类。上层人士的猫，地位至多相当于鬈毛小狗，除非来自遥遥千里之外的异域，才能表明身价不菲，比如缅甸和喜马拉雅山区。如果是中上层人士，他们会直接用"猫"来叫它们；中产阶级喜爱暹罗猫；贫民喜欢里弄小猫，还喜欢把它们称作"咪咪"。把小鸟养在笼中是典型的中产阶级做法。在玻璃缸中养金鱼是上层贫民的喜好，而且水下的布景越是精巧别致——如沉入水底的西班牙大帆船、传说中的美人鱼以及河蚌，此公身上透出的贫民气息就越浓郁。

第五篇

消费、休闲和摆设
CONSUMPTION, RECREATION, BIBELOTS

【喝酒】从显示社会地位角度讲，几乎没有哪一个场合比"鸡尾酒时间"表现得更加充分，因为无论喝什么酒，喝多少，都能体现出一个人的社会地位。举个例子，如果你是一个中年人，要了一杯白葡萄酒（顺便说一句，酒会上提供的白葡萄酒越甜，说明主人的社会地位越低），那么与此同时，你已经发出了一个特别的信号：你是一个上层或中上层社会的人士。这就像在说，由于上大学（当然是一所不错的大学）时培养起来的习惯，你曾潇洒地过量饮酒以至于到了酗酒的边缘，你已经喝了太多昂贵的烈性酒。现在，人到中年的你已经足够老练，想改变一下口味，喝些比较清淡的酒（干白葡萄酒被认为是低卡路里的饮料，因此被那些极端注意身材的人所热爱）。现在许多注意身份地位的人士放弃喝烈性酒的习惯而改喝白葡萄酒，于是出现了一个由上层和中上层人士组成、不断扩大、喝白葡萄酒喝得醉醺醺的群体，他们情愿在人前喝度数低、口感细腻的东西，也不希望自己跌跌撞撞的步态和含糊不清的言辞让人看到或听到。

他们最爱喝的一种白葡萄酒是意大利的 Soave，它是进口酒中质量过关又比较常见，且人们能叫得出名字的一种酒，价格也比较便宜。还有一种受欢迎的酒叫 Frascati。当别人痛饮烈酒时，要一杯 Perrier 苏打水（上层人士）或苏打汽水（中产阶级），所传递的信息也相当于要一杯白葡萄酒。这一举动表明，我档次高和受人欢迎的原因有两个：第一，我以前喝酒过量是好笑的、富于冒险性的和不谨慎的行为；第二，我有能力戒酒，这表明我是个既聪明又具有自我约束力的人。再者，由于眼下我很清醒，我一定比你们地位优越，因为我会眼看着你们醉倒，而且可以告诉你们喝醉酒的样子有多么可怜。

除了白葡萄酒和碳酸水,上层阶级的饮料还有伏特加(尤其是只掺水的伏特加,加上汤力水便只能算是中产阶级的饮料了)、血玛丽(切记绝不能在下午三点以后喝)、苏格兰威士忌(特别是加冰块或加一点水的喝法)。把苏打水加入苏格兰威士忌的喝法是不甚讲究的。崇尚英格兰传统的人会认为苏格兰威士忌要优于波旁威士忌,后者是中产阶级的典型饮料。大部分中产阶级也是马提尼酒的热爱者,他们自以为聪明地将马提尼酒叫作"martooni"。如果你在晚饭后喝马提尼酒,那你准是个贫民人士。啤酒属于大学生们的专利,一个在饮酒方面有很好的洞察力的大学生,能通过观察大家喝的酒的品牌,准确判断出这个学校的等级。比如,看你喝的是 Molson's(摩森)、Beck's(贝克)、Heineken's(喜力,人们俗称为 greenie 的啤酒)、Grolsch(高胜),还是 Budweiser(百威)、Michelob(米克劳)、Stroh's(斯特罗)、Piel's(皮尔斯)、Schlitz(舒立兹)。德怀特·麦克唐纳[1]通过观察这一区别,验证了小说家约翰·奥哈拉所揭示的一个现象:耶鲁大学的学生与宾州州立大学的学生醉酒方式完全不同。(如果其他方面都没有区别,还有一个识别的办法是玻璃啤酒瓶比易拉罐高级得多——这依然是崇古原则的体现。)

中产阶级有一个嗜好,就是爱把酒藏在厨房里,他们总是在那儿慢慢地、一点一点地偷着饮用。如果酒瓶子摆在明处,

---

[1] Dwight Macdonald(1906—1982),美国作家、编辑、社会评论家、政治评论家。——编者注

那一准是 Old Grand Dad 或 Tanqueray（此为有效的崇英派人士的标志）等牌子的酒。真正的上层人士并不要求自己喝的酒非得是体面的品牌，他们用便宜的本地酒款待客人时丝毫不觉得难为情。他们还常常用一次性的杯子喝酒，因为他们在乎的是盛在容器中的酒而不是容器本身；中上层阶级人士喝酒时喜欢用那种早已过时的特大号的杯子，上面印着彩色的鸭子、猎狗或船只。中产阶级则喜欢用印有粉红条纹的玻璃杯喝酒；上层贫民喝酒用的是果汁杯，你可以在小五金店或廉价商店里买到，杯子上大都点缀着橙子、草莓、小猪或戴太阳帽的小姑娘图案；而被水泡掉商标的果冻或花生酱玻璃瓶，则是中下层贫民使用的喝酒器皿。

事实上，通过饮料来区分不同的社会阶层，其实一点都不难。有一条泾渭分明的分界线将社会上层和底层划分得清清楚楚，那就是饮料的甜度：较干还是较甜。如果你听到一种叫作 Seven and Seven 的酒名感到陌生，如果你想到要一杯 Seagram's 产的 Seven Grown[1] 加喜力时会皱一下鼻子，那你基本上是个上层人士或者接近上层社会，至少没有太多地对社会底层的大量含糖饮食妥协。波旁威士忌加姜汁的喝法相当受下层的欢迎，而上层人士几乎完全不知道这一喝法。有些鸡尾酒，像 Daiquiris、Stinger、Mists、Brandy Alexandere 和 Sweet Manhattans 等，常被人在晚餐前饮用，说明人们对餐前酒的基本饮用原则[2]不甚了解。只有某些非贫民阶层又经常在欧洲旅行的人，才有

---

[1] 一种廉价杜松子酒。——译者注
[2] 餐前酒的功能是开胃，因此应该饮用较干的酒类，以促进胃液的分泌。——译者注

▽各阶级钟爱的饮料：

中上层的苏格兰威士忌。　　中产阶级的波旁威士忌加干姜水，插着装饰物和吸管。　　上层贫民的啤酒，偶尔会在特殊场合盛在可读器皿里，而不是直接从易拉罐里喝。

可能掌握开胃酒的饮用原则。

美国下层社会对甜东西的消耗量大得惊人。根据洛普民意调查（Roper poll）的统计，百分之四十的美国人（当然其中多数是贫民）每天至少要喝掉一罐可口可乐或类似的饮料。美国的贫民吃的面包里面基本都加了糖或者蜂蜜。中西部地区情况更糟，那儿的酒吧里白兰地常常比威士忌卖得更好，而干葡萄酒几乎卖不出去。事实上，你可以根据每个家庭对糖的消耗量来划一条可靠的社会等级分界线，当然孩子可以除外，因为无论出身于哪个阶层,年轻人都喜爱喝较甜的酒。口味的改变无疑就是从喝苏打饮料的孩子变为喝酒的成熟男人的过程。上吊自杀的前儿童电视剧明星特伦特·莱曼(Trent Lehman)的女朋友提供给我们一个很好的证明,她说:"他开始狂饮 Seagram's 加喜力。终于有一天,他衣冠楚楚地醉倒在冲浪浴缸里。"

【用餐】因此,当我们看到电视广告在吹嘘一种叫"一滴蜜"的饼干时,我们知道,它的观众无疑是下层社会的人们或各个阶层的孩子。我们知道,关于吃喝与社会等级之间的关系的研究做得还很不够。其中戴安·约翰逊[1]是一个值得信赖的专家,她最近在《纽约书评》杂志(*The New York Review of Books*)上评论了 24 本菜谱和一些关于食品的书。这些书是专门给中上层阶级看的,戴安·约翰逊发现,书中都强调了"高雅"的格调。当你为朋友举办晚宴时,从他们坐在桌旁的那一刻起,他们就不再是朋友或一些与你地位平等的人,他们变成了观众。这时,你的职责就是用富丽堂皇的餐台布置和丰盛的菜肴给大家留下一个非常好的印象,从而体现出你的等级优越感。从大量对"高雅"的追求上,戴安·约翰逊得出结论:"美国人生活中的社会等级差别……似乎正在加深。"不仅如此,由于等级产生的焦虑也在急剧上升,"吃喝本身在这里并不成为问题,"戴安·约翰逊写道,"是这些光彩夺目又过分昂贵的东西表明了焦虑",可见主人担心自己的地位会因为粗心大意的餐桌摆放和菜单安排而受到轻视。因

---

[1] Diane Johnson(1934—),美国小说家、散文家。——编者注

此，餐桌上会出现大量的蜡烛、鲜花、高贵的餐巾和桌布、银制的烛台和椒盐瓶，甚至盛盐的小银碟，碟子边上放着小银匙。当然也会有愈来愈繁琐奢华的餐、酒用具，如盛放餐酒瓶的篮子，即使里面是一瓶从本地买来、过上一百年也不会让人产生一丝怀旧情绪的酒；还有套在瓶颈上的银制酒嘴，保证一滴宝贵的液体也不会流失；还有镀银的软木塞开瓶器；还有银制的酒瓶底托；甚至还有银制的酒杯垫，不一而足。

这类东西一般会在晚上八点钟左右安排就绪，这一时间开始吃饭是一个明确无误的高等级标志，比桌上有没有诸如番茄酱瓶和烟灰缸一类东西，尤其是形状像马桶、似乎在邀请进餐者"把你的屁股（烟蒂）放在这儿"[1]的烟缸更能代表高等级。住在收容所里的赤贫者和看不见的底层一般在晚上五点半吃晚饭，因为照顾他们的贫民阶层职工要早点收拾完毕，好赶在傍晚时分去玩滑滚轴溜冰或保龄球。这样，贫民阶层多半在晚上六点或六点半吃晚饭。电视剧《杰克和索菲亚》中杰克的家庭尽管算得上是中产阶级，因为杰克是保险推销员，但因为他们在六点钟吃晚饭，因而只能算是上层贫民了。再则，贫民阶层吃晚饭不能单看在什么时间吃，还要看吃饭花了多长时间。他们很可能在八分钟之内就吃完一顿饭，从罐头装的西柚开始，以放了许多糖的速溶咖啡结束。因为贫民家庭吃饭的时候从来不进行交谈，也不评论、欣赏和赞美食物，所以速度快得出奇。对他们来说，吃饭只是为了补充营养，虽然在圣诞节、复活节和犹太新年这样的重大节日里，把"上好的、平时不用的纸餐

---

[1] 英语中烟蒂一词"butts"也有屁股的意思，这里作者取双关语。——译者注

巾"拿出来时，他们的晚餐时间会稍微延长一点。你的社会阶层越低，一年里和亲戚一起吃饭的次数就越多。并且常常不是因为贫困才这么做，而是出于担忧：担心自己教养低而失礼。除非一个人社会地位稳固，否则他就会和社会学家所说的"亲族网络"待在一起。

烛光相伴的晚餐和其他一些为了在餐桌旁消磨时间而做的怀旧设计，属于中产阶级或者更高的阶层。无论如何，如果你在大白天进餐，烛光就显得毫无用处了。中产阶级一般在七点甚至七点半吃晚餐，中上层人士在八点或八点半吃晚餐，而中上层人士、上层和看不见的顶层中的一些人，会在九点甚至更晚的时间进晚餐，光是鸡尾酒会就要持续至少两个小时，有时甚至完全忘了吃晚饭。不过，比较体面和为人着想的上层人士通常在八点左右进晚餐，因为他们不忍心让佣人们下班太晚。如果某户人家先是餐前酒喝到夜里十点，然后吃饭吃到凌晨一点半，清晨三点才打发清洁工回家，那你可以肯定他们家是暴发户。

【食品】位于社会顶层的饭食通常并不怎么样，他们吃的东西就像他们的谈话内容一样单调、乏味和毫无新意。科尼里斯·文德比尔特·惠特尼在他的《与一位百万富翁共同生活的一年》中记录了那些让他难忘的饭食，大体如下：蟹肉浓汤、鸡肉火腿饼、莴苣叶沙拉，最后是一个巨大的冰激凌蛋糕。而这个人有钱到几乎可以吃世界上任何想得出的东西，从大象肉排到浇玫瑰汁、撒小金片的菜，却小心翼翼地满足于这样的晚餐："真是一餐好吃的晚饭，有炸鸡配青豌豆、沙拉和新烤的蛋糕。"而他的早餐是："桔子汁、半个西柚、麦片粥、鸡蛋、咸肉和咖啡[1]"。

异国情调，顾名思义就是源于域外的风格，在我们考察中上阶层的时候开始频繁地出现。这种生活情调常见于初到大城市的中产阶级外州女孩，她们的生活手册就是《纽约客》杂志。作家罗杰·普莱斯这样描述她们在烹饪方面的冒险：

在这个城市[2]住了几个月之后，一方面为了节省开支，一方面感到烦闷，她开始研究吃的学问，想搞个异国情调的特色菜式，如paella，一种地道的咖喱饭，还有法式蛋塔、约克郡布丁、烤牛肉，以致她那不大的厨房都快承受不住了。有男人光临时，她就会为他们露一手特色菜，以搭配烛光和情人带来的葡萄酒。在几次不愿承认的失败之后，她终于放弃了特色菜，又做起了意大利面条，上面浇满了她用汉堡牛肉末和罐装西红柿做的酱汁，再撒上过量的牛至叶。

中上阶层有一个共同的观念，觉得切片包装的面包是不受欢迎的东西，即便有些面包名字古朴动人（如"阿诺德的砖烤炉"或"胡椒岭农场"[3]），可能得到宽恕。"舶来"在这儿是一个非常神奇的字眼，有时候很多东西只要是舶来品而不是国产货就会备受青睐。于是鹅肝酱、全脂奶酪、葡萄酒、羊肚菌、意大利面大为时兴。但不是所有的外来食物都吃香，比如墨西哥卷饼和意大利匹萨饼，以及做得很平庸的中国菜。眼下日本

---

1 这些是西方最为普通的早餐食品。——译者注
2 指纽约。——译者注
3 阿诺德和胡椒岭均为英国地名。——译者注

菜进来了，而中国菜除了川菜以外都开始走下坡路，更不用说墨西哥菜了。被认为无可救药地低俗，且度数过低的葡萄酒和啤酒也属于此列。

另一方面，当我们进入中产阶级和贫民的世界时，吃饭时喝的东西就变成了汽水一类的饮料，比如可口可乐或干姜水、黑树莓果汁或者奶油饮料，再不就是贫民们的钟爱：啤酒，当然都是罐装的。

前面讨论居室装潢时提到中产阶级惧怕意识形态，他们在饮食方面也同样害怕味道强烈、辛辣的食品。这个阶层喜爱的东西平淡无味，而且必须做得很软很烂。在中产阶级的餐桌上如果谁提到大蒜，肯定会让主人不知所措，就连洋葱也用得很少。罐头装的水果比新鲜水果更受欢迎，究其原因不外乎两条：一是罐头水果更甜，二是更平淡无味。食品供应商并非通过想象而是通过经验得知，只要把任何口味的食物做得温和一些就能增加销售量，而用"辛辣""强烈"等字眼就会有风险。

再往下一两个等级，"辛辣"又回来了，带有民族风格的食品也开始大行其道，比如波兰腊肠和辣泡菜一类的东西。这恰好是中产阶级回避这类口味的原因，他们坚信这类口味和下层社会、非盎格鲁-撒克逊的外国人、新移民等连在一起。这类人大多可以从他们那毫不含糊的非上流社会饮食口味上辨认出来。不久就会产生整整一代人，出生于中产阶级家庭，基本上被冰箱食物养大，会认为鱼是一种白色的软乎乎的东西[1]，就像面包一样。

---

[1] 在美国超级市场里，鱼通常被处理成一块一块没刺没皮的白肉出售。——译者注

【**甜食**】冰激凌,又甜又软,于是成了中产阶级最喜欢的食品。某种你喜爱的冰激凌一定包含着等级意义。香草冰激凌被上层所钟爱,巧克力冰激凌总体说来低于香草,草莓和其他水果味的冰激凌接近底层。如果你想挖一挖纽约市市长爱德华·考克的阶级背景,不需要去考察其他方面,只需看看他最喜欢的冰激凌口味:巧克力和黄油杏仁。当电影《邦妮和克莱德》的导演阿瑟·潘想刻画一群由贫民组成的匪徒时,他只需设计一个他们出去买桃子冰激凌的细节就达到目的了。说到这里,你就可以想象"卡沃"冰激凌蛋糕会带来多少令人窘迫的等级困境了[1]。

【**购物场所**】倘若冰激凌是一个生动的等级指标,在什么地方买冰激凌和其他食品当然也能说明问题。也有例外,比如我所居住的郊区就很难看到明显的等级信号,上层阶级和一些中上阶层家庭用电话订货,然后由那些嘴上挂着亲切问候的礼貌男人送货上门,然后直接把货物放进厨房的冰箱。十年前,这个地区有六家这样的送货商店,而今只剩下一家(参看第八篇《升与降:贫民化趋势》)。中上阶层中地位偏低的人士和中产阶级则自己上超级市场去把东西买回家,他们常去的超市是 A & P,而贫民阶层一般去 Acme 或 Food Fair 购买食物,原因是那里的东西稍微便宜一点,肉类低一个档次,更重要的是货架上看不到充满异国情调的舶来品,或任何吓人的外国东西。上层人士更愿意用电话订货还有一个原

---

[1] "卡沃"冰激凌店多卖水果味的冰激凌,被作者暗指等级低下。——译者注

因，他们喜欢颐指气使，而且还乐于通过正确说出进口食品的名字来炫耀自己，比如某些不寻常的奶酪。

【下馆子】现在我们该考察一下出门"下馆子"的情形了。下馆子是中产阶级和贫民阶层的专利，他们利用这个机会玩类似"当一天国王或皇后"的游戏，通过点菜和侍者的服务感受一阵子被人伺候的滋味。通过经常上那些号称能做地道美食的餐馆，中产阶级玩他们最热衷的游戏——假装比自己社会等级更高的人士，比如设法让别人把自己看成品味更细腻更老练的中上层人士，他们对这样的游戏乐此不疲。目标在于抓住中产阶级顾客的餐馆常常会有烛光和火焰，伴随着大量由管风琴和弦乐器演奏的音乐。一个只有高中学历、做行政秘书的女人告诉斯特兹·特克尔："我常常和生意人一起吃晚饭，我非常喜欢。我喜欢那些餐馆里的背景音乐，听着让人很放松，还有点温馨，一点都不会打搅你的谈话。我喜欢那种气氛，还有创造了那种气氛的人们，他们都是你平时经常碰见的人。"

中产阶级就生活在这个小小的胡桃壳里，之所以这么说，是因为中产阶级进餐馆根本不是冲着食物去的，他们冲的是餐馆里的装潢"艺术"或者管弦乐队，而不是大厨的手艺。我住的地方附近有一家餐馆，它只想赤裸裸地通过餐厅里的装饰显示它过分的骄傲，而不去设法提高自己厨师的厨艺。它里面的每一个餐室都用显而易见的赝品冒充各种历史风格的艺术品，如殖民式、维多利亚式、都铎式，并且屋里的每一处地方都希望唤起你对细节的注意，像地毯、墙纸和家具。其中有一间屋子装饰成丛林，里面有树和奇花异草，还建造了一个瀑布，让湍急的水流冲进一个长满青苔的池子，一个批评家评论道："看起来像《人猿泰山》的电影场景，应该再到处挂上热带藤蔓。"在这样的地方，吃的东西肯定是些毫无特色的蹩脚货，又稀又软，淡而无味，还贵得离谱。端上来的菜一定是由一队热力工程师而不是厨师将事先做好的半成品用微波炉加工而成。因为中产阶级相信出门吃饭一定要去"高雅"餐馆，因此这个概念被引人注目地用在了广告语里，只为了能吸引中产阶级顾客。

高雅而完美（Elegance Par Excellence）

高雅的新蒙雷夫餐馆把杰出的美食带到印第安纳波利斯城。经典的法式菜肴，达到国际标准；无懈可击的服务；微光闪烁的丝绸、水晶和银器构成的就餐环境；厨政人员经验丰富，来自欧洲、纽约、芝加哥和辛辛那提的优秀餐馆。

所有这些语言，除了最后一句话的措辞方式暴露了行文上的堕落，都是用来吸引偏爱"高雅"的中产阶级，为《哈克贝利·费恩历险记》中"无与伦比的王室贵族"做了广告。蒙雷夫餐馆毫无疑问是一个冒充高雅的地方，在那儿吃饭时你肯定不能自己倒酒，而要任由装得很在行的侍者摆布，尽管他们会时不时过来倒一回，但从来不是合适的时间，而且把酒倒得都快溢出杯子了。在西南部靠近美国和墨西哥边境的地方，这种类型的餐馆会提供菲力牛排（Filet Mignon），其质量可想而知[1]。

---

[1] 靠近美墨边境地区的居民多为穷人，作者暗示那种餐馆根本不会有此菜式，只是用此菜名来附庸风雅。——译者注

有时候中产阶级不去上述类型的餐馆，却会常常光顾一种"剧场菜馆"（dinner theater），在这种地方，无论是演出还是菜肴，保证都是平庸的业余水平，符合中产阶级惧怕挑战的心理，因此他们便愿意经常光顾。

至于贫民阶层的餐馆，至少没有妄自尊大的成分。那里没有烛光和鲜花，没有假冒的法语口音，菜单上没有拼错的法文词汇。在这种地方，服务生就是普通人，像顾客一样，如果你去得比较多，常会和他们变得很熟识。"亲爱的，你妈妈的坐骨神经痛好点了吗？"他们会问道。顾客和服务生双方都希望彼此能有好感，而不是敬而远之或者彼此轻慢。犹如在家吃饭一样，贫民在外面吃饭也是比较早而且很快。在中西部的一些次要城市里，上层贫民生意人的午餐绝大多数都会在下午一点半之前结束，那之后所有的餐馆都变得空空荡荡的了，只剩下服务员们为晚餐摆放餐桌。而晚餐则极少有超过六点钟还没有结束的。贫民们在餐馆吃饭从来不会点他们不熟悉的菜，也就是说，他们只吃从前在大学食堂或者军队伙房里常吃的东西，像碎牛肉饼、洋葱牛肝或咸肉条牛肝、瑞士牛排、星期五烤鱼，以及意式奶酪烤面。所有这些食物都是松软的，显然在上桌前已经在蒸汽保温盘里放了一阵子了。有些较高级一点的贫民餐馆里会让人用不锈钢餐具，用来替代通常的一次性餐具，也有的地方会有一个自选沙拉吧，提供切好的莴苣叶和其他种类蔬菜，当然都是冷冻的，而且味道大同小异。在这种地方，你喝的咖啡淡得可以看见杯底，而且会在给你上主菜时一同端上桌来。

【电视食品广告】我们可以从电视广告中一窥贫民阶层的

饮食习惯。真正为食品本身做的广告没有几个，而助消化的广告倒是满天飞，这么大量的地方性消化药广告，在我看来是美国独有的现象，至少我没有在英国、法国、意大利，或德国看到过。只有美国会为了穷人的需要发展起一个庞大的、价值亿万美元的垃圾食品工业，然后再用庞大的垃圾药工业去征服垃圾食品造成的祸害。你大可以推理出，好多贫民人士就是看了电视广告中吹嘘的一种甜蛋糕圈（正是需要服消化药的食品）而赶出去吃早饭，使得希望孩子在家吃早餐的妈妈经常白忙活。人们竟然会为了缺盐少味的腊肠出去吃早饭，而不在家里吃可口的家常煎香肠。我们可以看看凡勃伦对此的解释，他专门研究公众消费问题。他发现，为了满足自己的欲望，社会阶层低的人比社会阶层高的人更容易被引诱去展示自己的购买能力，即使是在观众最少的早晨，而且很可能仅有的观众也是响应同一个广告而来的贫民。

【**超级杯派对**】在把话题从与电视广告相关的吃喝转到其他领域之前，我们应该停下来看看每年一月份举行的传统社会活动的等级含义，我指的是超级杯派对[1]。它尽管也出现在中产阶级中，但主要还是贫民阶层的庆祝活动。这种派对当然不会发生在最下层的贫民家庭里，因为穷困潦倒的人是从来不"娱乐"或者邀请客人到家里来的（当然亲戚除外）。在这种派对上，大家通常是自带酒水的，但有时组织者为了显示自己的财力和气度，也会自己出钱办一个丰盛昂贵的派对。

---

[1] Super Bowl party，在美国每年一度的超级杯橄榄球决赛日举办的派对。——编者注

女主人会操办一席精美的自助餐，男主人会提供啤酒给客人，有时甚至是波旁威士忌和生姜水。此外还经常会租一个大屏幕彩电（大约要400美元），使每一个人都能看清楚上面播放的比赛。在有些贫民社区里，人们把举办这种派对的星期天看成是一年中最重大的一天，嘲讽这一天会招致打架斗殴。人们听说过有人办嘲讽超级杯的派对，不过一定是在纽约市或者类似的非美国化地区。可笑的是，整个超级杯派对期间电视都是关着的，人们喝着伏特加，谈着生活里的一切事情，就是没有体育运动。

【**度周末**】就这样，饮食习性几乎毫不含糊地展示了你的等级地位。同样，你"度周末""避暑""旅游"的方式，你对体育运动的偏好（不论你喜欢一试身手还是甘当看客），都有如上的效果。"度周末"这个等级概念在过去百来年里经历了一个可悲的、落魄的贫民化过程。这一术语兴起于1878年，一个标志着高级资产阶级文化繁荣的时刻。那时候，"度周末"可能意味着在乡间豪华的别墅度过一夜。去度周末的客人可能会需要一些今天仍能在英国《德布雷特的礼仪和现代礼节》（*Debrett's Etiquette and Modern Manners*，1981年）一书中读到的建议："如果您打算在一处高朋满座的豪华住所逗留，您在准备行装时最好牢记，您的手提箱可能会被别人打开。"（这就是说，不要携带惹人难堪的性生活用品。）这类一度为今天的上层或中上层阶级模仿的豪华排场从兴起到今天，已经成为主要与中产阶级或上层贫民相关的概念了。它意味着现代企业的雇主有义务遵循习俗和传统，赐给他们那些领周薪的奴隶一些短暂的自由，度周末基本上被认为不过是贫民阶层的休闲项目。《纽约时报》和《旧金山纪事报》一类报纸流行的"周末"版就清楚地说明了这一点，连篇累牍的商业报道和广告，无一不在告诉那些被视为没有头脑的消费者应该干些什么。而先前，那些度周末的人们似乎不需要商人和新闻记者的指导，就知道如何打发自己的时间。20世纪50年代，自从一种"周末"牌廉价香烟在法国市场露面，"周末"就开始被当作一个时髦概念了。对于高等阶层来说，他们既无雇主又不必连续工作，周末也就不是一个太有意义的概念，它的影响只局限在银行会在周末关门。

如果说"周末"主要是一个贫民阶层（因为是雇员）的概念，那么"避暑"就是一个中上阶层或者更高阶层的概念。莉莎·伯恩巴赫和她敏锐的同事指出："夏季是预科学校一年中的高潮……它意味着生活里除学习外的其他一切事情。你会根据在哪儿避暑和如何避暑来选择衣服、车子、朋友、宠物。选择吉普车是因为你要去地形起伏的地带度过夏天；选择越野车是因为你要去道路颠簸的地带旅行；选择帆船是因为你要在暑期扬帆出海。"并非贫民阶层就不避暑，而是他们很少每年去同一个地方避暑，上层选择的地方不但像是他们的家产，而且看上去更像是他们家前几辈留下的遗产。贫民阶层"避暑"绝不会长达三个月之久，而是一两周，至多四周。他们在专为他们修建的地方度假，比如迪斯尼乐园，当然是租房住，离开时就退掉。根据贫民的判断，大众肯定知道什么是最好的，因此只要别人都光顾的地方他们就去，一旦去了，他们就会排在每一条队列里跟着走。

【旅游】就像我在其他章节里指出的一样,如今旅行已经彻底沦为了旅游观光业,以至于如果不是有心挖苦,人们几乎不会想起这个古老的说法。所以,我干脆把这项活动称作旅游观光业。各个社会阶层都是这个行业的牺牲品,但贫民阶层受害最浅。这似乎更多的是因为他们惧怕这项活动可能提供他们不熟悉的新花样,而花不起钱倒要退居其次。所有能够预想到的东西就是他们想要的,而不是那些让他们始料不及的。具有讽刺意味的是,旅游业现在能提供的,恰恰就是所有可以预想到的东西。阿瑟·B.肖斯塔克[1]在《蓝领生活》(*Blue-Collar Life*,1969年)中谈到,贫民阶层倾向于选择这样的休闲体验:"它们能够验证那些已经获得的知识,而不是哪怕会与小说里的事物相冲突的东西,陌生的事物可能会给贫民阶层带来严重的威胁感。他们认为,旅游业充满了数不清的威胁:得跟陌生人打交道,必须灵巧地扮演各种各样的角色,还要精明强干地处理料想不到的新问题,他们还害怕上当的感觉,还有外省人那种对于该去哪儿一头雾水的无知,认为其他地方都不值一游的、毫无根据的自负,以及对家乡风物的偏好。这些恐惧经常限制了贫民阶层的出游,他们要么与亲友结伴外出,要么自己驾车赶赴亲友的葬礼。如果的确旅行了一次,他们会回味数年,不停地缅怀饮食、里程数、消费和汽车旅馆的豪华等等细节,比如"他们居然会在马桶座圈上铺放一长条纸",他们会这么说。

旅游观光的阶层绝大多数是中产阶层。他们已经使夏威夷

---

[1] Arthur B. Shostak(1937—),美国社会学家、未来学家。——编者注

变成了罗杰·普莱斯不怀好意的命名——"大众的瓦尔哈拉神殿"[1]。正因为有中产阶层，豪华游轮生意才有利可图，因为这个阶层的人们设想，他们会在游轮上与中上阶层共处，却没意识到后者有可能要么正从伊斯坦布尔一处清真寺旁的别墅尖塔向外眺望，要么正隐身在尼泊尔的某个山谷，或者干脆正待在康涅狄格州奥德莱姆镇的家中玩十五子游戏、翻看《市镇和乡村》杂志（*Town and Country*）。观光业深为中产阶层喜爱，因为他们能够从中"买到感觉"，如 C. 赖特·米尔斯所说的"哪怕只是很短时间内的更高阶层的感觉"。他又指出，旅游（或度假村）行业人员和他们的顾客们合作上演一套装模作样的把戏，并按中上阶层（或者上层）才熟悉的程序，煞有介事地表演大量的"侍候进餐"——白色餐桌台布、发泡葡萄酒、假鱼子酱。你只消注意旅游业广告中"昂贵享受"（以及"美食"）一词出现得有多频繁，就会明白我究竟在说什么。这是因为，比起住房、汽车和其他显眼的地方性消费项目，中产阶级更嫉妒更高阶层的出外旅游。理查德·科尔曼（Richard P. Coleman）和李·雷沃特（Lee Rainwater）在他们的作品《美国的社会阶层》（*Social Standing in America*，1978 年）中发现，这种嫉妒不只是经济上的，还是"文化上的"：上层人物对遥远地域的经验"象征了文化上的优越地位"，上层人的旅游习惯"似乎表明，游客已经在这种环境背景中感到很舒适了，或者他的感觉正在变得越来越如此"。

上层的人们通常自己出游，不加入什么团体。这很自然，因为不管在什么团体里，总会有些你懒得去结识的人物。当然

---

[1] 瓦尔哈拉神殿，北欧神话中主神兼死亡之神奥丁接待战死者英灵的殿堂。——译者注

也有例外，比如由某大学组织的艺术观光团，游伴常常是一些资格相当的人，带队也不会是导游，而是大学讲师或艺术史专家。上层人士认为，参加这类观光旅游团会暗示你的无知、智力上的懒惰和缺乏好奇心，其严重程度好比参加一次平庸俗气的导游观光。但由于你是在观看艺术，同时还能从地位较高的高等学府的声望当中借来几许声望，等级趣味上终究还有累计的收益。

【体育运动】当然，参加体育运动，甚至只是对此感兴趣，也会提高等级。但不是所有的运动，而是某些经过精心选择的项目。一位热望提高自己等级的贫民人士如果希望明确了解这些运动项目，只需走进一家上档次的男装商店——也就是一家中上等级的商店，详细看一下约翰·莫罗依建议他投资的各款领带。这些领带，就像运动本身，能教会他判断此类运动项目的可取程度。他会注意到，像莫罗依说的，一些描绘着如下图案的领带："一条嘴里有只假蝇的小鱼、一只网球拍、一艘帆船、一只高尔夫球或一根高尔夫球棒、一匹马或一支马球杆"可能就是明智的选择。即便如此，也还隐藏着一些等级判断上的困难。你必须知道，钓淡水鱼比钓咸水鱼更有等级，如果钓的是鲑鱼和鳟鱼，鲶鱼是无论如何都要避免的。钓鲑鱼当然是有等级的，因为这跟苏格兰有关。根据同样的原理，冰上溜石游戏也是有等级的运动。[室外地滚球游戏由于是地中海（意大利）式的运动，同时还会引起与黑手党有关的联想，因而是贫民阶层的。]自从城市免费网球场开始激增，网球的等级地位便开始下降。但是，最上乘的网球运动仍然要求一套漂亮、昂贵的球服和球具以及价格不菲的网球课程，所以还够格充当中上阶层的体育项目。知道如何驾驶一艘小艇对于保有中上阶层的地位而言是不可或缺的，甚至驾船技术的好坏便足以体现等级的高低。当然，参加驾船比赛又比驾船兜风更有等级。作为一项高级体育项目，高尔夫球在今天倒是有些失势。如今，你甚至会在无意中听到上层贫民人士大谈他们的高尔夫球比赛经验。但这项运动基本上仍能满足艾莉森·卢里设立的要求：

一项高级别的运动项目，从定义上说，就是一种要求大批昂贵用具。或者昂贵设施，或二者兼备的运动。最理想的是，这项运动应该能够迅速消耗物品和各种服务。例如，高尔夫球就要求许多亩未经耕种、建筑或用于商业目的的宝贵土地。完善的高尔夫球场还需要经常除草、浇水、修剪，并用价格昂贵的机器滚压草坪。

事实的确如此。卢里所说的能迅速消耗物品和服务的高级运动项目还有另一绝好的例子：双向飞碟射击。在这项运动中，一局成功与否的标准，是击中飞上天空的陶碟的精确数目。尽管滑雪如今已下滑到中等阶层或更低的地位，但它当初可真是一项有等级的运动。因为滑雪费用昂贵，极不方便，而且只有在遥远的山区才有可能进行。除此之外这项运动还危险，这就意味着它像今天的雪橇摩托车和机器脚踏车一样，是"白色荣誉徽章"——上层阶级成员在冬季于腿部和踵部打上的三个白色石膏——的来源之一。这种白色徽章意味着某个社会范围内的高度、醒目的浪费。在这个世界里，根本不存在无法偿清的债务或者旷工一类的问题。从骑马发生的事故中也能获得白色徽章。骑马，就像驾游艇一样，之所以是项有等级的运动，并不在于昂贵，而是因为它实在太古老，还允许你从上朝下俯瞰别人。莉莎·伯恩巴赫用一个相当令人信服的公式来判断人们在中学和大学里从事的体育运动的级别：上等阶层的体育比赛使用的球一般要比其他阶层小。因此，就地位的高下而论，高尔夫球和网球能压倒足球、篮球、排球和棒球，当然，还有保龄球。

驾驶游艇是最昂贵的运动，也就当之无愧地成为各项运动之冠。这也是上层阶级自我展示的表演艺术，但也存在一些不容违背的原则，比如人工驾驶仍然比机动驾驶等级更高。部分原因是光转动一下点火开关钥匙和操舵（你能拥有的最庸俗的船很可能是克里斯游艇，其装备跟梅赛德斯-奔驰车一样自动化）还远远不够，你还得具备一些必要的本领。船应该有相当的长度，至少35英尺，如果要换新船，你应该不断购进同类中更高档的船只，而不是相反。据一名游艇经纪人介绍，船的级别以5英尺为单位增长。他说，顾客们"一次增加5英尺，直到他们的船有60或70英尺长"。

游艇应该是不那么舒适的赛艇式样，而不是那种矮墩墩、随随便便的家用型，后者可能暗示你在船上生活，因此也就表明了你在生活必需品方面的匮乏。由于这个原因，家用船级别最低，这就像拖车式活动房屋，至少在三个方面缺乏说服力：一、如果是活动的，这种船就靠动力而非人工驾驶；二、船内有多个房间，过于舒适；三、这种船可供人居住。上层阶级的小型赛艇则以古风和国际主义为特色。由于既古老又不具备当地特征，六米长的有帆赛艇级别很高。

消费、休闲和摆设……147

▽球：高级和低级。

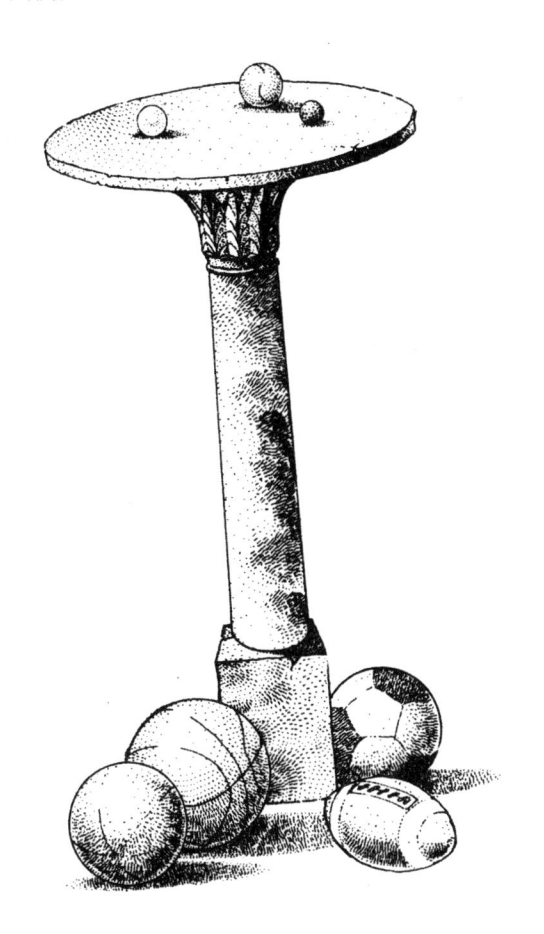

至于船体用料，通常有两项主要原则共同起作用，分别从物质、有机体、崇古几方面传达等级意味。自然材料制成的船要比用更便宜、更实用的玻璃钢制成的船有等级，因为自然材料曾经有过生命，用它制成船，船就会像东方地毯一样具有真

▽一个中上层家庭孩子的冬季卧室。

正的古董风味。而当船体需要修缮或更换时，花费也会更高。木质船在一些虚荣的船主眼中身价百倍，缅因州布鲁克林甚至出版一本叫作《木质船》(*Wooden Boat*)的杂志，定期提醒他们这种优越感的来由。

在室内活动中，桥牌和十五子游戏当然是级别相当高的游戏，拼字游戏属于中产阶级，就像凯纳斯特纸牌游戏。中上阶层中很少有人下象棋，因为太难了。除非有一间专用的相当大的台球室，台球游戏才有等级。如果台球桌的罩布一撤掉，转眼就变成家用餐桌，那准是上层贫民无疑。如果台球桌小于标准台球桌的最大尺寸，结论也是一样。

上层阶级有游艇，贫民阶层有什么？保龄球！如果你希望保住自己的上层地位，切记永远永远不要打保龄球。一旦沾上，你的中上阶层地位立刻就会降低。贫民阶层热爱保龄球的原因很多。一个原因是，你能在打球时一边抽烟一边喝啤酒。另一个原因是，如果你参加的是某家公司的团队，你就能穿上一件缎子质地的漂亮的制服式恤衫，一只口袋上还有机织的字母——自然是你的名字。保龄球还有一个吸引贫民的地方，是不用穿运动装上阵：你能在尽情做这项运动的同时，体面地遮盖住你那贫民阶层的多脂肪部位。

过去数年来，一直有人试图用委婉语或雅语来抬高保龄球的社会地位：球巷如今被叫作"球道"，球道两侧的槽如今被称为"通道"。但这样做无济于事，保龄球仍然是经典的贫民阶层运动项目，而且他们还不能玩得太多。你会发现，星期六的下午，那些在当地宗教用品商店购得一枚保龄球手祷告徽章的家伙，会舒服地坐在电视机前，冰箱里塞满罐装的米勒啤酒。那个时刻，他们一定是在目不转睛地研究"保龄球奖金赛"节目[1]中的每一个动作。

谈到这里，也就不由得要谈谈运动迷和体育观众的等级问题了。由于板球和马球一类英式运动在这个国家很难开展，无缘一饱眼福的多数阶层很可能会迷上看网球，哪怕地点是在新近贫民阶层化的——也即现代化的——某一森林小丘。看高尔

---

[1] *Bowling for Dollars*，20 世纪 70 年代美国电视游戏竞赛节目。——编者注

夫球也不错，在罗得岛州的新港市看美式足球比赛也不差。现场看比赛当然比看电视转播要好，因为那意味着一笔可观的消费。至于看电视转播球赛，比高尔夫球地位低一些的是棒球，橄榄球则更低，其次是冰球、拳击、普通赛车、保龄球。一度为广告商热衷的运动，比如速度旱冰，则地位最低。因为广告商后来终于发现，这项运动的观众大部分是下层贫民，甚至是赤贫阶层，这使他们苦心经营的电视广告全是白费力气：这些观众买不起任何东西，哪怕洗涤剂、防酸剂或啤酒。从那以后，速度旱冰比赛的观众便开始以"低命中率、不尽如人意"享誉于广告界，而这项吸引他们的运动很快就从电视屏幕上销声匿迹了。

有两个动机促使中产阶级和贫民阶层的球迷醉心于他们的运动项目。其一是他们需要以失败者的身份认同胜利者，他们需要笔直地竖起食指，手舞足蹈地尖叫"我们是第一！"一名棒球手说："贫民所喜爱的比赛项目的全部目标就是要赢，这就是我们出售的。我们向许多在常规生活中根本无法得胜的人们出售胜利，他们将自己与'自己的'球队——一支得胜的球队——联系在一起。"

除了这种从各式各样的胜利中获得的体验外，中产阶级和贫民阶层热衷体育运动的另一个原因是：体育运动鼓励了通常与决策、管理或发布见解的阶层有关的炫耀才学、教条武断、记录备案、隐秘机智的知识，以及各种各样的假学识。每年秋季的世界职业棒球锦标赛和年度超级杯橄榄球赛，能让每个人都有机会扮演一次博学的烦人者和酒吧间里迂腐的空谈家，在短暂的赛季模仿上层阶级特有的权威模样，发表意见、颁布消息。也就是说，这两大赛事是一年两度无副作用的机会——似乎出于大自然的匠心，十分离奇，分别在逼近冬季和夏季的极点开始，使普通人也能获得一些自尊。因此，它们就像民主、神圣的日子和举办仪式的场合一样不可或缺。如果一位贫民阶层成员对可能导致某著名联队名次上升或下降的原因一无所知，作为精通"比赛关键分"的行家，他可以假装了解为什么此番"战马队"或"闪避队"会赢，这样做能够满足某种强大的需求。由这些赛事引发的酒吧间或客厅争论，简直是国会山上和法庭里那些高级辩论的贫民阶层翻版。而对各种证据进行的精明权衡、各种深思熟虑的推断，则模拟了最高知识阶层的集会和研讨会的必要步骤。此外，反方遭受的讥讽和抨击，足以媲美最好的书评家和戏剧批评家的尖刻和雄辩。

【邮购商品】在比赛知识方面的权威，是中产阶级和贫民阶层声明自己价值的方式之一。另一种方式便是购物，尤其是通过邮购目录购物。这些以"居住者"为收信人的目录一年四季塞满邮箱。在与"送礼"有关的全国性节日到来之前的大约三个月时间里，更是铺天盖地。除了偶尔埋怨埋怨垃圾邮件，居民们私下里还是喜欢收到这类目录，因为这分明表示在某地有某人相信他们有钱，还有选择权。中产阶级和贫民阶层同样欢迎这类目录，因为通过邮购而不是去商店购买商品，就可免遭不知天高地厚的售货员的羞辱。至于你买的是什么，哪怕邮递员也不会知道，对于那些缺乏安全感、极度敏感、社会地位不稳定、需要通过收集商品来维持自我的人们而言，邮购实在是再好不过的方式了。所购之物并不重要。的确，这些目录提供的货品除了作为维持自我的手段

▽通过阅读邮购商品目录获得满足。

之外,几乎样样都明显不是必需品。感叹"噢,需要不是理由"的李尔王肯定明白这到底是怎么一回事,托克维尔也是明白的。1845 年,在对美国进行过一番长期严肃的观察之后,他挥笔写道:"在民主国家里,欲望是炽烈的、经久不衰的。

但这欲望的目标并不经常是崇高的,生活通常被挥霍在一种急不可耐的贪求中,贪求那些触手可及的小物品。"当然,他指的是"小目标",但他的阐述的确奏效——你只消想一想那些镀铬的小冰钳、五角的小雕像,以及镌刻着"丹·布利斯的书"的仿银书签就会明白。

中产阶级是这类物品的主要顾客。按邮购目录买来的商品确证了他们的价值,鼓励了他们的抱负。当他们打开音乐盒盖,一首飘出的《不可能的梦想》使他们满心欢喜,因为这意味着只要去希望就有可能实现梦想;意味着如果自己是个好孩子,就可能被中上阶层邀请去麦基诺岛[1]共度暑假,也有可能被耶鲁法学院录取。某些商品的广告则暗示,购买者早已踏上了迈向中上阶层的征程,因为这类广告的常用语是"有鉴别力的人"和"有教养的人"。所以,这类广告也就不足为奇了:"六只各不相同、人工吹制的水晶玻璃酒杯能满足您精挑细选的热诚。"

人们对"金"的器具——餐具、厨刀——的需求量很是可观。当然,这类器具不愿愚弄任何人,可偏偏就会如此。李尔王一定很容易理解一些人对"装在仿鹿皮袋里的"镀金骰子的兴致。订购一块印有你母校图章的帆布刺绣,能展示你与一所有等级的院校的关系,令人感动的是,这个例子在想象中不是指特拉华大学,而是哈佛。

对于渴望进取的中产阶级来说,伟大的等级图腾是"英格兰母亲",正如某一类商品标志["这是一些将我们与'英格兰母亲'联系在一起的(军团式条纹)纽带(领带)"]。不少商

---

[1] Mackinac Island,美国密歇根州北部避暑胜地。——编者注

品目录的封面纷纷使用英国国旗，直截了当地奔向崇英主题。有一份目录先是声称："我们是毫不掩饰的崇英派"，然后便将不列颠与不折不扣的无机材料——例如仿羊毛和人造皮革——联系在一起。从这家公司，你不但可以买到骑兵的佩剑，还能获得一册与之"配套"的丘吉尔的《我的早年生活》(*My Early Life*, 17.5 美元)。还有一份目录推销银质的崇英书签，书签上是三位伟大的英国人肖像——莎士比亚、丘吉尔、福尔摩斯。很明显，没有哪种商品会丑陋和荒唐到不冠以准英式名称就销路惨淡。但的确有这样一种不幸的铜质蜡扦和熄烛器混合产品，如果叫"烛具：新泽西州汉肯萨克"就一定卖不出去，它的名称是"肯辛顿熄烛器"，并被描绘为"一种带罩的小饰件，为您的家庭增添一缕典雅的英式魅力"。与此类似，还有一个仿银面包托盘的广告："来自乔治王王宫"。不错，但究竟是哪位乔治王？一世？二世？三世？四世？五世？还是六世？不论几世罢，"国王"这个词就足以奏效了。所以，下面这一点也许并不令人吃惊：专事传销英式商品的那些最势利的邮购公司，其中一家就坐落在亚利桑那州的坦佩 (Tempe)[1]。

以中产阶级为目标的商品目录似乎认定，只有那些把自己想象为英国人后裔的顾客，才够资格欣赏印有纹章图案的商品（"您的盎格鲁-撒克逊名字在上面吗？仿羊皮上是您家族盾形徽章的精美凸饰"）。由于中产阶级对声誉良好（也即英式）的家庭背景的需要是如此根深蒂固，与这个阶级有关的所有买卖也就小心地避开了任何粗鲁的方式，例如，某份商品目录向读

---

[1] 因希腊的坦佩谷 (Vale of Tempe) 而得名。——译者注

者推销一套二十四只的酒杯：上面将"印有凸饰"，"是您自己的家姓和徽章"，然后是数行细小的句子：

山森纹饰机构将从我们的记录和参考书中选择一个看上去您的家族先辈曾使用过的徽章，或者一个专名变体。所选徽章绝不会意指或暗示您的家族与原使用者之间的家谱关系。

随后的信息还可悲地向这一骗局的观众示意，你"只需每月花 5.99 美元，用十个月的时间，外加必要的费用"，即可获得这种酒杯及附属文件。异曲同工的是，那些由于家族移居到这个国家而自觉地位下跌的苏格兰人，会收到另一类带来古老自尊的商品目录，例如"家族"墙饰板，数目可观、由"您祖国的"格子呢制成的物品，比如品牌不详的格子呢领带。此外还有一些小小的特威德郡（Tweedale）[1] 南部人戴的苏格兰男式便帽，你戴上它保准会像个十足的傻瓜。所有这些"纹饰"和"家族"配件，表明了中产阶级耻辱的烙印和烦恼的根源——自觉的无足轻重。这种感觉有多么深刻，多么伤怀——"他们觉得自己生活在一个大决策的时代，"C. 赖特·米尔斯说，可是"他们明白，他们无法做出任何决策。"这也就是为什么美国会存在一个所谓"皇家后裔美国人"的组织。我们这才意识到，马克·吐温创造的公爵和王妃形象，正是十足的美国特产。

商品目录还用另一种方式来满足中产阶级那种要证明自己深远（如果不是潜在的古老）根源的需要：为他们提供积累宝

---

[1] Tweed，Tweeddale，今名 Peeblesshire，皮布尔斯郡，位于苏格兰东南部。——译者注

贵"收藏"的机会，以便留作后代的传家宝。这一机会暗示：每个人都可以是亨廷顿、弗里克或摩根[1]，当然，起步稍嫌晚了一点，但至少已开始了必定具有投资兼家族流传价值的收藏。商品目录迎合贪欲的倾向是明显的："日益难觅的维多利亚时代烤面包片架是收藏者理想的投资对象。"事实上，向中产阶级或更低阶层兜售"收藏货品"的生意眼下已成为一门纯粹的艺术。不妨看一看售价 20 美元的诺曼·洛克威尔[2]插图，据称它会身价倍增（！），因为这是诞生于"一百个战火连天的日子里"的"有限版本"。显然，成千上万个可怕的事件都有可能在那段时间发生。这类"可供收藏"的商品无一例外地丑陋、价值可疑，而且索价昂贵，却批量生产，比如单价 15.5 美元的比阿特丽克斯·波特[3]的插画人物小塑像，标价 42 美元的喜姆瓷像娃娃[4]，标价 52.05 美元的英式人形水罐，以及自称英式风格完美化身的皇家道尔顿陶瓷塑像（"我们的优惠价格，122.5 美元"）。无论一件商品多么丑陋不堪、一文不值，只要定一个足够高的价格，便可跃居商品目录的"收藏榜"。某份中产阶级的商品目录推销六只一套的"收藏者酒杯"，其特征实在是无从考证：柄脚上有一个男人、一个女人、一名牧师，诸如此类的小型陶瓷塑像，玻璃杯沿是镀金的，不谙行情的新手出于"投资"目的购买这

---

[1] 皆为美国著名古董收藏家。——译者注
[2] Norman Rockwell（1894—1978），美国插图画家，以报刊封面画闻名，其招贴画《四大自由》在"二战"中广泛传播，获"总统自由勋章"。——译者注
[3] Beatrix Potter（1866—1943），英国插画家，最著名的作品是《彼得兔》系列绘本。——编者注
[4] Hummel figures，德国最著名的瓷制工艺品，所有娃娃形象均来自德国一位名为 Hummel 的修女的画稿，当今最受追捧的珍藏品之一。——编者注

六只着实可怕的酒杯须支付125美元。

【"收藏"】想象你是一名中上阶层访客,正被引领着参观一位中产阶级的起居室。跃入眼帘的一切都很好,很干净、整齐,但有一样东西让你迷惑不解:靠墙立着一只用胡桃木薄板制成的又高又浅的展示柜,一块透明的丙烯酸类玻璃将数十个长形格子与外界隔开。

你从没见过这样的摆设。当你走近一些去观看里面的陈列,却发觉自己越发摸不着头脑了:成百个新式针箍一个接一个地挤成蜿蜒的几列。

"这是什么?"你问。

"这是我的针箍收藏。"

"您的什么?"

"我的针箍收藏。"

"嗯……您是从哪里——呃哼——找到所有这些的?"

"邮购目录。"

"哪儿?"

"邮购商品目录。"

你出于好心,不再追问"为什么"了,因为它们是一项研究:这里有砾石针箍、皇家婚礼箍,还有"教皇主教冠针箍——教皇约翰·保罗二世于1979年在美国主持弥撒时佩戴的主教冠的微型陶瓷素烧摹本",有绘着田园风光和印有带教育意义文字的陶瓷针箍,还有一枚嵌着来自真正的"维也纳森林"的一片镀金叶子……

你幡然醒悟,这个国家一定聚集了不少新奇针箍的中产阶级收藏者,而眼前这位向你展示自己收藏的甜蜜女士,不光认为这项事业有趣,而且相信它极有价值,这才是可怕之处。

【可读性装饰】我很为这位女士感到难过。她的形象无时无刻不在这类中产阶级商品目录中出现,尤其在其中的商品与厨房工作有关时。例如某类专为那些怀疑自己终究不过是一个可怜的苦役家庭主妇的女士设计的悬挂饰板,上面写着以下诗行,她看见后不但能振奋精神,还能赢得别人的同情。

请祝福这个厨房,我在这里操劳。
请祝福这个小角落的每片时光。
让欢乐、笑声、
香料、煎锅以及我的扫帚,
共同分享这块空间。
让爱和健康
祝福我和我的一切,
于是我就不会索求更多。

（我个人认为,该诗的中间三行明显地蕴涵着一种伤感,似乎充满爱意,却明确说明了叙述人的奴役处境。）这类刻意将不幸表现为优势的饰板的对应物,是另一种商品目录提供的爱尔兰手提袋。该帆布手提袋上印着绿色的饰有三叶草图案的字母——"做爱尔兰人是神赐恩典",这一修辞技巧(我们可以称为"非强调式")与"我爱纽约"的广告口号有几分神似。

某类目录向中产阶级提供的一些商品却没能正确理解购买

者可悲的精神需求，比如一只矗立在木架上的四英寸高的铜钹：镌有高达一英寸的大写字母"地位之钹"的字样。类似的还有一种印有如下文字的枕头（价格为25美元）：

暴发户
比一贫如洗
要好

由汉马克·施莱默公司提供的"换塞香槟酒"几乎隐含了所有应该为人所知的中产阶级心理状态。该公司的商品目录上说："这种别致的瓶塞能在开瓶后继续保持香槟酒的轻盈、起泡，并带有电镀的金边。"这就是了，同时需要绚丽的奢华和精打细算的审慎，这两个矛盾的需要在不幸身陷中等阶层的人们内心经久不息地交战着。

【各阶级商品目录】另一方面，从专为上层阶级准备的商品目录看，这个阶层的成员大部分与这类内心交战无缘；读 Talbois、L. L. Bean 和位于达拉斯城的 The Horchow Collection 公司印行的商品目录的中上阶层读者们，知道他们需要的小饰物是什么：昂贵的一次性用品，也即主要为生活中什么都不缺的人们准备的用品。根据这种为上层设计的目录，你可以定购银质蛋卷冰激凌夹具、银质熄烛器、自动开瓶器、金质或银质领夹（不可思议，因为显然对购买者来说毫无用处，他们总是穿牛津布、领尖钉有纽扣的衬衫）、一套装的小黄铜牛仔靴（用来摁灭烟缸里的烟头）、为白兰地酒杯配置的黄铜加热器和小型酒精灯。购买此类物品的人们几乎闻所未闻维护自我或个人抱负的问题，因为他们的自我从来稳如磐石，抱负则从来没有想过。

面对一份兼具中上阶级和上层特色的商品目录，你如何进行判断呢？有一点是一样的，如果目录出现一张以面包篮或面包保温柜为内容的彩色照片，堆满画面的一定不会是面包圈、松饼或类似的平民食品，而是法式千层酥。这些目录还都会一次次地推销数目不成比例的中国工艺品（例如姜罐），这象征着与"古老"东方的密切联系：美国人曾经殖民、传教、办教育、光顾并劫掠的古老东方。但如果一份目录推销的是价值2450美元的金属盔甲——全套并带佩剑，那你就可以断定，它是为上层阶级服务的。"所有接榫部位均可充分活动，面罩同样。"你既可以用架子展示这套盔甲，也可以穿上它去参加聚会（尽管它重达75磅），还可以经由面罩将饮料灌进头盔。

表明一份目录高层身份的主要标志是推销服装。如果寄来的东西不合身或看上去不对劲，富人们会不在意地把它们转送给救世军或仆人们。贫民阶层就冒不起这种风险。就算他们真的通过邮购商品目录购买了衣服，风险也很小，因为他们选购的那些服装没有尺码。与这种风格如出一辙的，是他或她那印有迷彩服图案（为什么？究竟为什么？）的棉织T恤睡衣，和配套的、口袋上印有"贝尔，我冷"字样的衬衫式男式睡衣（红色或红色条纹）。

如果说中产阶级购物是为给自己提神打气，上层人士购物是为了找点乐子，那贫民阶层购物就可以理解为向技术和艺术表达敬意。太空科学电子手表（带音乐报时器）在贫民中十分走俏，当然，照相机也是如此，并且越复杂越受欢迎，音响和彩色电视机同样如此。如前所述，贫民阶层绝不会因为邮购的袖珍计算机太矫饰而滥加贬词，也不会讨厌一些带艺术气质的物件：一只用浅浮雕手法描绘圣约翰诞生的陶瓷蛋、一艘"音乐凤尾船，黄铜凸饰精美繁复，有带铰链的金银盒，打开时可看见内部雅致的红色天鹅绒"。此外，还有带心形镜片的深色眼镜；尺寸与毛毯相仿的丙烯酸类纤维质地壁挂，上面一匹种马正迎面向观看者奔来；一幅马厩门的照片（你可以粘贴在墙上的壁画），其中一匹马正从门内向外举目眺望（每座房屋都是一处马厩）；"手绘在刺绣帆布上的您的宠物：请送给我们一张效果理想的彩照"；边框上（再一次）写着"幸福就是做祖父"的汽车执照牌；镶着阁下爱犬彩照的餐具〔"您会在未来的岁月里珍藏（它）……另付4.5美元，即可制成个人专用，25个字母为限〕。有一些贫民阶层的饰件没有多少艺术气息，却伶俐小巧、制作简单，例如古典的刘海发卡。另一些则多愁善感，富于"传统气息"，比如旧英格兰式样的卷筒卫生纸，每一张纸上都印有"圣诞节快乐"的字样（"作为美妙的小礼物"）。值得一提的是，流行的贫民阶层商品目录中，真的已经见不着新式扑满（存钱罐）的身影了。也就是说，这类玩意儿在通货膨胀之前会使"储蓄"这一行为看上去像一个残酷的玩笑：你曾经往里面塞硬币，准备支付教育费用，或者哪天用来做一次奇妙的旅行。

对基督教传统的强调，是贫民阶层商品目录的永恒特征。有一份商品目录宣称自己是"一份基督教家庭的商品目录"，并为读者准备了好几十条镌刻在小型仿木质饰板上的自我道贺的格言，如"主啊，请助我安心，今天不会发生任何你我合力都解决不了的问题"或者"当你助人登上峻岭，你离顶峰就更近了一些"或者"你已触动我，我已成长"。中产阶级家庭主妇的专用饰板则能让她确信她的苦役富有价值。总之，这类饰板坚定地重申了上帝对贫民阶层的厚爱，毫无疑问，上帝他老人家的确是这样的，尽管看起来总是并无太多必要地老调重弹。

贫民阶层商品目录还有一个特点，就是总会有独角兽而不是其他动物，这种动物出现的频率极高。我们可以见到长毛绒独角兽、白锡独角兽、黄铜独角兽、旋转式陶瓷音乐独角兽——想象力所能及的每一种独角兽都有。一份目录宣布"时下独角兽正走红"，我花了六个月的时间尝试找出其中的确切原因，最终还是不得其解。原因也许很低调，但一定是高度挑剔的崇英势利心理的作用，将独角兽从英国皇家军队里引诱了出来，却把狮子[1]给忘了。其实狮子倒是更有等级的动物，你可能会有这样的疑惑。也许是托尔金[2]的流行（但肯定不是在贫民阶层中，不是吗？）刺激了人们对所有"神秘动物"的兴趣，又也许是独角兽所代表的异国情调（这动物据称是一种罕有动物，所以宝贵）刺激了贫民阶层的想象力。也许还有一点不容忽视，与龙不同，独角兽完完全全是一种温和慈祥的神秘动物，与那些被贫民阶层视为神圣的真实动物——鲸、海豚、熊猫、考拉熊——很相似。而在有知识的贫民阶层看来，独角兽可能与性有一种模糊的关联——隐约让人想到处女或生殖器崇拜，等

---

[1] 狮子也是英国皇家军队徽章上的动物。——译者注
[2] J. R. R. Tolkien（1892—1973），牛津大学教授、古英语专家、魔幻小说巨著《魔戒三部曲》作者。——编者注

消费、休闲和摆设……163

▽上层贫民经过大量投资和精心摆设的客厅一角。

等。不论独角兽在贫民阶层中风靡的原因是什么,其中的动机恰好例证了文学批评家们一度使用的诽谤之辞:伪指涉。这一现象似乎不详地指向某种比现象本身更具体的东西。我的面前是一幅自命不凡的贫民阶层绘画作品,乍看似乎大有深意:一只独角兽正完整地从一个蛋中破壳而出,背景是一道彩虹,和一片"黄道带"繁星闪烁的天空。而这一动物,他(她?)自己也浑身缀满星星。含意?恐怕毫无实际含意,但看起来似乎有一种贫民阶层的自满,这种自满满足了对奇特预示和暧昧的双重欲望。

【个人化饰物】贫民阶层与中产阶层都乐于为自己构思名字，并从中汲取信心。这似乎表明，用名字来表达自己，能让他们感到自己不像这个社会一样变化不定，可以随时更换。所以，这两个阶层的人们都热衷于让自己的邮购目录"个人化"。这种需要常见于那些用同样的方式获得对自己身份和价值的信心的小孩子们——"这是我的鞋袋"，"这是我的杯子和碟子"，等等。因此，通过中产阶级商品目录，你可以订购到"他"和"她"的腕表。"他"的腕表上写有"约翰"，"她"的则是"玛丽"。由于这一特色，每当你抬腕看时间时，都会感到一种欢悦，这感觉每天重复无数次：一瞥之间就能看到自己的名字，这真让人欣慰，你终于成为了一个人物。不难辨别，与那些用涂鸦污染地铁车厢并且不忘写上自己姓名和地址的赤贫阶层"艺术家"兼不法分子相比，二者的动机相差不远。至于消费着滑稽的、大批量生产的商品的人们，其精神困境我们也可以从贫民和中产阶级的这种需要中看出端倪——他们需要从商品目录中购买一种贴在汽车仪表盘上的小型仿铜牌匾，上面镌刻着：

根据（某人的名字）的要求制造

瓦尔特·惠特曼一定理解这个小牌子的全部意义。他早就敏锐地意识到，美国人对"全体"的津津乐道已经威胁到了"自我"的概念。

通过目录购买的商品，几乎无一例外地都可以进行个人化加工处理。你可以买到个人化的、标有三个姓名首字母的英国璐彩特餐巾环；你为壁炉添置的帆布原木提袋上会印有由你的姓名首字母组成的花押字（"我家专用"，跟着是醒目的藏青色姓名首字母）；你可以买到用来盛口香糖的仿金金属盒，上面刻着你的姓名首字母，以及"口香糖盛在一个刻字、金色的金属盒内会更有风趣"。某类目录为一种汽车前座坐垫做广告，说明不但你的全名会用三英寸高的字体书写，还会用引号标注——这正与贫民阶层的用法巧合；或者，这样一块摆设在壁炉前的防火地毯怎么样：藏青色，在七颗隔开的星星下方，一只金鹰上方，用哥特式字体写着你的姓氏。这是"联邦"风格？这样的风格当然有助于澄清来访者头脑中的疑惑：我究竟走进了谁家的客厅？

我不打算过多解释这种反复强调自我的做法中引人怜悯的因素，但毫无疑问，在自家客厅的时钟前方放一张"自己的"黄铜、青铜或玻璃名片，或者在办公桌上摆一块小巧精致、标有"自己"姓名的牌子，这种需要当中确实有些让人心动的东西。就事实本身来说，桌前的姓名牌是惹人哀怜的。只有汽车销售商、军官，还有其他一些对自己的地位满腹狐疑，甚至不敢确定自己有无资格拥有一张办公桌的人们，才会心仪这种摆设。也不妨考虑一下对"个人专用藏书章"的需要吧。在每本属于你的书上印下你的名字和姓名首字母，书的主人是谁当然毋庸置疑。个人专用藏书章标明的是"某某的图书馆"。自然，拥有一家"图书馆"满足了某种精神需要，就像拥有一间"酒窖"或一套房屋固定装置（炉子、水槽、水管）一样。正因为如此，你才可能邮购到标有"某某府第家酿"字样（法文，空格留待你填写"您的姓氏"）的卡拉夫酒瓶，或"为两个人准备的"酒具，除个人专用饮料瓶外，另附两只分别铭刻夫妇二人名字的酒杯。即使不时总有某个声音在悄声告诫你，到处展示自己的姓名不见得是真正有等级的做法，你仍然可以一意孤行，只需稍敛锋芒。你可以像中上阶层人士一样，他们把姓名首字母刻在旅行车车门上，或让它们隐现在游艇的信号旗上；也可以订购一种图坦卡蒙风格的银质涡卷饰，仍标上姓名字母，但却是用的象形文字，适于佩戴在项链上："让它使你更有生气，因为它与一位埃及君王有关。"把饰板摆在厨房里充当抚慰剂的家庭主妇们，则可以投资一种石质馅饼托盘，上面写着"凯伦的手工馅饼"（任何名字都可以），有人可能要流泪了。顺便提一句，如果你想知道中产阶级认为孩子取什么名字才显得有地位，只消观察一下孩子们铅笔上印的名字，你的见识就会大有长进，它们会让你想起英国浪漫派文学的旋律。女孩儿可以叫史黛西或金柏莉；男孩儿则可以叫布莱恩、杰森或马修。《权威预科生手册》通常极少出错，但也有瑕疵。它竟然认为，无论你用任何方式处理姓名首字母和由姓名首字母组成的花押字都是有等级的做法（也许本意是讽刺，但我可不这样认为）。无论哪个等级的人们展示由自己姓名首字母组成的花押字，我们都有必要像辨别暗纹一样用心辨别其自身的重要性，而他想吸引观众注意力的需要倒是凸显无疑。其实，如果你确实是位中上阶级人士，你的签名只应该出现在支票簿上！（无法辨认的）亲笔签名下方再附上打印的姓名。

对美国人来说，个人化并非必不可少，但通过商品目录购物却似乎能使他们实现这一点。并不是因为他们需要这些商品，而是因为他们需要通过购买行为来实践有关选择的幻梦。

邮购释放了有关权力的幻梦，并且还无须冒险与那些可能会质疑你权力的人碰面。邮购不需要的物品这一举动，隐秘地重新验证了凡勃伦所谓的"明显是出于挥霍和敬意的消费，却带来了精神上的收益"。在特定的情绪中，当我们扪心自问自己想做什么、我们的价值是什么的时候，我们都是在仿效"朝圣者比利"[1]的母亲。"跟大多数美国人一样，"库尔特·冯尼格特说，"她一直在尝试建立一种生活，即找到她从礼品店买到的每一样东西的意义。"

---

1 库尔特·冯尼格特同名小说里的主人公。——译者注

第六篇

精神生活
THE LIFE OF THE MIND

【大学】鉴于美国是个如此年轻的国家，根本没有一个世袭的等级和封爵制度，也不存在王室加封荣誉的传统，甚至连一条众人皆知的可以往上爬的社会阶梯也没有，因而同其他国家相比，美国人更加依赖自己的大学体系，指望这个机构培养人们的势利观念，建立社会等级机制。在别的国家，人们不仅仅依赖大学来实现社会地位，还有其他的传统途径。而在美国，尤其20世纪以来，只有高等院校这样的组织，可以成为实现所有最高荣誉的来源。或者说，受高等教育至少是实现地位追求的最佳途径。

我曾听说过一个人，在名校获得一个学士学位、一个硕士学位和一个博士学位，为的就是日后人们简单的一句话："他可是一路从耶鲁学出来的啊！"毫无疑问，在美国，这句话的确能使人推崇备至。不管怎么说，这样被授予社会地位，并非基于什么令人讨厌的差别标准，而是千百年来人类社会流传下来的硕果。

只要想想汽车后窗的大学标贴，你就会明白我的意思。正如我们经常看到的那样，人们居然会向人炫耀即便不那么知名的学校，仿佛这样一来就可以给他们的身份增添神圣感似的。这样做的结果是，由于每个人都以自己受过教育的高等学校为荣，大学的声望早已高过教会了，比如没有人会在他的后车窗贴上"密歇根州休伦港圣名慈善会"，或者"埃尔迈拉市第一浸礼教会"之类的标贴。一想到所有的人都在仿效这个做法，不用说，你就可以计算出当今高等院校和学术机构享有的荣誉了。

不过这样一来，当哪个机构一心想要牟利，或是想通过歪门邪道和欺世盗名来拔高自己的社会地位时，就无不把自己装扮成一所学术机构。《纽约时报》每天不仅刊登高尚的教学方法之类的东西,而且还有它的"每周新闻有奖问答",就好像它真的是在从事教育事业似的。其他的报纸也会一本正经地刊登以下内容,比如在《时代周刊》1982年11月2日版面上可以读到:"有一篇文章……星期六错误地报道了魔方的全部可能性。而事实上,魔方正确的可能性是43252003274489856000。"

同出一辙的是那些经纪人、掮客和房地产商,他们也举办所谓的"研讨会"。连华盛顿那些最为露骨的院外游说集团[1],尽管众所周知是在从事贿赂和施加压力的各种活动,也喜欢自称为研究所,仿佛它们是普林斯顿大学高等科学研究所,或是宾夕法尼亚大学当代艺术研究所似的。不言而喻,我们在这个国家的首都华盛顿还会发现诸如烟草研究所、酒精饮料研究所、松脂油与食用油研究所等,不一而足。有些所谓的"研究所"甚至还堂而皇之地设有"讲座教席"和"教授"职位,由于某个资助者在一份杂志上的声明,我们偶尔得知,一个不学无术的家伙竟拥有"美国企业研究所德威特·华莱士[2]传播学讲座教授"的职位。

随处可见的是,为了提高社会地位,所有的阶层都把自己紧贴在大学、学术团体、"科学"等事物上。诸如此类的什么都可以,但绝不能是商业、制造业和"市场"。有例为证,摩根图书馆为了招徕项目资助者,便授予他们"研究员"(Fellows)的称号,而不是捐资者(Donors)或资助者(Benefactors)。而且

---

[1] 不是一个真正意义上的组织或者团体,而是游说者的总称,被利益集团指定为代表,向政府施加影响,使政府的公共政策符合该集团利益的人。——编者注
[2] DeWitt Wallace(1889—1981),美国《读者文摘》杂志的创刊人。——编者注

还根据捐钱的多少分成各种等级，最高的级别是"终身研究员"（意思似乎是说你可以享受大学教授终身制的地位，或者能在当地的墓园里受到永久关怀）；下一个级别是"荣誉研究员"；再下一个是"常年研究员"；最后才是普通的"研究员"。

美国的学院和大学享有的荣誉如此之高，以至它们容不得任何批评和忽视，至少从20世纪40年代以来便是如此。因为有GI法案[1]，它们被作为战后公共福利制度中的最高智力部分贩卖给了大众。这些年来，除了很少的一些人，比如20世纪50年代的参议员麦卡锡和六七十年代的激进学生，没有人敢于大胆地指出大学的种种弊端和妄自尊大。其结果是，对大学的这种极为荒谬的偏爱非但没有受到责备，反而大行其道，因为谁也不愿意冒被指责为"反智主义"的风险。这么说仿佛意味着，知识仅仅是一种和其他物品差不多的普通商品，它不应该只被少数几个高等学府所拥有。如果有人试图积极地把大学分为三六九等，必然激起一种特殊的惧怕和愤怒。指向美国大学里的等级制度，对许多人来说，就像指向日常生活中的等级制度一样令人恼火。

有意思的是，人们对爱德华·费斯克（Edward B. Fiske）1982年所著的《1982—1983年度〈纽约时报〉美国大学选择指南》的反应。美国全国自称是四年制教育和可以授予学士学位

---

[1] 全称是《1944年服役军人重新安置法案》，美国国会于1944年颁布。该法案规定：联邦政府对在"二战"期间服役超过90天的退伍士兵提供必要的经济资助，根据其服役时间长短和职位等提供一定数额的退役金、教育训练补助金、失业救济金和住房贷款等。《GI法案》的颁布，促进了美国高等教育的大发展。——编者注

的学校大约有二千多所[1]，据费斯克估计，任何一个有头脑的人都清楚这个数字水分不少，其中像他们自己说的那么好的学校怕是不多。在一个"研究机构"失去其意义的世界里，"学院"也会失去意义，这显然是个合乎逻辑的推断。费斯克因此着手统计"最好的和最有价值的"美国大学，并得出总共只有265个的结论。为了对这些学院的教育质量进行评估，费斯克根据学术质量、社会影响和"生活素质"等方面的要求提出了一套从五星到一星的评级标准。

根据这个标准，他把五星级评给了阿姆赫斯特学院、威廉斯学院、哈佛大学、斯坦福大学、史密斯学院，以及其他一些在学术质量上大体与评定烹饪等级的《米其林指南》最高三星级标准相当的学校，这些学校在教育上的质量相当于一个人在烹饪上达到"法国国家最佳烹饪"水平；紧接着，他把四星级授予了伯洛伊特学院、鲍登学院、艾奥瓦大学、范德比尔特大学，和其他一些大致与《米其林指南》由于"出色的餐桌"获得二星烹饪级别相当的学校；他授予三星的有米尔斯学院、科尔比学院、新罕布什尔大学和康涅狄格学院，以及其他一些相当于《米其林指南》由于"规范餐桌"而定为一星级的学校。

当他用比较的方式无所畏惧地剖析整个美国高校景观时，费斯克无法忽视的是，某些学校在学术质量上比三星级的学校还要差。像任何一个诚实的评论家一样，他只好从其他方面来进行评判，比如藏书量，或是学校剧院的水准，甚至校区里餐

---

[1] 这是作者1984年再版此书时的统计数字。据统计，目前美国共有可授予学位的大学三千余所。——译者注

馆的质量，他按照这些方面的评判给出了级别。二星的学院包括新奥尔良的泽维尔大学、塔斯基吉大学、坦普大学、塞顿霍尔大学、圣路易斯大学、罗得岛大学，以及俄亥俄卫斯理安大学。还有些大学，如果从学术质量上评估，费斯克发现只能给它们一星，比如像图尔萨大学、俄克拉荷马大学、内布拉斯加大学。不管怎样，这些大学在一定程度上都有一些值得夸奖的地方。但是我们发现费斯克在以下的几个州连一个在学术质量上值得一提的学校也没有发现：内华达、南北达科他（这两个州共有20所大学）、怀俄明、西弗吉尼亚（这个州有17个学校候选）。同样，理查德·尼克松获得优异成绩的加州怀蒂埃尔学院和罗纳德·里根的母校伊利诺伊州的尤里卡学院，也不值一提。

任何对大学作出的哪怕是中肯的评价，都会引起轩然大波。我们可以设想内华达、怀俄明、南北达科他和西弗吉尼亚诸州的州长们会下令对费斯克的恶毒诽谤群起而攻之，大声谴责这个偏执、有眼无珠、假充内行、维护东岸既定权力的费斯克（他是《纽约时报》教育版的编辑）存心蔑视西部，而且性格上的相应缺陷使他根本不适合待在报社的批评部门里。在他们的领地内发动宣传攻势推广他们的州，是州长们长期以来的重要任务之一。看到州长们拼命维护其领地的教育荣誉，我们大可不必感到吃惊。但是，我们想不到一个执教于某个级别较低的学校的教授会对费斯克发动攻击。因为我们假设一个教授还是懂得批评的性质的，知道批评构成观点，而且观点越多、越激烈、越活跃越好。由于你的大学被某家报纸的雇员判低了等级而卷进公开论战，说明你干的是公共关系而不是与知识有关的事情。更要不得的是，这简直是在暗示，你对自己执教的学校的社会地位也没有多大信心。

我这里指的是大卫·贝内特先生，他是锡拉丘兹大学的历史学教授。无疑他希望自己执教的大学在学术质量上被评为五星或至少是四星，可是他却发现，费斯克竟然只给了锡拉丘兹大学二星，这使他大惊失色。评定这个级别一部分是基于学生们填写的调查问卷，另一部分基于对学生们的个人访谈。根据学生们提供的信息，费斯克写道："文理学院的文科和理科课程混乱不清"，"授课班大而无当"，"注册登记一团糟"，"图书馆资料不足"，"录取标准看上去并不严格"，以及"大学体育队异常庞大"。同时，费斯克还发现，大多数教学工作是由研究生助教担当的。受访的学生们几乎没什么道德感，他们告诉费斯克："甭管是谁，只要付学费都可以进来。"面对这么糟糕的调查结果，费斯克于是给了这所大学二星。然而，贝内特教授的反应不是去纠正这些不足，例如整顿注册混乱，或是改革助教的课程安排（这是全美普遍存在的不光彩现象），而是去责怪费斯克对学校弊病的揭露，并对这个在他看来不过是坏消息传播者的人横挑鼻子竖挑眼。他写了一封信给"坏消息传播者"的老板，《纽约时报》出版商阿瑟·奥茨·索尔兹伯格，信中抱怨"世界上最受尊敬的一份报纸在社会和文化上的权威"被费斯克"值得怀疑的野心"滥加利用了。他在写给索尔兹伯格的信中还说："如果不是挂了贵报的名字，《〈纽约时报〉大学选择指南》就会被人当作一个可恶的玩笑丢弃。"

对于这一事关锡拉丘兹大学名誉的事件，同时还牵扯到爱德华·费斯克通过调查得出的、使大学蒙受伤害的级别这样的重大问题，阿瑟·奥茨·索尔兹伯格阐述了自己的观点。他忙不迭地向贝内特教授保证，费斯克的书已经被修改，修改内容马上会在最新的版本上反映出来。不过，在他的回复中，索尔兹伯格接着称赞了费斯克和他的助手们，要人们注意这个体现了大量专业查询的、公正真实的报告。但他最后还是指出，尽管如此，他还是作出了费斯克的书"将来重印和再版"时，不会再用《纽约时报》的名字作书名的决定。我猜想，索尔兹伯格声明将来会让报纸和书名脱钩，无疑是在向人表明，从职业度上讲，一个"高级"文化机构不大可能去批评另外一个"高级"文化机构。

整个这件事，使人了解到学术机构已经获得了多么巨大的荣誉和地位，使人明白了它们对轻视和批评的敏感，以及它们对荣誉的近乎嫉妒的渴求，对地位降低的极端敏感，这些正说明了大学就是我们这个时代替代了过去骑士甚至绅士的阶层。费斯克真正令人恼火的地方是他用的"选择"一词，本是温文尔雅的机构，他却嘲弄说，好像随便一个什么东西说它自己是一所学院或是一所大学，它就真的是了。他招惹的麻烦说明，"他可是个大学毕业生"这样的话很多年前也许有相当的分量，但是今天几乎没什么意义了。其实在 20 世纪 50 年代，情况就已经变了，人们为了谋求社会地位而蜂拥进大学去读书，结果压倒了金钱观念。"金钱"这个词没什么变化，而现实已经极大地改变了。

有种假设被深深织入了美国神话，那就是：有一张大学文凭就意味着某种成功，而不问是从哪一所学校得到的。这种神话很难破灭，甚至在与美国高等教育的复杂的等级制度发生冲突时，也不会消失。举例说，直到 1959 年，万斯·帕卡德在他的《社会地位的追求者》(The Status Seekers)一书中仍然相信这样的观点：一张大学文凭，足以表明某人属于"文凭精英"的阶层。其实大谬不然。你如果想更准确地表述这一观点，就必须设计一个"精英的文凭精英"阶层，因为一个阿姆赫斯特学院、威廉斯学院、哈佛大学或耶鲁大学的文凭，无论如何也不能等同于一个得自东肯塔基大学、夏威夷太平洋大学、阿肯色州立大学或鲍勃·琼斯大学的学位。当帕卡德说："一个上过大学的姑娘同一个没上过大学的姑娘相比，嫁给上过大学的丈夫的概率高六倍。"他显然混淆了事实，因为这种说法的致命错误在于，它忽视了这样的现实：某个毕业于达特茅斯学院[1]的家伙几乎不可能娶一个从佛罗里达劳德代尔堡的诺瓦学院毕业的姑娘。甚至到了1972年，帕卡德还在大谈特谈他为之陶醉的平等观点，可他犯的还是同样的错误。在《陌生人的国家》(A Nation of Strangers)中，他喜滋滋地说："1940年，大约有百分之十三的适龄青年进了大学；到了1970年，进大学的人已经达到适龄青年的百分之四十三。"其实根本不是这么回事。上大学的人的比例还是百分之十三左右，另外百分之三十的人所上的不过是被称为"大学"的学校罢了。这些可怜的孩子和他们的父母一直在上演永恒不变的美国式追求，不过他们追求的不是知识，而是尊敬和社会地位。爱德华·费斯克提出的"选择"信息，恰恰表明真正进了大学的年轻人数目，将总是保持在百分之十三左右，其他人只是在追求更高的社会地位。

　　置身于美国高等教育的环境中，我们马上就会发现，万

---

[1] 美国常青藤大学之一。——译者注

斯·帕卡德不是唯一被欺骗性语义蒙骗了的人；被愚弄的人到处都是。在约翰·布鲁克斯的著作《美国的炫耀》中，他也赞成那种比较令人舒服的说法。他划分出"两种基本的美国人阶层：上过大学的和没上过大学的"。可是在今天的高等教育领域里，只有区别从真正的大学毕业还是从所谓的"大学"毕业才是有意义的。

理查德·伯耶和大卫·萨瓦乔在他们卓有见地的《地区估评年鉴》里评价一所中学时说："高中毕业班的大多数学生都能上大学，这没有什么值得关注的。关键问题是：他们被哪些学校接受了？是一流的大学和学院呢？还是那些入学要求很低的学校？"今天，处境最糟糕的社会阶层中的一支，就包括20世纪50年代和60年代拼命"进大学"的那百分之三十。尽管他们认为自己已经进了大学，却发现他们社会地位低下的状况并没有得到根本的改善，不仅在知识上、艺术上和社会地位上，在经济收入上也是如此。在《美国的社会阶层》一书中，科尔曼和雷沃特发现，进一所好大学，或者照我的说法是真正的大学，可以使一个人的收入增加百分之五十二，而进一所费斯克选出的五星级货真价实的大学，收入可以在那基础上再增加百分之三十二。他们还发现，如果你毕业于一所"不可选择"的大学，也就是费斯克礼貌地没有提到的剩下那1782所学校中的一所，那么你获得的就是"无收入优势"，完全无收入优势可言。

某些时候，中产阶级和贫民阶层都看穿了学院的骗术（原谅我这么说），可惜常常太晚了。我认识一个女人，她毕业于一所学术要求不高的大学，而且成绩中等偏上。当她开始在纽约这个竞争激烈的地方工作时，受到的只是同事们"不当回事"

的粗暴对待。她鼓起勇气（我称之为蛮勇），写了一封信给她的大学校长，就她所遭受的不公正狠狠地抱怨了一通。不过，人们就是明白了"大学与社会地位"这一伟大的骗局，也通常不说出来。这是一种埋藏在内心深处的疼痛，觉得什么地方出了错，却不知道错在哪里，而当事人通常会因此受到很深的伤害。正如一个人告诉科尔曼和雷沃特的，进入某个不入流的学校证明了如下事实："本来进大学是为了受到尊敬"，而在那里待了四年以后他发现自己全然没有受到更多的尊敬，因为他上的是一所没名气的大学。尽管进大学的门是敞开的，但像保罗·布卢姆伯格观察到的，真相是"现存的教育体制已经成功地取得了上层阶级的好感，因此变成一个再造等级结构和不平等的工具"。一个原因是，上层阶级的孩子上大学的比例前所未有地高，而且他们上的一定是好大学。比如他们上斯沃斯莫尔学院，而贫民阶层的孩子上匹兹堡的卡尔罗学院。其结果是，中上层阶级司空见惯的事，却会使中产阶级和贫民阶层瞠目结舌。"那些刚来的、精力充沛、不断追求上进的人，"伦纳德·赖斯曼写道，"在攀登社会阶梯的战斗中已经汗流浃背了，却突然吃惊地发现，通向被上层社会完全承认和接受的门仍然是关着的。"当然，玩世不恭的人会说，这一制度的目的就是为了在向所有人开放高等教育的美丽幌子下，稳定阶级之间的严酷界限。

一个如此明目张胆的社会等级骗局是如何完成的？它是蓄意的还是偶然的？这件事基本上是在肯尼迪和约翰逊执政期间发生的。具有讽刺意义的是，我们所说的欺骗正是在欢呼"开放教育机会"的幌子下大行其道的。如果某件商品供应充足，通过简单地付钱就可以买到的话，这个计划就会成功。可遗憾的是，知识、学习和求知欲比想象的要稀罕得多，你不能只是宣称说"你正在和我交流"，就能轻而易举使一个人真正同你交流。教育机会的开放依靠的是一个语言膨胀过程，一个"升级"的办法，也就是把数不清的普通学校、师范学院、地方神学院、贸易学校、商业学校、文秘学校的名称和地位提高到"大学"，授予它们一个身份，而实际上它们根本不具备办大学的条件，甚至懂都不懂如何办。这个过程和高中毕业生最终被一股脑塞进大学没什么两样。此两种办法可以统称为"自然提升法"。

20世纪60年代所发生的一切，简单讲就是在这个国家司空见惯的一个变本加厉过程，膨胀、浮夸、狂妄自大。这一点清楚地在70年代一个公民喜出望外的表达中体现出来："英国有2所大学，法国有4所，德国有10所，而俄亥俄一个州就有37所。"这里每一所学院都想成为一个大学，就像每一个雇员都想成为"管理者"，而每一个管理者又都想当上副总裁一样，简直就像天经地义的事。

结果呢？全国的州立学院和师范学校一下子都命名为大学了，而且它们怀着甩掉贫困这一世上最良好的动机放手干了起来。南伊利诺伊州立大学就是一个很好的例子。尽管它地处伊利诺伊州的卡本代尔，是一个既没有学术影响又没有文化传统的穷乡僻壤，以前只不过是一所师范学院，但是现在竟招收了二万六千名学生，而且还有自己的大学出版社。真实情况是，绝大多数获得南伊利诺伊州立大学颁发的学士学位文凭的学生，还在从事教育领域里的工作，这是一个再明确不过的、曾经是师范学校的标志。同样的情况也适用于几百个其他学校，像波尔州立大学、肯特州立大学、怀特州立大学（在俄亥俄州的德顿城）和北艾奥瓦大学。观看过最近一场全国篮球锦标赛的许多电视观众一定像我一样，对与北卡罗来纳大学比赛的詹姆斯麦迪逊大学的身份疑惑重重。这所学校位于弗吉尼亚州的哈里森堡，不久前还是麦迪逊学院，一所平庸的师范学校，现在它听上去似乎被提高到了一个可以与英国牛津大学和法国索邦神学院[1]平起平坐的地位，可它的专业还是集中在小学教育方面，而它的新生在学术能力考试中的语言能力分数，位于大学入学平均分数线之下，男生 455 分，女生 463 分。查一查全国篮球大赛上没有参赛的大学，也许可以顺便（并非完全不可信）得出一个学术质量高的学校指南。起码可以通过追踪那些总是出现在大赛中的球队得出相反的结论，比如代顿大学、德保罗大学、弗吉尼亚理工学院、怀俄明大学（还记得费斯克对怀俄明大学的调查发现吗？）、薛顿贺尔大学，还有布拉德利大学。体育节目评论员称这些大学为"学校"（他们会说"某某是个篮球极棒的学校"），对此类机构的这种称呼一般比各州政府准确得多（正是各州政府赋予了它们大学的地位）。至于私立学校，我们有新泽西州的费尔莱迪金森大学。20 世纪 40 年代以前它是一所两年制学院，实行 GI 法案以后，退伍军人的钱极大地刺激了它的发展。再者，西雅图一所商业学校从学院到取得大学地位，中间只用了短短九年。这所创建于 1972 年的城市学院，1982 年宣布已经成长为大学。可悲的是，世上有许多无辜的人会真的相信这家学校是一所大学。

---

[1] 巴黎大学分校之一，又称巴黎第四大学，是历史悠久的名校，2018 年与巴黎第六大学合并为索邦大学。——编者注

有时，这些学校的诞生和被人认可，是通过下面的推理实现的：如果世界其他地方的大学都是根据所在地进行命名，比如牛津和剑桥，如果存在着像巴黎大学和伦敦大学这样的机构，为什么我们不能把自己的学校也标在地图上，发明出诸如埃文斯维尔大学、达拉斯大学、休斯敦大学，或者路易维尔大学之类的学府，并且神气地授予它们同样的地位呢？一个地方没有学习精神有什么关系？人们不知道求知欲和钻研有什么关系？如果知识分子的严肃精神和高深思想只能引起别人的紧张不安，要它们有什么用呢？

把"学院"提高到"大学"，这种做法和美国人长期形成的习惯颇为一致，即人们习惯用增加词的音节的办法来抬高对一件事物的描述。例如，学院（college）只有两个音节，神学院（seminary）也只有四个音节，可是大学（university）有五个音节，再加上以示区别的名字，就有了下面的：

阿拉巴马蒙特瓦罗大学

阿拉巴马桑佛德大学

加利福尼亚西海岸大学

加利福尼亚伍德伯里大学

上艾奥瓦大学

肯塔基特兰西瓦尼亚大学

北卡罗来纳萧尔大学

俄克拉荷马卡梅隆大学

俄克拉荷马菲利普斯大学

得克萨斯中西大学

得克萨斯泛美大学

以上这些例子不过仅仅擦着了一点皮毛而已。这些学校中的许多，是从以福音布道者名字命名的小教会学校起家的，然后再把自己提升为一个神学院，接着再更其名为"大学"。当然，这些学校远不是最糟的，还存在大量比这种学校地位还低的东西，它们才是真正的底层。那里人们听也没听说过大学，只知道明目张胆地欺骗，用钱买一纸伪造的博士文凭和个人简历。由于在这个国家办一所大学如此容易，顾客必须始终保持高度警惕才成。甚至在首都华盛顿特区，都有一所叫作玛赫西国际大学自然法学院的学校。事实上有钱人和穷人一样容易上当受骗。最近看到一所学术上根本没听说过的东北部的大学，它的学费每年（1980年）为7100美金，名列美国最昂贵学校的前十位，真让人震惊，居然与耶鲁、麻省理工学院、斯坦福、普林斯顿和哈佛等学校并驾齐驱。

想弄清楚这些名不见经传的学校如何落地生根，又如何变得名声远扬并不太难。在我住的地方不远处，有一大块地，不知怎么逃脱了被用来建造大片"花园公寓"的命运，除了中间有几栋建筑外，到目前为止还有很多地空着。多年以前，路边有块牌子，标明那些建筑属于"康索拉塔神父"所有。过了几年，一座带拱顶的大砖建筑开始拔地而起，与毗邻的一栋建筑连在一起，看上去很像一个学生宿舍区。现在牌子上写的是"康索拉塔传教会"，人们担心很快又要有大动作。我这样预见下面将要发生的事，而且会很快：又有几栋建筑将要竣工，而且一座气派的大门就要出现，上面将大书："康索拉塔学院"。

▽ 20世纪50年代以来常见的情景。

地下的牌子上写着"学校";门上的牌子上写着"学院";两人抬着的牌子上写着"大学"。——译者注）

几年之后，有了更多的建筑，招牌将在一夜之间更名为"康索拉塔大学"。那时，这个机构就可以证明它的称号名副其实了，因为它有了自己著名的橄榄球队、鼓乐队、团体操队，以及随处可见的轮椅坡道和为残疾人设立的特别课程。接着将会有花样繁多的海外课程：康索拉塔巴勒莫分校、康索拉塔库萨达斯分校、康索拉塔海德拉巴[1]分校。然后，在你还没有听说过它之前，就会在《纽约书评》上看到康索拉塔大学出版社出版的书籍，有着《结构主义与乔治·艾略特的悖论》《萨缪尔·约翰逊

---

1 巴勒莫是意大利西西里大区首府，库萨达斯是土耳其的一个港口小镇，海德拉巴是印度的第五大城市。——编者注

写作中缺少的马克思主义维度》一类的书名。然后，康索拉塔大学将一本正经得像其他大学一样，于是再不会有人把它当作昙花一现的笑谈了。

由于水平可疑的低等大学正在不断增加，使得少数顶尖学校作为学术机构的等级标准更显必要和有价值。它们在大学的总体中是少数，课程设置遵守学术自由原则，因而比较令人放心，学术标准也更有保障。正因为它们顽固的不妥协特点，因此才能经得起比较。这点可以从你在新英格兰和东部各州人们常说的一句话中得到佐证："他上的学校可不是常青藤[1]的。"不过顶层阶级大体上是在大学之外的，因为他们并不需要这枚等级徽章。我们可以说，他们对子女的期望就像道格拉斯·萨瑟兰所说的英国绅士，他们的子女"被指望在一切方面都循规蹈矩，学业优异通常不被看作是一个区别于常人的标准。此种态度完全和这个阶层从来不去赚钱的清高相辅相成，他们只喜欢以业余身份做事情"。从事任何职业性的工作都是丢人现眼的。因此，萨瑟兰说，"一个绅士绝不在汽车里朝他的仪表盘下面看，因为他对引擎一无所知。"由于数不清的理由，看不见的顶层和上层阶级经常把他们的孩子送进水平可疑的学院，部分是出于心甘情愿的无知，部分是以守为攻，知道他们的孩子进不了好学校，再就是出于沾沾自喜的怪僻和固执。科尼里斯·文德比尔特·惠特尼再次证实了这一心理。他的女儿和他女儿的

---

[1] 常青藤联盟由美国东北部八所名牌大学组成，包括哈佛、耶鲁、普林斯顿、哥伦比亚、布朗、康奈尔、宾夕法尼亚和达特茅斯，后成为美国名牌大学的代称。——译者注

朋友们上的不是瓦萨学院或者卫斯理女子学院[1]，甚至也不是东北大学或惠顿学院，而是佛罗里达的博卡拉顿学院（现名林恩大学）。而他并不觉得这有什么反常，他还故意说他和他的妻子非常喜欢去安柏瑞德航空航天大学转悠，"去年12月份我在那里取得了荣誉博士学位。"他接着说，在那里吃午饭的时候，"人们把我们介绍给其他人时都称惠特尼博士和惠特尼博士，这后一个是说我夫人玛丽，她已经被瑞士莱辛美国学校授予了人文博士学位。"

另一方面，历史悠久的好学校，像普林斯顿和耶鲁，常被像斯科特·菲茨杰拉德[2]和约翰·奥哈拉这样典型的中上层阶级和中产阶级美国人用来作为社会地位的标志和证明。他们俩谁也没能从他们选择的顶尖大学毕业，奥哈拉甚至都没去上他本可以去上的耶鲁大学，他终生都在翻阅1924年的学校年鉴魂牵梦萦着这件事。这二位都把他们的大学提到了神圣的位置，或者把大学看作一个可以通过归属感救赎自己的神圣会社，而且肯定都会把他们最崇尚的学校标志贴在他们的汽车后窗上。像大多数中产阶级一样，他们俩都是"team player"[3]，除非归属于某一团体，否则他们很难想象自己的身份。

好学校所包含的社会影响力，在菲利普·罗思[4]的《再见，哥伦布》(*Goodbye, Columbus*，1959年)中有很好的记述。书中

---

1 前者为，位于纽约上州的著名女校；后者为，位于波士顿附近的著名女校。——译者注
2 美国著名小说家。——译者注
3 意为有合作精神并依赖于团队的人。——译者注
4 Philip Milton Roth（1933—　），美国小说家。——编者注

的主人公在回忆时，对比了贫困的纽沃克的街道和中上阶层聚居的绍特黑尔的街道，后者都是根据名校的名字命名的，像阿姆赫斯特、鲍登、康奈尔、达特茅斯、哈佛等等。《社会名流纪事》杂志发现，由于如此经常地提到同样的那些学院，为了方便工作，不得不使用一张缩写字母表。常青藤联盟的学校当然都在上面，不过也有霍巴特学院、利哈伊大学、纽约市立学院、伦斯勒理工学院，以及拉特格斯大学。可以确信，如果不是中上层和中产阶级的顽强记忆，常青藤学校的荣誉早就在普通大众中销声匿迹了。如果今天有两条船往来于旧金山和洛杉矶之间，经营它们的公司不太可能像半个世纪以前那样，用耶鲁或哈佛来为船命名，以使它们更上档次。

可是，常青藤学校对中上层阶级依然发挥着一种不可抗拒的号召力，如果你没能去读它们，最好是远离它们，而且要有相当的距离，除非你碰巧就住在剑桥城、纽黑文、普罗维登斯、汉诺威、普林斯顿[1]一类的地方。推迟了上常青藤学校雄心壮志的人，正是居于更上层的阶级。正如 C. 赖特·米尔斯观察到的那样，"去读哈佛或耶鲁或普林斯顿已经不算什么了，只有去读那些排外的寄宿制预科学校才真正算数。"除非一个人上过霍奇基斯、格罗顿、希尔、圣马克、安多福、埃克塞特，或者米尔顿等预科学校[2]，不然拼命往常青藤学校里钻的做法从社会角度讲都像是一种浪费，因为他们还是得不到上等人的地位。独具慧眼的《大学预科生手册》(*The Preppy Handbook*)知道，上一

---

[1] 分别是哈佛大学、耶鲁大学、布朗大学、达特茅斯学院、普林斯顿大学所在地。——译者注
[2] 均为美国以收费昂贵著称的预科寄宿学校。——译者注

所好的预科学校有多么重要,特别是一所有实力把学生"喂"进常青藤的预科学校。选择正确的学校是关键,因为"尽可能上最好的(学校),那样,你就可以在挥动手帕告别或拍打着胸膛唱某首歌的最后一节之后一劳永逸了。""仅有成功还不够,"戈尔·维达尔[1]说,"还必须有人失败。"光有一个威廉姆斯学院还不够,还必须有一个南密西西比大学来衬托前者的价值,这样,双方才能在伟大的美国高校等级体系中扮演各自的角色。

很滑稽是不是?无可置疑,美国人出于令人厌倦的地位竞争目的,必须依赖高等教育体系。同样滑稽的是,为了维护这一目的,必须有像贝内特教授之流的人跳出来保卫中上层阶级的尊严和荣誉,使其免遭揭露和诋毁。如果这类事还带有喜剧性,那么其他一些事情一点也不滑稽。由于这些大学在分配社会荣誉上拥有不同凡响的力量,为了获得社会地位而进行的旷日持久的厮杀,给人造成了巨大的心理伤害。为了社会地位而碰得头破血流、希望破灭的人,在高校校园里比比皆是,可能比在任何其他地方都多得多。不光是那些有进取心的学生,也包括那些本来计划要进哥伦比亚大学,到头来却被俄亥俄卫斯理安大学录取了的孩子们。

甚至教授们也是如此。我虽然从来没听说过有哪个教授,由于没能在"最优选择"的大学执教而被迫去了一个"高优选择"或仅仅是"值得选择"的学校,导致失去社会地位而自杀或杀人的。但我知道有许多大学教师被羞愧和对自己无能的负疚所摧垮,并且从那时起,怀着苦涩的心情把他们的一生倾注

---

[1] Gore Vidal(1925—),美国著名当代作家,擅长非虚构性的写作。——译者注

到对社会地位的忌恨上,而不是用在培养智慧和做学问上。无论对于学生还是老师,美国的大学和学院就是贵族沙龙、王室接见会、封建朝廷的现代翻版。任何不明白这一点的人,都应该更努力地研究研究这一现象。实际情况是,尽管根据宪法,这个国家没有哪一个机构有权授予贵族头衔,但大学似乎是个例外,或者它们干的很像这类事。

【读物】无论你进的是一所好学院还是坏学院,是一所好的还是坏的预科学校或高中,你读的几乎就是一块阶级招牌。"那些读书和写书的人与那些不读不写的人之间的区别本身,"汤姆·沃尔夫[1]说,"承担着一个伟大的社会分层意义。"而且你是否读完都无所谓。上等阶层读书的兴趣很快就会过去的。C. 赖特·米尔斯是对的,他观察到,虽然他们有时也会摊开书,但是他们根本不打算认真读,除非是关于"管理方面的书,或是引人入胜的神话和侦探小说,过完瘾就忘了"。他们爱读的杂志,准确地说,就是约翰·莫罗依所谈到的那些摆放在公司等候室里、专门传达中上层阶级品味的《时代周刊》《新闻周刊》和《美国新闻与世界报道》,或者再加上《财富》《福布斯》《商业周刊》。如果你是个作家,送一本自己的书给一个上层阶级的成员,你千万不要指望这家伙会读它。

贫民阶层的读书趣味不会耽误我们太多时间。这里受欢迎的产品是上层贫民喜闻乐见的《读者文摘》(发行量1787万

---

[1] Tom Wolfe(1931—),美国畅销书作家、记者、将文学写作手法应用于新闻报道的"新新闻主义"鼻祖。——编者注

份)、《电视指南》(1767万份),连同《纽约每日新闻》一类的日报,还有中下层贫民喜欢的《国民探秘者》《每周世界新闻》《明星周刊》和《环球周刊》这类在超级市场伸手可得的读物。这一类东西里充斥着中世纪奇迹、魔法、似是而非的科学神侃(如来自外太空的生命、体外旅行、精神胜利等)。第一眼看上去,所有这些低级趣味似乎说明了公立中等教育的全面失败,但是再仔细看一看就会发现,这些读物的编辑们常常极为老练地在事实和虚妄之间来回游戏,骗取读者的兴趣,请看这类内容:"希特勒,现年93岁,在幕后策动阿根廷对马尔维纳斯群岛的入侵"或"高级科学家与死人对话"。每星期这类刊物上大量无害的奇谈,取代了从前的婚姻预测和家庭顾问,而且还不会造成什么危害。贫民阶层的期刊只是为了满足读者的窥视欲望,还大量提供有关名流私生活的流言蜚语。关键是,就像在酒吧里对体育比赛大加议论一样,这类内容给贫民阶层的人们一种权力的假象,使他感觉到,正是他在掌握着那些大人物,或者他起码可以决定谁会成功谁会失败。尽管这些贫民读物充满了奇迹和丑闻,但我们发现,没有任何一本期刊试图刺激贫民阶层的人们起来闹事,它们的基本功能是安抚和慰藉:

咖啡和酒精可以帮助你减肥
万岁,美国(生活在美国变得越来越好,而且,将来还会更好。)

为了讨好贫民阶级的感情,他们用这种方法:先提出一个观点,然后再宣称它就是事实。有的时候,他们用勇敢的、崇高的或者关于"不朽"的好消息来取悦年老的、卑微的和懦弱的人，比如：

我没能在 72 岁时翻山越岭，但我驾船横渡了大西洋，而且独自一人。
一个佃农和他的老婆，供他们的 12 个孩子上大学。
绝大多数国会议员相信死后复生。

最后，想着这些事情，我们忍不住会产生一种没多少根据的优越感。但是别忘了，不光是贫民阶层的期刊胡说八道、无中生有，这里有一则刊登在《新共和》杂志上的广告，像这份难得的期刊的其他内容一样，应该是针对富于理性的人、自由派人士、大学毕业生和其他有识之士的：

耶稣是虚构人物！确凿证据表明，弗拉维奥·约瑟夫斯[1]创造了耶稣，还写了《福音书》。
简装本 3 美元。

在同一期上还有：

世界末日已经临近，欲购从速，随寄 1 美元。

作为读者，贫民阶层的人很老实，对高雅的东西绝不试图

---

[1] Titus Flavius Josephus（37—100），公元 1 世纪著名的犹太历史学家，也是军官及辩论家，晚年潜心研究圣经。——编者注

装模作样或附庸风雅。只有在中产阶级里，阅读品味才是一个令研究者感兴趣的话题。在这些人里，假装斯文、蒙骗、歪曲得以大行其道。上层阶级才不在乎你对他们读的书怎么想呢，贫民阶层也不在乎。没多少钱又焦虑的中产阶级是那种想让你相信他读的是"最优秀的文学"的人，"破烂""垃圾"这种谴责经常挂在他们的嘴边上。他们是那些让人读不下去、装腔作势的二流书籍的天然读者，如詹姆斯·古尔德·科曾斯、约翰·斯坦贝克、赛珍珠的作品，劳伦斯·达雷尔的《亚历山大四重奏》，以及赫尔曼·沃克、约翰·赫尔塞、欧文·肖的大杂烩倾销，还有杜兰的哲学史。中产阶级最为推崇的经典是《老人与海》，而实际上海明威简直是不得不写的这本书，因为桑顿·怀尔德停止了创作，因此留下了空白让人填补。中产阶级对迪兰·托马斯恨之入骨（吉米·卡特把他放在自己最喜欢的诗人的位置上），很大程度上是因为他朗诵诗的唱片有一种把诗歌降等的嫌疑，使诗歌变成了立体声音乐。正是在中产阶级家里，你会看到54卷本的《西方世界的伟大著作》，还有2卷本准学术的《西方大观念》[1]。因为中产阶级相信权威，所以他们是指导类书籍最大的读者群，也是百科全书的传统推销对象，在枫木壁柜里，陈列的一定是"每月一书俱乐部"的最新推荐，和个人收集品摆在一起。（如果你上的是一所不怎么样的学院，书架上就会是《文学指南》推荐的书；如果你什么大学都没上过，书架上准是许多卷的《读者文摘》合订本。）

---

[1]《西方世界的伟大著作》(*Great Books of the Western World*) 是美国不列颠百科全书公司1952年出版的一套西方经典著作丛书，共54卷。《西方大观念》(*Syntopicon*) 是丛书的前两卷。——编者注

当然了，中产阶级只热衷于读非意识形态性的期刊，比较好的像《国家地理》《史密森学会会刊》和《房屋与园艺》。《国家地理》还在封底广告上向中上层阶级推销昂贵的军校和纪律严明的训练营，好让他们把不听话和吸上大麻的儿子送去受罪。这些广告能给没能力这么做的中产阶级提供大量的想象。《今日心理学》给中产阶级一种错觉，仿佛它能紧跟日新月异的科学发展，而《纽约客》使中产阶级相信，它关心文化和优雅精致的事物，比如斯托本玻璃器皿[1]。如果贫民阶层阅读《大众机械》，上过大学的中产阶级就会看《科学文摘》。一个在自我想象上越自由的中产阶级人士，家里的某个地方就越可能有《消费者指南》。邮购商品目录的设计者们已经了解到，他们的顾客都愿意被人想象为只读属于自己阶层读物的人，因此取悦他们的办法，就是让他们在不知不觉中提高等级。比如一份典型的中产阶级邮购目录，推销一种花里胡哨的门垫，目标顾客是读《新布朗斯维克住宅信息报》的人，却在垫子上印着"《纽约时报》"的字样。同样是这份邮购目录，还呼吁人们"请把废报纸保留整齐以备回收"，而旁边的图片上是一个铁铸的报纸架，上边整整齐齐地摞着一叠报纸。你猜猜最上面的一份是什么报？《奥马哈世界前锋报》？错了，是《华尔街日报》。根据同样的道理，一份对象是上层贫民的邮购目录里，推销西式古董家具复制品的广告图片，在一把椅子旁边的杂志架上摆放的不是《家庭圈》和《田野与河流》一类我们能想到的这一阶层会读的刊物，

---

[1] Steuben Glass，美国玻璃工艺品品牌，世界三大玻璃工艺店之一，1903 年由英国玻璃制作家 Frederick Carder 在美国的 Steuben 创立。——编者注

▽各阶级喜欢往脑袋里装的东西：

中上层：
《时代周刊》《美国新闻与世界报道》《巴伦周刊》《财富》、加咸橄榄的马提尼鸡尾酒

中产阶层：
《国家地理》《今日心理学》《德国国家地理》

贫民阶层：
《每日新闻》《国民探秘者》《电视指南》《读者文摘》、罐装啤酒

而是《大西洋月刊》《纽约客》和《史密森学会会刊》等杂志。

在我们结束中产阶级阅读趣味这个话题前，不能不注意到他们的读书品味对美国人行文风格的冲击。对意识形态、见解和尖锐思想的惧怕（我们以前在他们对现代艺术的抗拒上早已领教过），是导致委婉语、文雅谈吐、行话、玩弄辞藻等现象盛行的主要原因。中产阶级对"争议性"的忧虑，使《纽约客》杂志几乎从来不刊登读者不欢迎的书评，比如会令读者难堪的、文字尖酸刻薄的、针对性过强的文章。最好是语言温和讨好，然后通过轻描淡写、意义不明和逃避等方式躲开一切麻烦。中产阶级需要的文风，本质上是大机构宣传品的风格，由一些最狡猾的大公司模仿《纽约客》杂志"城中话题"栏目的故作天真腔调制造出来。莫比尔石油公司最擅此道，它装着坦白自己的无知（莫比尔公司会说："我们也不知道……"），说着最平庸的话，以此安慰别人，仿佛不这么做就会招来精英分子的谴责。"世界不会像有些人惧怕的那样，在1982年3月10日星期三这一天走到尽头。"一个星期之后，它在一条广告里这样写道：

真实情况是，那一天所有的星球都排成朔望（syzygy）形式，意思就是说，它们都在太阳的一侧。（我们也不知道 syzygy 这个词的意思，所以我们查了字典……）如果世界在可见的未来不会毁灭，那我们为什么不把她变成一个更适于居住的地方呢？

后面这一段话提醒了我们，要想让中产阶级能够理解，陈词滥调和老生常谈是多么不可或缺。幸运地受过较多教育的人阅读是为了获得惊喜，而中产阶级阅读是为了使自己的观点被肯定。偏离习惯的语言规则，会把中产阶级搞得困窘和心烦意乱。

【圣经】中产阶级是无数圣经新译本（"重写版"的说法似乎更贴切）占压倒多数的读者。不消说，这些"新译"使我们的时代同以前相比蒙受了耻辱。值得注意的是，在所谓教育全球化普及之前，这些新版本根本不被认为有必要存在。受了如此不幸的教育的人们，不光毫无历史知识，对行文风格和习语也所知甚少，除了现代英语之外，其他任何时代的英语都会难住他们，于是中产阶级甚至要求神性也要用"容易懂的语言"来表达。假如，像诗人奥登所说，

时间……
崇拜语言，而且
原谅每一个
使它得以延续的人。

那么，中产阶级则痛恨和害怕语言。实际上，这个阶级坚持应该根据下面的例子作一个等级区分。那些喜欢

"你前往何地，我亦前往"（《旧约·路德记》1章16节）

圣经版本的人，应该和喜欢

"你去哪儿，我就去哪儿"

这种版本的人区别开。当然，中产阶级毫不犹豫地钟爱后一种。因此，由于不同的教育、不同的期望和不同的心理环境，各个阶层不仅阅读不同的东西，而且，作为这种阅读的后果，在很大程度上相信不同的东西。正是这种与其他方面的差异一样多的差异，塑造了美国，这个理查德·波伦堡[1]《一个可分割的国家》(*One Nation Divisible*，1980年）一书所定义的国家。

【观念】两个高高在上的阶层，如我们所看到的那样，没有多少观点和看法。其中很少的几个他们喜欢常说的观点是：首都一定不能被"侵犯"，西装革履绝不能被忽略。除这两条外，他们就没什么成形的信念了。他们甚至像中上层阶级那样，不相信文化。或者假如他们相信文化，也只喜欢有其他货色伴随的文化。科尼里斯·文德比尔特·惠特尼喜欢萨拉托加温泉城，因为他发现那里"有艺术和美国最棒的赛马活动"。科罗拉多的阿斯彭[2]是上层阶级的文化麦加，不仅仅因为去那里花费不菲，还因为在那里你可以同时享受到文化、风景和有闲阶级的体育运动。

中产阶级则相信许多东西。比如，他们相信便秘，认为如果你没有"每天大便一次"，就会遇到大麻烦，必须马上吃通便药，而且最好选用电视广告推销过的种类。这有点像把厨房打扫得一尘不染来避免指责一样，中产阶级也希望把他们的大

---

[1] Richard Polenberg，美国康奈尔大学戈德温·史密斯讲座的美国史教授，"克拉克杰出教学奖"获得者。——编者注
[2] 阿斯彭是全美著名的滑雪胜地，风景独特，每年举办的夏季音乐会极负盛名。——译者注

肠弄得干干净净的,别让人感觉出丢人现眼的污渍。"我正在学习肠胃治疗,"一位年轻女子告诉斯斯特兹·特克尔,"我们的消化系统并不干净。"中产阶级还坚信,一个人应该不顾一切代价成为专业人士,因为一个牙医或兽医都要比一个拿工资的雇员更有地位。他们相信穿什么也不如穿皮的,相信从旅行箱可以判断出一个人的为人,相信旅行时应该穿戴整齐。他们相信彼得·谢弗[1]是个思想深刻的剧作家,大概赶得上莎士比亚(就像达雷尔赶得上普鲁斯特一样)。而且,在观看话剧《马》(*Equus*)时,他们一定会在听完心理医生的演说后站起来鼓掌。他们还抱有某种建筑学眼光,认为林肯中心的大都会歌剧院很漂亮,包括那些金色和鸡血红色的装饰,还有所有挂着小灯泡的东西。(可以进行一项简单的测验:一个人若在听到贝多芬《田园交响曲》里的布谷鸟叫声时感情达到最高潮,他或她准是个中产阶级。)他们还相信候机大楼在等级上高于长途汽车站,以及,由于对效率和进步的迷恋,他们相信一台家庭或个人电脑就可以解决生活里的所有问题。(这是贫民阶层相信"债务合并"[2]的中产阶级版本。)中产阶级相信电器化可以解决人类的问题,这一观念在一则电视广告中大获成功:一个父亲,在他女儿的婚礼上宣布,他将送给她一台电脑作为结婚礼物。这条广告击中了观众(尤其是中产阶级)的心,可谓机灵到了家。

贫民阶层相信的东西,几乎在所有方面都比中产阶级更有意思。比方说,一个中产阶级会相信梦见的东西有意义而且可

---

[1] Peter Shaffer(1926—),"二战"后英国当代著名的剧作家。——编者注
[2] 将欠不同债主的债务合并在一起,变成只欠一个债主的债务。——编者注

以从《解梦书》中得到证实吗？他们相信铜手镯能医治风湿病吗？相信在跑马场下赌注赢一大笔钱的机会很大吗？相信官方会在军人的食物中掺入溴化物以降低士兵的性欲吗？相信苦杏素将克服癌症吗？相信"创造性科学"这个概念没有矛盾吗？相信只要"发明"了某种东西（像"反重力腰带"之类）就可以公开杀人，像一个曼哈顿旅店服务生曾对人说的那样？相信瘸子和畸形人是因为上辈子干了坏事，今生被罚投胎受罪吗？相信世界语是解决世界上所有误会的一个办法吗？相信只要和麋鹿、美国退伍军人协会或古代爱尔兰秩序联系起来，设立"妇女援助组织"就不荒唐了吗？相信把一个网球锦标赛叫作"康格里默[1]精英赛"一点也不滑稽、不古怪吗？这一切都是贫民阶层乐于相信的东西。比起中产阶级，他们显然更有趣。

看到一则Tiffany的丑陋珠宝广告，中产阶级会怦然心动。而看到某广告声称可以减轻直肠发痒或吹嘘一本关于扑克的书可以为购买者挣到"终身收入"时，贫民阶层同样会感到激动不已和满怀希望。

贫民阶级与中产阶级最大的区别，在于他们对迷信的谦恭态度。正是大多数贫民阶层人士相信建筑物不能有13层，赛车时不应用13编号。的确，恰如大数字（前面总带着美元符号）深深植根在上层和中上层阶级的头脑里，贫民阶层也喜欢数字，比如体育比赛的计分对他们常常具有重大意义，还有幸运数字和乐透奖彩票号码等。不久前，我在一个机场的报亭排队，我前面是一个贫民人士，他的老婆站在旁边不远的地方。他花了

---

[1] 一家美国公司的名称。——编者注

2.65美元买了一份杂志和口香糖，然后冲着他妻子大喊，简直是要所有的人都听见，好让人知道他是个蛮棒的运动员："记住！65是咱的（彩票）号码！"贫民贪婪地阅读占星术，经常接受星相建议。他们相信赢和输存在"运道"，是不可改变的，也相信赌博。由于相信超自然的力量可以帮助你找到丢失的东西，他们在报纸的分类广告栏里鸣谢圣安东尼的帮助。他们相信老天爷。他们还会对下面这样的直邮广告给予答复：

你需要帮助吗？你需要祈祷吗？你遇到麻烦了吗？你孤独吗？你需要源源不断的钱财祝福吗？……我要给你寄去"财富的金十字架"。如我所嘱，不要寄任何钱来。

托克维尔曾得出结论："宗教的疯狂在美国是非常普遍的。"尽管跟随他的结论走下去也许会乐趣无穷，但这对本书来说题目过大了，而且也不应该在宗教信仰的角度上讨论等级问题。不过，到最后我们不能不注意到各个阶层的殡葬行为里包含的社会分层意义。也许，上层和下层（不论以何种方式界定）的重要区别在于，冬天给人下葬时，贫民阶层的家庭会把一条花毯子盖在棺材上，好让死者暖和一点，而上层阶级压根就不会想到这件事。另一条分界线是，上层阶级举行场面壮观的葬礼，并在报纸的讣告栏里刊登动人的广告，而下层家庭则不这么做。吉丽·库柏摘录（或创作）了一段名言：

上帝带爹爹去了天堂，
那是他老人家的愿望。

但为什么会是这样,
我们依旧整日在想。

怀着最深挚的爱。永远想念您的:
多丽丝、雪伦、埃德娜婶婶和小泰瑞。

不过,最好对这类事情不要探究得太深。我们应该接受一个中西部高中生的警告,对这类话题躲远一点儿。他在回答一个正在做社会调查的社会学家时说:"没错,我们在哪儿都吸大麻。在车里,在上课前四处瞎逛的时候,甭管什么时候。可是,这并不等于说,我们不相信上帝,或者我们会允许什么人去推倒上帝。"

第七篇

"一张口，我就能了解你"
"SPEAK, THAT I MAY SEE THEE"

不论你继承了多少财富、你的工作是否可靠、你的居住条件怎样、你的外观如何，也不论你的私人车道形状和面积、你家起居室和前廊的摆设如何、你的饮料的甜度如何、你吃正餐的时间早晚、你邮购什么商品，也不论你上的学校在什么地方、你对它有多少敬畏，以及你读什么样的书报——只要你一张口说话，你的社会地位就暴露无遗了。

"一个人的言谈永远是他的家庭背景和社会地位的告示牌。"约翰·布鲁克斯针对现代美国人的生活，把本·琼森[1]三个世纪以前的发现换了一个说法。本·琼森说："语言最能表现一个人。一张口，我就能了解你。"17世纪的道理在20世纪的今天显得更具有真知灼见。因为今天恰恰存在一个尽管不为本·琼森所知但数量庞大的中产阶级，他们唯恐自己的语言冒犯了别人，因而对那些能巧妙地显露等级地位的表达方法心醉神迷，像委婉语、雅语和伪脏话，如"Golly！"（老天哪）。但我们首先应该意识到，要准确地讨论语言的等级意味是相当困难的。尤其谈论别国而非自己的等级和传统，就更容易出错。英国人H. B. 布鲁克斯-贝克（H. B. Brooks-Baker），在他最近为理查德·巴克（Richard Buckle）的《重访上层与非上层》（*U and Non-U Revisited*，1978年）一书撰写的上层、下层用语之美国部分中，就错误地理解了美国的等级用语。掌握这门专业要花费数年时间，能在大西洋两岸都保持精确的听力也绝非易事，后一点已是共识。因此，布鲁克斯-贝克所谓的"上层美国人回避

---

[1] Ben Jonson（1572？—1637），英格兰文艺复兴剧作家、诗人和演员，其作品以讽刺见长。——编者注

的 26 种表达方式"便显得错误百出。

例如,他告诉我们非上层人士才说"affair"(活动),而不说"party"(派对)。可任何阶层的美国人都明白,这两个词完全不搭界,讲的根本就不是一回事。"affair"是指商业性的饭局,比如沉闷的聚餐会和招待会。如果你打算玩个痛快,你不会去参加"affair",而是去参加"party",除非你是去进行"love affair"(偷情)。布鲁克斯-贝克还告诉读者说,贫民阶层才把钱说成"folding stuff"(折纸)。不对,这是个已经老掉牙了的俚语。今天的人们常说的是"mazuma"和"green backs"(绿背)。贝克还认为,美国的贫民阶层把上层穿的"tuxedo"(燕尾服)说成"tux"(礼服),他又错了,上层人士会认为这两个称呼都是低层用语,他们说"dinner dress"(晚餐服)甚至"black tie"(黑领结),这是等级更高的人们的用语。即使是在把我们这位英雄从他的"燕尾服活动"(tuxedo affair,即black-tie party,黑领结派对)送回家的交通工具上,贝克也犯了错误。贝克坚持认为,贫民阶层会把这种车说成"limo",而上层人士说"limousine"[1],他都错了。事实上,贫民阶层说"黑色闪光的大凯迪"(有时候则是"凯迪"),中产阶级才说"limousine",只有那些专为葬礼或酒吧聚会一类事务出租车子的人,才会背地里说"limo"。那么,上层阶级的人们究竟如何称呼这一交通工具呢?他们说"car"(车子),比如他们会说:"帕克,十一点左右我们要用车。"

布鲁克斯-贝克的疏漏有效地提醒了人们,要正确解释语

---

[1] 加长的豪华轿车。——译者注

▽贫民称晚礼服为 tux，中产阶级称为 tuxedo，不过他们在上层阶级眼里都很没档次。上层人士只简单地说 dinner jacket（晚餐服），或者，更高的阶层会说 black tie（黑领结）。

言的等级暗示是要冒风险的。托克维尔的预言中出现的失误，对于警告这种过分自信的态度，也派得上用场。托克维尔过高地估计了"民主"一词具有的消除等级差别的威力，他臆测这种新型的政治组织方式能极有效地铲除语言和文字风格中的社会等级差别。他举目环顾 19 世纪中期的美国，发现满耳是千篇一律的辞藻，于是构想出一条适可而止的等级界线："在似乎本来就庸俗和看上去显得有教养的语言表达之间，不应作什么区分。"他总结说："语言里的混乱，一点不比社会中的混乱少。"然而，这片大陆上发生的变化已经证明，他对语言和民主社会的理解都出了差错。事实是，正因为这是一个民主国家，等级差别比任何其他地方都更加生机勃勃。而语言，非但没融合成一个无等级差别的共同体，反而出人意料地滋生出更多的社会等级符号。实际上，语言和社会都没有什么不可理喻的地方，这里的每一个普通人对此都很清醒。他们会向从事调查的社会学家们指出，语言是判断一个陌生人社会地位的最有效工具。有人信誓旦旦地说："一点错不了。一个人刚一张嘴，你就明白他是怎么回事了。"

由于这里的等级制度比英国的更加扑朔迷离，语言的意指与南希·米特福德[1]在1955年她那篇讨好的文章《英国贵族》（*The English Aristocracy*）中划分的上层和非上层相比，实在是更多、更微妙，简单的一分为二的类别区分实在不足以描绘这些指称的实情。

所以，要讨论语言在美国社会里的等级含意，首先需要注意的就是一些绝对的等级差别标志。其中最重要的一个标志，很可能就是双重否定的用法，这使贫民阶层与中产阶级、上层阶级区别开来，比如"I can't get no satisfaction"[2]。在大公司董事会和管理阶层的会议室里，在参加豪华晚宴的贵宾之中，在楠塔基特岛海滨的一艘65英尺长的双桅帆船上，是不可能听到这类语言表达的。相反，在临时工棚、汽车修理铺、工人酒吧里，你会听到大量的这类说法。其次是特殊的语法和有人称的助动词用法，比如"He don't"和"I wants it"[3]。这并不仅仅是口误或语法错误，这种说法将说话人与使用另一种英语的人们在社会

---

1 Nancy Mitford（1904—1973），英国作家，以描写上流社会生活的长篇小说著称，英国米特福德家族"传奇六姐妹"之一。——编者注
2 意为"我不满意"。正确说法是：I can't get satisfaction 或者 I can get no satisfaction。——译者注
3 正确的用法是：He doesn't 和 I want it。——译者注

等级上区分了开来。这两种人也许会向对方表示尊重，但绝不会成为朋友。他们分属不同的等级，即便他们打算相处，也一定会把对方看作古怪有趣的动物，而不太像同类。

语法在中产阶级和下层之间划出一条界线，发音和词汇的选择将上层阶级与中产阶级分隔开。尽管每个人都可以有一套个人化的等级划分标准，但我发现下面这些语言差别是最值得信赖的。用来表现（或显示）自己"文化经验"的词语，对于中产阶级尤其危险，比如 crepes[1]，中产阶级常常读成"craypes"。这类错误也常常出现在人们炫耀自己熟知异国风情的许多词语里，比如法文词"未婚夫"（fiance）（尽管中产阶级更喜欢用"男朋友"），他们经常会重读它的最后一个音节，变成了可笑的 fee—on—say。同样的还有上层阶级常说的"司机"（driver），在中产阶级那里成了 show-fur。有些人会认为，将 Amherst（阿姆赫斯特）一词中的 h 读出来，尤其能精妙地显示中产阶级身份，另一些人则不以为然。"钻石"（diamond）一词，上层只发两个音节，中产阶级就会读成三个音节。类似的情况还有"美丽"（beautiful）一词，上层发三个音节，而到中产阶级那里，就成了四个单音节词，bee-you-tee-full。中产阶级尤其喜欢重读一些长单词的第二个音节，这些词包括"exquisite"（精致优雅的）、"despicable"（可鄙薄的）、"lamentable"（殷勤的）、"hospitable"（好客的）等。而那些急于显示自己不容置疑的等级的人们倾向于重读第一个音节，当然，顺便也让人注意到自己的英式风格并由此产生敬意。

---

[1] 法式薄烤饼。——译者注

中产阶级越是与艺术经验纠缠不清，风险也就越大。例如，他们很喜爱"patina"[1]一词，但总是忘了该重读第一个音节。源自文化历史的显赫姓名同样不能随意使用，尤其是英国传统中的姓名，比如亨利·珀塞尔。里根总统的前任顾问艾德温·米斯三世在一次电视采访中，就不慎暴露了自己可疑的家庭背景。他选择用"大有裨益的"（salutary）一词来展示自己的良好教养，而没有用"有益身心的"（wholesome）或"有利健康的"（healthy），但他的发音告诉人们，他脑子里想的是"致敬的"（salutory）这个词。这是典型的中产阶级做法，选择那些"大词"，却犯下可笑的错误。"enormity"（穷凶极恶）一词通常能暴露社会等级中不幸者们的真实身份，他们总喜欢用这个词来强调"大"这一概念[2]，例如"The whale was of such an enormity…"[3]（贫民阶层会说："那鲸鱼真大，它们怎么也放不进水池子里。"）。优雅，是对中产阶级的致命诱惑，这个阶级指望依靠它将自己与上层的傲慢无知和贫民阶层直率的粗鲁区分开来。

在中产阶级那里，你会经常听到"prestigious"（有威望的）一词，于是会不由得猜测过去二十年里这个词之所以逐渐替代了"distinguished"（杰出的）、"noted"（知名的）和"respected"（令人尊敬的）这几个词，会不会和一场全国性的灵魂调查有关。C. 赖特·米尔斯发现，"prestige"（威望）一词实际上暗含贬义。他说，"从词源上看，它意味着用变戏法似的

---

[1] 铜锈绿色，作者此处指古典艺术品的色泽。——译者注
[2] 错当成"enormous"一词的名词写法。——译者注
[3] 本想表达"那鲸鱼的身躯太庞大了，水池子几乎容不下它"，错用后意思变成了"那鲸鱼如此穷凶极恶"。——译者注

花招让人眼花缭乱。"他还说,在法国,"威望"这个词总能引人在情感上产生联想,这类联想与欺诈、制造假象的艺术或至少与机巧有关。在意大利和德国也是如此。只有在美国,这个词才与声望有关。回想一下,我在谈论高等学府时,竟也不知不觉大量使用了"威望"一词。

这类等级区分标志中,有些直白简单,有些则细致微妙。上层和中层有一套特别的词汇来描绘乏味或令人不快的社交场合。他们会说"tiresome"(令人疲倦的)或"tedious"(冗长的),而比他们阶层低的人会说"boring"(没意思)。当他们说"upset"(沮丧)、"distressed"(郁闷)甚至"cross"(烦恼)时,下层人会说"angry"(生气的)、"mad"(气死人)甚至"sore"(闹心)。另外,上层人士表达赞许时也有一套专门的用语。贫民阶层当中没有人会说一样东西"super"(出类拔萃的,富有英国风格)或者"outstanding"(出众,预科学校用语),因为这就好像一位贫民阶层妇女在逛商场时不停地感叹"divine"(真有吸引力)、"darling"(真迷人)或者"adorable"(多可爱啊),听上去做作得刺耳。而上层的说法是"nice"(挺好)。

然而,正是中产阶级对高雅绚丽和优越的追求产生了最有趣的效果。我们已经明白,使用外来词尤其会表现出这个阶级的弱点。这个阶级的人会说"graffiti"[1],并相信"chauvinism"(沙文主义)跟性侵犯有关。具有"准等级感"的名词复数也是经常易犯的错误,例如,中产阶级人士会"颇有学识"地说 a phenomena(一个现象)、a criteria(一个标准)、a strata(一

---

[1] 涂鸦,原指古罗马墙壁上的粗糙刻画,今指在墙上胡乱涂抹的文字。——译者注

个阶层）和 a media（一个媒体，可能是指一份报纸）等词，而实际上这些词都是复数。他们还会说一位名气不小的作家是 a literati，而这个词的意思是"文学界"，是复数集合名词。中产阶级还以为"context"（语境）一词是"content"（内容）一词更庄重的形式，因而会说"我不喜欢这本书的'语境'，全是些鲜血淋漓的东西"。而当一位海岸官员报告旧金山湾的严重漏油事故时，他想象"cross"（穿过）一词在这种场合未免太俗，于是说"几只船'transited'（运行过了）海面"。在一连串文理不通的表达后，一个中产阶级人士又开始怀疑自己是否揭了自己的老底，于是会在一个稀松平常的词，比如"process"（过程）后面缀上一个表示等级的复数后缀，以至于把这个词读成 process-sees，以期重新标榜自己的身份。中产阶级所有这类表演恰当地解释了洛德·麦尔布纳[1]的结论，他发现："无论上层还是下层，都总有些优点和可爱之处，但是中产阶级完全是一派做作、牵强、虚伪、矫饰。"

所有的阶层，有时中上阶层除外，都因为倾向于用"home"（家）一词代替"house"（住宅）而大大降等，中产阶级似乎尤其喜欢说："他们住在一幢漂亮的、50 万美元买的 home 里。"或者，地震之后，"他发觉自己的 home 摇晃得相当剧烈"。我认为，我们可以追溯"house"一词自什么时候起开始失宠于中产阶级。首先，"home"这个词是房地产商人用来促销的手段，也就是让那些未来的主顾想象他们掏钱购买的不仅仅是一堆砖瓦、塑料贴面和护墙板，而是一个温暖、舒适

---

[1] Lord Melbourne（1779—1848），19 世纪英国首相。——编者注

的爱巢。此后,顾客们出于以下原因,开始欣然、热烈地接受"home"一词:首先,中产阶级喜爱使用广告中的陈词滥调;其次,和那些房地产经销骗子们一样,中产阶级喜欢从这种幻想中汲取宽慰,因为能够用钞票买来爱、舒适、温暖等,至少表明可以通过多种渠道获得这些东西;最后,从本质上说,中产阶级都是清教徒,同时对社会舆论噤若寒蝉,所以在他们虚伪的脑子里,"house"这个词暗示了一些不清不白的瓜葛。人们把养老院称作"rest home",但在称呼"妓院"时,总离不开"house"这个词,如 bawdy house、whore house 或者 sporting house。从没人听说过"home"有什么坏名声。不过也有例外,比如"猫宅"[1]又怎样解释呢?非常遗憾地,"house"就这样被淘汰了。同理,"Madam"[2]这个词从来就没在美国的中产阶级中流行过。奇怪的是,用"home"描述家的人们也会纵容一些特例,他们从来不说 beach home(海滨住宅),而说 beach house(海滨小屋)。

由于如今房地产生意的各种阴谋诡计,"home"或者其他似乎恰如其分的称呼,的确常常象征着一些相当具体的东西,比如房地产开发商在自己巧取豪夺的地皮上偷工减料盖成的狭小、装模作样的建筑物。这些"家"一般坐落在乡下某个不幸的角落,那地方既无历史文化,也无任何典故值得夸耀。在缅因州、新罕布什尔州或佛蒙特州,人们不会说"一幢有两百年历史、带白色护墙板的农舍家园(farmhome)",只有中产阶

---

[1] cat home,指妓院。——译者注
[2] 夫人,亦有妓院鸨母的意思。——译者注

级住在"home"里。如果经济条件每况愈下，他们就会卖掉"home"，搬到"mobile home"（活动房屋，以前叫"拖车式活动房屋"）里，或者"motor home"（房车）里去。

中产阶级喜爱的广告词绝不止"home"一项。"请到 living forum（起居论坛）来！"当一名公司职员的太太把你请进客厅（living room）时，你可能会听到这样的说法。再有，"我想我把你的外套忘在 reception galleria（接待廊）里了。"她实际上说的是前厅。又或者"您想现在就直接上楼去您的 sleeping chamber（寝阁）[1]吗？"由于需要通过自觉的消费主义去幻想权力和成功，中产阶级会本能地采纳广告商用"-wear"（……穿着）这一后缀构成的合成词，毫不害臊地称呼家里所有的衣物：

footwear

nightwear 或 sleepwear

leisurewear

stormwear

beachwear

swimwear

citywear

countrywear

campuswear

formal wear

eyewear（即 spectacles，眼镜）

---

[1] chamber 一词有英国味。——译者注

neckwear
……

另外,"-ware"(……用具)后缀构成的合成词也让他们感觉很受用:

tableware
dinnerware
stemware
barware
flatware
kitchenware
glassware

或者,当他们心情极好的时候,会把玻璃器皿说成"crystal"(水晶器具),而他们效仿的对象——上层人士仅仅简单地说"glasses"(玻璃杯)。作为广告的受害者,中产阶级还喜欢大量运用"designer"(设计师)一词,用来意指什么东西是"美丽的"或"珍贵的"。所以,印有昂贵图案的纸巾一旦被称作"设计师纸巾",就不再显得愚蠢和难看了。中产阶级使用的涤纶浴巾,就是带闪闪发亮的细线那种,也经常被称作"设计师浴巾"。

由于中产阶级追求修辞上的假斯文,广告用语常常不费吹灰之力就能满足他们的心理。又由于一心企盼向上攀登,他们还想象语言的高雅绚丽一定能加速这个进程。所以我们会听到

enormity、salutory、duplicity（双重性），当然还有 gourmet（美食家）。"戏剧仍然有某种恰如其分的 nicety（精确）[1]"，一位演员在电视采访中如是说，事实上他指的是 delicacy（精美），当然他也同时暴露出了自己是一名中产阶级人士，正垂涎更高层的地位。最近有张宣传单上使用的广告词（为某份以东北部一个城郊居民区为对象的新杂志做宣传），能很好地说明中产阶级的假斯文。那个居民区原本很有等级，如今已经被对下面这类修辞反响热烈的人们无情地接管了：

这个不同凡响的地区代表了一种生活方式。这是一种生活风格，一种品质良好的生活……特别晚宴上晶莹剔透的水晶玻璃餐具……菜肴精美的饭店……阅读一本好书……这是最上乘的生活……宁静的优裕……不落俗套……美女和优雅人士风范……《杂志》会让您与一群远离尘嚣、目标高越的人们一道分享他们的梦想、才华和成就……《杂志》的读者是充满智慧和敏锐的男人、女人和孩子。《杂志》就是您！

不稳定的心态与势利心理无与伦比的融汇，练就出一种精巧的均衡，才使中产阶级的信心和勇气立于不败之地。

土里土气的文雅，也是航空公司和机场的惯用修辞特色，而光顾这里的人们九成是中产阶级。如果你不能从飞机场对"舒适、方便和豪华"等概念的特殊理解中心领神会这地方不可救药的中产阶级意味的话，你多少可以从他们那些矫饰的话语中悟出些什么。比如，他们总是突如其来地声称自己很"国

---

[1] 这个演员可能把 nicety 误当作 nice 的名词写法。——编者注

际",甚或像休斯敦机场那样称自己"洲际",哪怕是出于最微不足道的根据——一架飞机起飞片刻后降落在墨西哥的阿尔普尔科或者加拿大的阿尔伯达。坐这些航班你其实感觉不到任何国际氛围,比如使用外币或讲外语,或其他什么迹象。

至于在飞机上使用的各类口语和书面语,都几乎无一例外地吻合了中产阶级的强烈需要——用词务必虚张声势。此类表达当然不一而足,从 motion discomfort(速度不适)、flotation device(漂浮装置)到 beverages(饮品)和 non-dairy creamer(非乳品咖啡奶伴侣)。最近,在一次从纽约到伦敦的班机上,我听到乘务员声称:"您在对盥洗设施进行使用时吸烟是不被允许的",而非简单的"请不要在盥洗室里吸烟"——这是个绝妙的例子,简直就是对中产阶级假斯文的定义。跨大西洋飞行的诸次航班上提供的菜单表面上是在标注"膳食构成",其实是在兜售各类免税商品,包括"设计师"领带和围巾,这些小卡片简直是假斯文活生生的展示厅。有一次我乘环球航空公司(TWA)的飞机旅行,发现那儿的菜单出于一时疏忽大意,将饮品写成了"drinks"(酒水),当然这完全是上等阶层的用法,不过一般情况下绝不会有这样的疏漏,尤其是在介绍菜单的时候(我的语调已经有点夸张了):"第戎[1]煎里脊、珍品嫩牛腰肉配淡味奶油芥末酱、青豌豆,同时奉上法国 Pommes 葡萄种植园的佳酿。"另一道菜被称作"配套奶油嫩花椰菜",更有甚者:"我们的菜单是基于此前多数乘客的选择设计的,如果您的主菜意向无法得到满足,请接受我们真诚的歉意。"其实只需像一位

---

[1] 法国地名,以盛产芥末酱闻名。——译者注

有教养的人通常说的"某些菜点无法供应""卫生间禁止吸烟"就足够了。

不过"toilets"（卫生间）一词并非中产阶级的用法，他们更喜欢说"lavatories"（盥洗室）或"rest rooms"（洗手间），这样的称呼更委婉，而且当然标志着他们的文雅。

中产阶级还珍视他们拥有的一整套用委婉方式说的脏话。假如你听到身旁发出这样的感叹："Holy Cow!"或"Holy Moses!"［用来替代人们常说的"Holy Shit"（见鬼）或"Jesus Christ"（他妈的）］，或者听到有人说"某人完成了 a whale of a job（鲸鱼般大量的工作）"，说话人无疑是位中产阶级。有一点让人难以置信：在经过 20 世纪中期数不清的折磨和丑闻之后，已经看不到那个一度用"O pshaw!"或"Botheration"来表示"O hell!"（见鬼）甚至"Shit!"（狗屁）的阶级遗留下的任何痕迹了。但我们又发现，美国陆军准将多齐尔将军在逃脱残酷邪恶的意大利绑架者的魔掌之后，这样与几周来经历的奴役和羞辱道别："回家可真他妈好（doggone good）。"中产阶级坚持用 expecting（要有了）或者 starting a family（要做父母了）来取代 pregnant（怀孕了）。而贫民阶层说怀孕会用 being in a family way（要居家了）。

再者，仿佛出自一条不成文的法规，我们所有人如今都用"做爱"这个词来代替性事。尽管如此，上层阶级仍然立场坚定。据吉丽·库柏称，"有次我听到我儿子在宴请他朋友时说：'妈咪说的，pardon（抱歉）这个词要比 fuck（操）差多了。'"顺理成章地，只有在中产阶级那里，你才会听到有人称假牙为 dentures（牙具），称有钱人为 wealthy（富裕的人），把死称作 passing away（去了）或者 pass over［贫民阶层可能会说某人

is taken to Jesus（去见上帝了）]。其他还有，酒鬼被称为 people with alcohol problems（有酒精问题的人），傻瓜是 slow learner（学习速度慢的人）或者 underachievers（低于平均智力水准的人），发疯是 mental illness（精神疾病），吸毒是 drug abuse（滥用药品），瘸腿是 handicapped（有身体障碍的）或 the challenged（有身体困难需要克服的，委婉至极的说法），贫民窟是 inner city（城市腹地），坟场是 cemetery（墓园）或者 memorial park（凭吊花园），这就是那些容易受广告感染的人的专用词。至于那些习惯于把贫民阶层称作 supporting classes（谋生阶层）的社会学家，你可以很有把握地判断，他们是坚定的中产阶级。

几年前，有人终于发现，中国餐馆里糖醋肉（sweet and sour pork）这道菜中的"sour"（酸的、刻薄的、乏味的、讨厌的）一词，会在中产阶级顾客的大脑中引起一些不快的联想。于是标准的"中国"餐馆纠正了自己的错误，换上一个更安全的说法：pungent（浓烈的）。安稳的上层仍然说——其实是坚持说——"sour"，用这一方式表明他们已察觉到了方才那种不光彩的强作掩饰，但他们强烈反对这种行为。至于中产阶级，他们任何时候都会被飘到耳边的委婉表达吸引，尤其是当有人在推销什么的时候，一声"香甜浓烈"就能博得他们的欢心。

中产阶层在委婉语的丛林中穿行并不仅仅因为这有助于躲避事实，这一喜好还出自他们对奢华的渴慕。大多数委婉语都有助于满足这一欲望，因为使用它们就可以增多音节，而中产阶级经常会混淆数量、分量和价值。乔纳森·斯威夫特[1]曾经把

---

1 Jonathan Swift（1667—1745），18 世纪英国著名的讽刺作家和政治家。——编者注

音节想象成具有重量、密度、具体比重以及其他一些纯粹物质特性的物理实体,从中汲取乐趣。当代的中产阶级似乎正忙于实践斯威夫特的这种观念,但却将他的反讽剔除得一干二净。因此,他们不会说 now(现在),而是很有力地说 as of this time(当此之时)。他们也不说 later(后来),而是说 subsequently(继之而来),这就像他们打扮得光鲜整齐去购物的把戏一样。休·罗森(Hugh Rawson)在他那本宝贵的《委婉语和其他含糊用语辞典》(Dictionary of Euphemisms and Other Doubletalk,1981年)中,确立了最重要的原则:

委婉语越长越好,原则是……委婉语应该比它们取代的词要长。它们应该字母更多、音节更多,通常一个词的地方要用两个或更多的词替代。这部分是因为盎格鲁-撒克逊的忌讳语和脏话一般都很短,还因为多个词语有助于绕开一个观点,而不是直截了当地坦白观点。

罗森随即整理出一套恰如其分的、伪社会科学性质的"模糊或虚饰指数",目的是量化委婉语和代词之间的关系。指数值越高,音节的数目就越多,委婉语修饰的成功率也就越高。罗森的算术细节当然与我们无关,我们只需注意,在"福普指数"(FOP Index)当中,把 prostitute(卖淫者)一词与 whore(妓女)一词等同的指数是 2.4,跟 harlot(娼妓)一词等同的指数是 1.4。在罗森的"福普指数"中,数值最高的说法来自一位前内阁成员对他家厨娘的称呼:"秘书个人助理(特别活动)",指数高达 17.8,估计接近永久不败纪录。

典型的中产阶级成员唯恐被人判定为社会地位无足轻重,

因此像明智的哲人或管理者一样雄心勃勃地为赢得名声而运筹帷幄。因此，要他抵抗频繁使用多音节词的诱惑几乎是不可能的，于是他委婉得莫名其妙。的确，有时候很难明白，究竟是委婉语修饰的冲动使他发出多音节，还是出于对委婉语能赋予文字重量和光彩这一效果的向往而采用此种修辞手法。这样的问题常有发生：有人会说他从事的工作是废铁行业，甚至是循环或者回收利用工业，但不会说他是一名垃圾工人，他甚或会说他做"垃圾生意"。描绘职业的委婉语似乎尤其需要多音节。在许多大学里，从前被称为bursar（掌管财务者）的人如今都叫作disbursement officer（财政支出官员），就像undertaker（殡仪员，有人可能认为这个词已经足够委婉了）如今被称作funeral director（丧事指导）一样，都多出了两个音节。更进一步，如果"丧事指导"可以变成"悲痛治疗师"（grief therapist），"职业等级"和准医学虚饰就能弥补音节上的损失。"卖"（selling）被抬高为"零售"（retailing）或"市场销售"（marketing），或者更高级的"货物流转"（merchandising），音节恰好都翻了两番。以此类推，当"销售经理"（sales manager）摇身一变而为"货物流转副总裁"（Vice-President, Merchandising）时，音节则翻了三番。在电话里提供信息的人如今提供的是"查询服务"（Directory Assistance），获得了音节增加一倍的光彩。一些考察职业等级的社会学家们发现，"药师"（druggist）在十五种职业当中排行第六。但只要增加一个音节，也就是把这一称呼改作"药剂师"（pharmacist），这一职业就迅速上升到第四名的位置。

中产阶级在淡化无情事实或美化现实的同时，制造委婉修饰中需要的多音节，完全是为了避开任何"令人沮丧"的因素，同时关注词语的光彩。因此，"监狱"（prison）变成了"管教机构"（correctional facility），"罢工"（strike）变成了"工作停滞"（work stoppage）或"工业行动"（industrial action），"痛苦"（pain）成为"不舒适"（discomfort），"谋杀"（murder）成为"害命"（homicide），"自杀"（suicide）变成"自我拯救"（self-deliverance），"死"（death）则是"致命"（fatality）。另外，只有三个音节的"贫民区拆迁"（slum clearance）成了有五个音节的"市区改造更新"（urban renewal）、"核子装置"（nuclear device）取代了"核弹"（atom bomb）。这样做的原因不只是因为语气缓和了许多，两个多出的音节也是重要原因。由于骨子里并不宽宏大量，中产阶级（比如罗纳德·里根）一直憎恶支付小费，他们觉得这实在无异于敲诈。但当你把"小费"（tip）叫作"奖赏金"（gratuity）时，这个词的刺耳程度就会大大减弱。

能用多音节提高中产阶级地位（按他们的观点）的场合实在是不胜枚举，这里我们可以列出数例。根据中产阶级的看法，左列的词要比右列的更响亮高雅：

鸡尾酒	饮料
群体	人们
职位	工作
即便（albeit）	尽管
车行道	马路
采购	买
燃烧	火
台球厅	台球室

洗涤	洗
优裕	富［或"有钱的"（loaded）］
当下之时	现在
大规模	大
相遇或遭遇到	碰见
行进	走
质询	问
继之而来	后来
终结	停止
利用	用
在地方层次上	地方的

有时候，增加音节的冲动会使中产阶级的语法更接近贫民阶层的水平，甚至低于他们自己平常能认可的水平。由于感到"此前"（previous）比"以前"（before）更优越，他会说"我没有去过此前的那里（I had not been there previous）。"这就像在"水门事件"听证会上，一名警员作证时由于不满"去"这个词的等级感，在证词中说："然后我们就 respond（反应、响应）到门厅并进了办公室。"

被动语态非常有助于满足中产阶级对多音节的需要。比如电视记者会说："没有伤害情况出现"（八个音节），他的意思只是"没有人受伤"（只有四个音节）。同理，伪拉丁语是另一种有用的等级显示技巧，比如"in academia"（在学术机构里）有六个音节，当然要比只有四个音节的"in colleges"（在大学里）高级，就像有五个音节的"in suburbia"（在郊区）比四个音节的"in the suburbs"上档次，同时还表示说话人熟悉古典发音。（一个真会说拉丁语的人恐怕会要求更准确的表述：in suburbiam，这里姑且不论。）还有一种方法有助于达到增加音节的目的，即误用词语，就像航空公司的乘务员们处理"use"（用）和"usage"（使用）时的做法，在一瓶花香浴液（以前叫浴盐）的说明上"很有等级"地标着"使用指南"（Usage Directions）。

我们可以根据中产阶级（而非贫民阶层）的这个习惯推测他们和极端恐怖主义组织之间的渊源：一番狂暴之后，他们会留下communiques（正式公告），而非notes（纸条）或messages（便条）。一位温和、无所不知、无所不能的编辑一定会忙着挥动他的蓝铅笔处理中产阶级的语言表达。科尔曼和雷沃特有次问一位男士，他是否比他父亲的境况要优越，他做了肯定的回答，并解释说："我有硕士学位，但我父亲只读完中学，这意味着我能够进入高薪就业阶层。"见到这番话，编辑会一笔划掉"意味着"一词后的所有（二十个）音节，代之以"我能挣得更多"。电视剧《故园风雨后》的广告词会说："这个礼拜，塞巴斯蒂安的酗酒问题变得越来越严重了。"编辑此时只需在"问题"一词上划叉，说话人不幸的中产阶级身份就会隐蔽得多了。

就像托克维尔和惠特曼曾经意识到的那样，由于一种特殊的地位焦虑深深地烙刻在美国的制度中，凭借这种中产阶级增加音节的习惯，你就可以避免过分的小心谨慎。这种习惯有时会扩散到其他等级并令其受到感染。在剧院里，你甚至会听到相当有等级的人们说"one-acters"而非"one-acts"（一幕）。我们无从得知究竟是谁认为vocalist（声乐演员）要比singer（歌手）一词来得响亮，但各个等级的美国人都会问："唱片里的声乐演员是谁？"最高法院建筑上的徽记镌刻的是"法律之公正平等"。在一本叫《就在华盛顿》（Washington Itself，1981 年）的书中，E. J. 爱泼怀特（E. J. Applewhite）指出，那些在严肃、智慧和资格方面享有牢靠声誉的人们不会需要多音节，而只会刻上一个词："公正"，因为他们在详细考察所有五个音节之后仍感觉，一个词足以说明所有的问题。美国人就不同了。除非使用这套术语，否则他们会认为自己的社会等级将随着话语中流露出的谦逊和稚嫩而大打折扣。

在开始更加详尽地考察贫民阶层特有的习语之前，我们还应注意另外几个中产阶级身份的标志。格外钟情于隐喻就是一项，例如"磨磨蹭蹭地停下来"（grinding to a halt），或者"囊括全部范围"（run the gamut），或者"让人心有余悸"（boggling the mind）。这些词从来就没被当成陈词滥调，如果被当成陈词滥调，反倒更惹人喜爱。中产阶级还反常地迷恋首字母缩写，比如"信托证券母亲联合会"[1]。当然，这一并列结构是为了将那些消极的、不洁的因素——也即贫民阶层因素——拒之门外。但同时，它也是为了巩固大众、团体或团体意识（例如"军官"们的妻子），缺了它，中产阶级恐怕会分崩离析。

尽管中产阶级不常使用"时髦女性"（milady）和"我的主人"（mine host）一类表达，但广告商们明白，用这些词称呼他们，也不会招致他们的反感。同一种追求华丽的冲动驱使中层人士在他们收到的社交请柬上写上"万分抱歉"，不那么强烈地暗示对该次聚会兴趣不大，而不那么矫揉造作的阶层只会写

---

1 MUFFS，意为婊子。——译者注

"免了罢"。中产阶级的教育水准愈低，他们就愈倾向于用矫饰的伪科学术语来指称平淡无奇的事物，或暗示平常行为中的高尚目的，"体恤"（parenting）就是一个例子。说"体恤"几乎就等于用贴在汽车保险杆上的标贴告诉你：驾车时，前方如果有小动物千万别忘了踩刹车。

当我们听到有人毫不在乎 less（"少"）和 fewer（"更少"，比较级）之间的区别，例如"今天，我们的服刑机构里白种犯人更少了（less）……"，或有人在"就"（as far as）后面不厌其烦地添上"就……而论"（is concerned）或"就……来看"（goes），比如"就共和党来看……"，我们就应该明白，我们正在接近一片贫民阶层的习语丛林。一方面，贫民阶层通过发音来显示自己的身份，例如在伯克利[1]谈话节目中的那位得州人，在说"pro-mis-kitty"的同时也在声明"我来自贫民阶层"。另一方面，他们还通常去掉现在分词中的"g"："真他妈丢脸"（it is a fuckin' shame），以及过去分词中的"-ed"："腌牛肉"（corned beef）成了"玉米牛肉"（corn beef）甚或"球茎牛肉"（corm beef）。我们还可以听到"瓶啤酒"（bottle beer）、"黑皮肤人"（dark-skin people）、"老式烤豆"（old-fashion bake beans）和"母亲强力啤酒"（Mother's High-Power Beer）。"先来先得"（First come, first serve）是他们最喜欢的格言。罗杰·普莱斯，研究大众或城市乡巴佬的学者，已经发现了更多的贫民阶层发音特色："在南加利福尼亚，哪怕新闻播报员都会说 wunnerful（极好的，应为

---

[1] Buckley，即伯克利广播公司，旗下的一家广播电台有美国顶尖的谈话类节目。——编者注

wonderful）、anna-bi-od-dicks（抗生素，应为 antibiotics）和 in-eress-ting（有趣的，应为 interesting）。把"有趣"这个词读成 in-eress-ting，并把重音挪到第三个音节，这毫无疑问是城乡贫民人士或我们称为社会下层的人的做法。普莱斯认为，标志城乡无产者身份的发音还有：

fact 读作 fack
fewer 读作 fure
president 读作 present
only 读作 oney
finally 读作 finey
以及，nondemocratic 读作 innaleckshul

如果你像电视里的福音传道士雷克斯·杭巴德牧师一样发出 en-tire 一词，就表明你是一名上层或中层贫民。如果用 merrying-gew 指馅饼上的泡沫状蛋白，你无疑是一名下层贫民。

各种类型的贫民阶层成员都为表示所有格的撇号（'）深感头痛。种种迹象表明这个符号将从英语中彻底消失，这证明了贫民阶层的胜利。一块中西部的牌子上写着"现代内阁的"（Modern Cabinet's），恰好与东部的另一块相映成趣——"拉特杰尔电器公司"（Rutger's Electrical Supply Company）。有时撇号干脆就不见了踪影，比如"女卫生间"（Ladies Toilet）。但是，在这个小符号看起来像是遭人遗弃的时候，表达的效果反倒离奇地增强了：

您的司机：汤姆·贝德里奇

今日特色菜

可付小费

贫民阶层喜欢那些惯常只见诸于报端的词语。他们没有意识到，除了那些行文仓促、文体陈腐的新闻，没有人会把教皇称作"大祭司"（pontiff），把议员叫作"立法者"（lawmaker）、把美国称为"民族"（the nation），把学者称作"教育家"（educator）。中学教师和行政人员并不反感最后这个称呼，他们对其欣然接受，因为这个委婉的说法提升了他们的职业尊严。但是大学教授反对把自己定位为"教育家"，其原因纯粹是出于社会等级的考虑，因为这个术语没能将他们与中学督导人员、只有临时证书的无知年轻教师和小学老师一类乌合之众区别开来。如果你下次遇到一位知名的大学教授，尤其在他的想象里他的思想和作品早已名扬全国，你对他说完"见到您这样一位著名的教育家真是不胜荣幸"之后，不妨看看他的反应：他先是目光下垂片刻，然后又抬起视线，但不是看你，而是投向别处。很快，你就会发现身边不再有他的身影。尽管他没离开之前会始终面带微笑，内心却在忍受痛苦的折磨。

对报纸用语的喜好使得贫民阶层经常犯一些荒唐的错误——误用大词。伦敦《周日时报》的一名作家最近去一个听证会上作证，其目的是为了阻止一场罢工，而某地的一位牧师则被召去进行驱魔：

有读者向我描绘：嘴里长着让人痛苦的"乌尔斯特"（Ulster）

的女士；天主教国家纪念"圣玛丽·曼陀林"（St. Mary Mandolin）的圣坛；警察在犯罪现场的街道上拉起"手风琴"（an accordion）；逝去的乔治五世安卧在"座椅弹射器"（catapult）里的动人场面……总喜欢被书本"装饰"（embossed）的学生；靠"射精椅"（ejaculation seat）离开飞机的飞行员；……呛水的游泳者被"人工授精"（artifical insemination）；彩虹包涵了"卧姿"（rectum）的所有颜色。[1]

你也可能听到上层贫民常用"倒数第二"（penultimate）来指绝对最末的或极端的，比如"核武器是倒数第二的威胁"。就在数年前，文化史开始进入一个意义重大的时期，它的重要标志是：贫民阶层开始掌握公共场合的修辞艺术，我是指，汽油运输卡车后部的警示牌从 INFLAMMABLE（易燃）换成FLAMMABLE（可燃）。公共教育的普及终于造就出这样一群民众，他们不再将前缀"in-"视为增强语气效果的必要手段。贫民阶层，也就是"FLAMMABLE"警示牌的读者，如果听说某物（比如一本书或一件艺术品）"价值不菲"（invaluable），就立刻会把它扔进垃圾箱。[2] 有关修辞的问题变得愈来愈滑稽可笑。贫民阶层对"inflammable"一词懵懂无知，中产阶级则喜欢炮制一些东西，比如一块浴室防滑垫上写着："可燃

---

[1] 这一段引述了向《周日时报》投稿的读者们犯的用词错误，荒唐可笑。其中，Ulster应为Ulser，指溃疡；Mary Mandolin应为Mary Magdalene，指抹大拉的马利亚，耶稣最著名的门徒之一；accordion应为accord，指隔离带；catapult应为catafalque，指灵柩车；embossed应为immersed，指沉醉；ejaculation seat应为ejection seat，指弹射座椅；insemination应为respiration，指人工呼吸；rectum应为spectrum，指光谱。——译者注
[2] 作者此处指贫民会将加强前缀"in-"与反意前缀"im-"混淆，以致出现上面举例的情况。——译者注

（Flammable）……勿在着火源（ignition source）附近使用。"这句话的作者也许认为，迟钝到只能理解 flammable 一词的读者却应该有能力琢磨出"着火源"指的是火。

如果说出人意料的沉默是高等阶层的标志（很有必要，例如南希·米特福特提到的，在听到"见到您真高兴"这样一句话后应该沉默），噪音和叫嚷则属于贫民阶层，他们会在比赛一决胜负的时刻大叫"啊呼（Wahoo）!"（这里主要指冰球和橄榄球赛）。一位芝加哥的警察（很可能是上层贫民）告诉斯特兹·特克尔，他发现了他的阶层与更低阶层的重要区别："在我父母争吵的时候，我妈妈会把所有的窗子关上，因为他们并不希望邻居听到什么。可是他们（指那些下层贫民）反而故意打开门和窗子，又是尖叫又是高声抱怨。"贫民阶层必须当众展示自己的存在和出现，因此公共场合里的交谈都是为了让别人听见（或者仰慕）。贫民阶层似乎希望以自己生气勃勃的喧嚣，以其音调、速度和节奏来博得他人的恭维。中产阶级出于对被取笑和失败的恐惧，在社交场合绝不会有这种表现，"让贫民阶层去表现吧，他们反正就那样了。"噪音是夸大其词的形式之一。上层迄今仍认为出售（不论什么）是种粗俗的行为，原因是促销商品的方式主要与夸大其词有关。因此，发音尽可能轻而短促是上层人士的作风，而贫民阶层总是喋喋不休地把每一件事重复上两三次。"嗯。"是上层人士常说的一个完整句子。

贫民阶层还有什么别的语言标志吗？有，例如他们对宾格的无知。贫民阶层依稀还能想起把自己放在末位是礼貌的说法，比如，"他和我当时在那儿"（He and l were there），于是便将这一原则推而广之，说：Between he and I[1]。贫民阶层还跟"像"（like）这个词过不去。他们记得，中产阶级中学教师曾经教导过自己用"like"这个词可能有暗示自己是文盲的危险，但由于记忆不太准确，他们干脆用"as"取而代之，但求不惹麻烦。所以他们会说 He looks as his father[2]。

贫民阶层的另一个标志就是很难处理好复杂的句子，例如："正是基于那天天气冷，炉子点着了。"那些充斥着繁琐的伪"正确"分词结构也要对此负责。又由于动名词的用法非贫民阶层能力所及，他们不得不增加单词的数目（他们经常很高兴这么做，不是吗？）。他们会说"看演出的时候，坐在他前面的那些人气疯了，原因是这样的，他实在讲话讲得太多"而不是简单地说"他在演出时讲话，惹恼了前排的人"。就像对 like 缺少把握一样，他们还模糊地记得 lying（躺）与 laying（放）有差别，可究竟是什么却记不清了，于是他们索性将问题简化，只用"放"这个词。于是，人们"放"在海滩上、床上、草地上、人行道上，一点也不操心是否会有与性有关的暗示。

贫民阶层最后还有一个等级烙印：他们喜欢被人称作"某某某（名姓齐全）先生[3]"。因此，贫民阶层经常在公共场合被冠以这种称呼，不论是聆听训话还是被人谈及。不管在世故的人们听来这有多么不妥，他们都引以为人生的幸事，于是我

---

[1] "在他和我之间"，正确说法是 between he and me。——译者注
[2] "他看上去作为他父亲"。正确说法应用 like，意思是"他看上去像他父亲"。——译者注
[3] 在英语口语中，称某人某某先生，一般只称姓氏，如 Mr. Smith，不称全名。——译者注

们就会听到"弗兰克·希那特拉先生"、"霍华德·科墨尔先生"或者收音机里的"女士们先生们（矜持的停顿），有请弗兰克·培尔杜先生"。

如果每个阶层都会对特定的词语作出独特的反应，上层最喜欢的词可能是"安全"或"液体"（secure 和 liquid），中上阶层则喜欢用"对的"（right），比如指做事做对了："我真的希望玛菲的婚礼一切都不出差错。"中产阶级也喜欢这个词，但真正让他们兴奋的词是"豪华"（luxury），比如"那些漂亮的单间'豪华'公寓"。"一尘不染"（spotless）也是中产阶级宠爱的词，比如"一尘不染"的地板、桌布、碗等。上层贫民则不厌其烦地使用"不费力"（easy）——不费力的学期、六篇不费力的课文。往下的阶层当然更喜欢"免费"（free）一词，"只要免费，没有我们不要的"，下层贫民家庭主妇常会这么说。

只需稍稍注意一下各个阶层使用的日常习语的区别，哪怕最感情用事的人也会相信，这个国家不但有一个严格的社会等级体系，而且，那些语言学意义上的等级界限几乎是不可跨越的。在道别时说"今天过得很开心"和只说"再见"的两类人中，在见面时说"见到你很高兴"和只说"你好"的两类人中存在着一个几乎是深不见底的社会等级鸿沟。在那些将"随时"（momentarily）理解成"马上"（in a moment）（比如扬声器里航班机长的声音："大家注意，我们将随时起飞"），和那些把它理解为"暂且"（for a moment）的人们之间，或许倒有一些持久的亲和力，但不一定很牢固，就像将"类型"（type）想象成形容词（"她是个很有等级的类型人"）与明白它仅仅是名词或动词的人们之间的关系一样，异常脆弱。

令人黯然神伤的是，一旦长到成年人的岁数，这些标记就几乎成了我们不可磨灭、没法更换的烙印。我们一生都无法从我们出身的阶层逃离，即便我们采用本章提供的所有建议、接纳所有高等阶层的言语风格，并与所有低层的惯用语彻底决裂，大抵仍然无济于事。

第八篇

升与降：贫民化趋势
CLIMBING AND SINKING, AND PROLE DRIFT

【往上爬】改变阶级属性之困难,并没有吓住数以百万计一心想往上爬的人,也没有吓住成千上万渴望沉沦的人。

要计算人们在这两方面追求上所浪费的精力是令人伤感的。社会学家奥古斯特·霍林斯赫德(August B. Holling-shead),把那些不惜一切手段向上爬的人称为"奋斗者",而不是"向上爬的人"。

据我们所知,这些奋斗者中有一部分是华盛顿的社会地位治疗专家萝珊·魏斯曼(Rozanne Weissman)的客户,她在技术上指点这些野心勃勃的人如何向高位攀登。她建议怀着如此热望的人们,首先将他们的姓名登在当地报刊的漫谈专栏里,然后等待着接踵而至的政府聚会的邀请。遗憾的是政府聚会对社会底层的人总是大门紧闭的,对向上层阶级进军的人来说,有时彻头彻尾的谎言在短期内会起到意想不到的效果。一个守门人说:"在聚会上碰到某人问我'您何处高就?',我就对他们胡说八道一通,告诉他们'我是开业会计师'。"

最孜孜不倦向上爬的一部分人是大学教授,C. 赖特·米尔斯掌握了他们的密码:"人是可以在这个领域取得地位成就的,"他意识到,"尽管他们出身于中下层阶级,而这个阶级并不以头脑的通情达理、文化的广博精深,以及想象力的丰富著称,因此从事这项职业的许多人在阶级地位上有一定的上升,在向上爬的过程中他们获得的大概更多的是知识,而不是社交风度。也有些人,在他们的专业之外还保持着粗俗的文化情趣和平庸的生活方式。"因此这些教授的贫民阶级本能拽着他们去打保龄球,而另一部分却把他们往上拔,一直拔到最负盛名的休假疗养地,和一群享有遗产的人一起度价格高昂的暑假。

我们看到的商品邮购目录与中产阶级息息相关，这些人极其盼望着地位的高升，可他们所处的环境使他们只能在幻想中如愿以偿。通过购买印有"预科生啤酒衫"字样的 T 恤之类商品，这些中产阶级不遗余力地要把自己拔高到中上层阶级的地位，而不是在他们永远也无法到达的社会地位下面徘徊。（这种邮购目录还推销其他商品，如音乐簸箕，一展开就会奏起《为自由而生》[1]，还有"世上最小的口琴"。这些东西再清楚不过地说明了"预科生啤酒衫"实际受众的心态。）另一家邮购公司推出的 9×12 英尺大小的护墙板也很好地满足了那些不切实际、一心想往上爬的人，这种护墙板实际上是色彩饱满的深棕色摄影壁画，描绘出一个由上流社会图书馆里那种连在一起的书橱形成的门廊：镶木地板、硬木做的细工家具、真皮装帧的书籍，在引人注目的宽敞门廊周围有许多装饰板条。人们把这种墙纸贴到自己中产阶级客厅的墙上，虽然"看起来还是像墙纸"，但每次看到它，尤其是眯起眼睛或者有些微醉时，你就能心满意足地想象自己的阶级地位上升了。

【沉沦】如果说，不论是在现实还是幻想里，向上爬是容易被人理解的，那么一心想往下滑到社会底层则是不可思议的，尽管这样的事情比大多数人注意到的要多得多。男女同性恋者在这一行为上的差别，成为这两个截然相反的运动的例证。野心勃勃的男同性恋者，至少在幻想中，热切地期望从其卑微的出身一跃成为古玩店、画廊和美容美发厅的拥有

---

1 *Born Free*，20 世纪 60 年代一部美国同名电影的主题歌。——编者注

者，此目的可以通过不断地接触知名人物来实现。他们打电话时会模仿优雅的声音，并且本能地受到"风格"和上流社会的吸引。女同性恋者则恰恰相反，她们喜欢沉沦，从中产阶级沦落为出租车司机、警察、建筑工人。男同性恋者的终极梦想就是坐在雅致的餐桌旁，桌上摆着鲜花、餐具垫和洗手指的玻璃碗，周围是成功、富有、服饰华丽、机智狡猾和不在乎道德的人们。女同性恋者的终极梦想则是穿着工作服，和那些高大健壮的贫民阶层一起，尽情与好友们共进午餐，肆无忌惮地大声喧哗、互开玩笑。

像女同性恋一样，有时文人也表现出一种过分而无节制的沉沦欲望，比如 T. E. 劳伦斯[1]加入皇家空军，当了一名士兵，而诺曼·梅勒[2]则和凶残的贫民杰克·亨利·阿波特[3]结为同盟，这是不是因为他们为曾经受到的阶级教育所带来的好处而感到内疚？酗酒是沉沦最常见的途径，只要看一眼包厘街[4]就可以确信这一点。既然作家在传统上往往是酗酒者，我们也就可以据此认为他们中许多人都想通过这种方式来促成自身阶级地位的下滑。作家和文人们还通过模仿贫民阶层的打扮来满足他们沉沦的欲望，就像那些常青藤大学的学生一样，穿着油漆工的工装

---

[1] Thomas Edward Lawrence（1888—1935），也称"阿拉伯的劳伦斯"，英国作家、军官，因在 1916—1918 年的阿拉伯起义中作为英国联络官的角色而出名，著作包括回忆录《智慧的七柱》等。——编者注

[2] Norman Mailer（1923—2007），美国作家，其代表作《裸者与死者》两次获得普利策奖。——编者注

[3] Jack Henry Abbott，有创作天才的囚犯作家，1981 年在诺曼·梅勒的帮助下出版了风行一时的著作《在野兽的腹腔中》。——编者注

[4] Bowery Street，20 世纪纽约著名的"醉猫街"。——编者注

裤,或者加入平民社团中,再不就穿得像社会地位低下的年轻人,成为莱斯利·费德勒[1]所说的"冒牌少年平民"。

仅仅下滑一个等级的想法很少见,如果你是中上层或中产阶级,要想成功地沦落,就必须下沉到很深的底层。但几乎没有人真正成功地沦落了,就像没有人能卓有成效地进军名利场一样。不管你付出多少努力,就算你的谈吐没让你露馅,你的语法,你对服装、轿车和精神生活的品味也会让你暴露无遗。光临贫民窟的上流社会人士往往成为贫民嘲笑的对象,因为他们说话的时候没有省掉"g"的发音,而混进上流社会里的贫民,则因为对吃洋姜一窍不通而犯下大错。

当然,有很多人社会地位的降低根本不是故意的。通货膨胀、失业、停滞的经济和下降的生产力造成保罗·布卢姆伯格所称的"美国阶级制度的欧洲化",即"一个更僵化的社会结构、更严重的贫富不均"成为显而易见的事实。经过数十年的发展进步后,"美国大众现在发现他们重重地摔了下来",过去在社会顶层还有空地方,现在呢,布卢姆伯格说,"不祥的是……似乎只有社会底层才有足够的栖身之地"。

【贫民化趋势】令人悲观的是,可以说整个社会都陷入到沉沦的过程中。我们可以称之为贫民化趋势,这个词暗示了在发达的工业化社会里,每一样东西都将无一例外地趋于贫民化。贫民化趋势似乎是批量生产、批量销售、大规模通

---

[1] Leslie Fiedler(1917—2003),美国大众文化批评的先驱,作为一个离经叛道的学院派批评家,开启了从种族、性别和性的角度来探讨美国经典小说的先河。——编者注

讯以及群众教育不可避免的伴生物。一些重要征兆表现在畅销书书目、吸引每一个人（聪明、敏感和细致的人除外）的电影、购物城，以及人们像旅鼠[1]般飞往知识文化匮乏的"阳光地带"这一行为上。贫民化趋势是布卢姆伯格对美国霍华德·约翰逊[2]化的另一种说法。奥特加·加塞特在《大众的反抗》(The Revolt of the Masses, 1930 年) 里说："目前的时代特点是思想的平庸。尽管知道它的平庸，仍然任由它无处不在地强加给人们。"正如唐纳德·巴塞尔姆[3]指出的，作为这个进程的结果，生活的酒变成了"给他力"[4]，这种说法是埃兹拉·庞德[5]较早时对自动钢琴正迅速替代萨福的竖琴这一观察的修订版。贫民化趋势是勤于思考的人们无时无刻不在谈论的话题。

看看杂志和报纸，就会发现贫民化趋势的证据随处可见。认真研究贫民化趋势的历史专业学生发现，早在 20 世纪 40 年代，《大西洋月刊》封面上的内容摘要就已经消失了，取而代之的是图片。这是怎么回事呢？一个逻辑严密的批评家会从中得出这样的结论：过去那些习惯于阅读文字的读者群正日渐消亡，或因衰老而失明，而新的受教育者们绝不可能以过去的方式重新形成一个读者群。看看报纸，我们会找到更多贫民化趋势的

---

[1] 比普通老鼠小一些，常年居住在北极，有非常强烈的迁移意识，能在一天内迁徙 10 英里。——编者注
[2] Howard Johnson，美国一家二星级连锁酒店。——编者注
[3] Donald Barthelme (1931—1989)，美国后现代主义小说家，以短篇小说闻名。——编者注
[4] 一种运动饮料，内含葡萄糖、柠檬酸、碳酸氢钠和氯化钾等。——译者注
[5] Ezra Pound (1885—1972)，美国著名诗人，意象派运动的主要发起人。——编者注

证据。人类学家马赛罗·吐兹（Marcello Truzzi）在1972年研究了这个国家的报纸后，发现20年前在1750种日报里只有大约一百种辟有占星术专栏，而现在却有1200种。或者看看《新共和》杂志上的广告，从前，即使是广告商也认为这个杂志的读者由自由派人士、怀疑论者、无神论者、知识分子和有组织的投反对票的人组成，而下面是一则1982年出现的广告：

菲利斯·米歇尔牧师

过去	现在	将来
占星术	扑克牌占卜	心理测试仪
3个问题，10美元。		"高度准确"

另一则广告针对《新共和》的"新"读者群，广告作者大概认为由于这些读者上的是美国中学，所以连简单的数学运算都不会，因此对他们来说，一个必不可少的生活用具是——

小费运算表，钱包大小的卡片，帮助你迅速计算出百分之十五的小费。售价1美元。俄勒冈州，蒂拉穆克县，瑞什麦提克斯镇720信箱

从近期占去四分之一版面的昂贵广告中，我们可以判断出，做广告的人一定认为《纽约时报》的读者也在趋于贫民化。这里要谈到的是带有"美国雄鹰"标志的纪念性皮带扣，这种银质的皮带扣以山为背景衬托出一只鹰，通常只会受到衣衫不整的牛仔或青少年喜爱。"这些皮带扣将成为绝版，"广告上说，

"一年之后它的金属铸模就将被永久销毁。"很容易看出这是个骗局,以前这种诈骗曾在《大众机械》的读者中得手,人们很自然地会为"收藏品"的诱惑而动心。现在它针对的读者是经纪人、基金会管理人员、大学校长、学者、医生和律师。

　　生意就是生意,我们可以很有把握地对此作出猜想。就在《纽约时报》的"皮带扣"丑闻四天之后,一向神圣不可侵犯的伦敦《泰晤士报》文学副刊上刊登了一项声明,再没有比这项声明更好的例子来说明贫民化趋势了。这个周刊过去一直是极为讲究修辞、喜爱咬文嚼字的阶层的阵地,但让我们看看它的现在:

《泰晤士》文学副刊的读者包括:
出版商、学者,
以及所有与文学界
相关的人士。

至此,除了"泰晤士"后少了个"报"字,还没什么大碍,这个疏忽可以归咎于排版人员。但下面的可就差劲了:

因此,它是理想的大众媒介,
您可以在上面刊登广告、
招聘高级管理人员和编辑。

　　只要打听一下最近当地书店里发生的事情,你就能发现类似的贫民化趋势迹象。主要的倒不是那儿卖挂历、搞笑猫咪张贴画、问候卡和纸娃娃等,而是书的出售十分完美地证明了罗杰·普莱斯的第一法则:"如果一样东西没人想要的话,就不会有人得到它。"过去你往往可以随意订购任何已出版的书籍,过一周左右就能从书店得到它。现在可不行了,令人震惊的是,就连最固执的人都与这样的事妥协了。连锁书店——难道还有其他的书店形式吗?——不仅要收2美元的订购费,还要收书价一半的订金。他们试图使这些障碍合理化,于是给过去的"订购"重新取了个名字。为了突出此过程的艰难和服务的优质,他们称之为"特别订购",这使它听起来偏离常规、艰难,甚至几乎不可能为之。这样做的效果很显著,顾客们受到鼓励一味地依赖畅销书书目,使他们的兴趣仅仅停留在书店经理(也就是以前的书商)认为大量采购就必定会带来高额利润的东西上。

顾客很快了解到,他再傻也不该走进一家书店问销售人员:"你有马修·阿诺德的《文化与无政府状态》吗?"或"你有没有弗洛伊德的《文明与不满》?"既然你面前堆满了莱昂·尤里斯[1]和安·兰德斯的作品,为什么还要对上述东西感到好奇呢?书界另一个贫民化趋势的例证是,国家图书奖正被美国图书奖取而代之,这两个奖项虽然在名字上巧妙相似,含义却截然不同。过去的国家图书奖具有显而易见的评判审慎的优点,它由公正无私、知识渊博的裁判们来裁决。而现在的美国图书奖则由出版商、编辑、广告商、销售人员和书店雇员来决定,它看中的不是书的质量是否优异,而是其流行度和市场潜力。书店新采用的"特别订购"措施和图书奖的商业化,这两

---

[1] Leon Uris(1924—2003),美国通俗作家。——译者注

样新鲜事物看起来似乎不过是芝麻小事，从文化角度考虑却简直是民族灾难。这些证据就存在于你的住所附近，证明了奥特加令人悲观的研究结果："大众捣碎了它周围一切与众不同，一切优秀、独特、历练和经典的东西。"

如此说来，贫民阶级表面上看起来是失败者，事实上却是永远的赢家。奥特加在1930年写道，新兴的贫民阶级是"各个阶层的侵略者"，强行用他们的方式玷污迄今为止神圣不可侵犯的艺术、文化、复杂和微妙的领域。然而，时间却表明，事实上贫民原地未动，并没有侵略任何阶级，倒是社会顶层自动下滑来使自己适应他们的需求，因为购买力越来越集中到贫民阶层手中。

更进一步的贫民化趋势证据（如果确实需要的话），是人们在商店、市场、银行和邮局的表现。排队——一个不论东欧还是自由世界都存在的绝对可靠的贫民化信号——现在到处都很普遍。当工作人员抱着电话没完没了地闲聊或者莫名其妙地消失好一会儿时，无精打采的顾客们怀着动物般的耐心等待着。为什么不等呢？反正顾客早就习惯于把自己看作一个奴隶、一个无足轻重的人了，他们从来不抱怨。现在一个零售交易要比十年前多花三倍的时间，因为按规定得进行电脑收款操作，对此也无人反对。这样的耽搁越平常、越必要和越能被人接受，你知道，我们就变得越贫民化。同样平常和被接受的，还有相互寒暄和服务的消失，以及在各种各样的商店和商行里普遍推行的自助服务（弄得像好事似的）。事实上，自助是最贫民阶层式的。贫民喜欢这种做法，是因为它将买卖交易过程中遭人羞辱的危险降到了最低。对他们来说这样挺好，不过由于贫民化趋势，我们不得不全部表现得像垂头丧气的废物。

过去，不同的事物往往有不同的拥护者，那些去看《窈窕淑女》(*My Fair Lady*) 音乐剧的人绝不会喜欢看电视情景喜剧《小淘气》(*Diff'rent Strokes*)。而现在百老汇音乐剧定期在电视上做广告，就好像它们拥有同一群观众似的。并且，音乐剧的制作人请求那些公开声明不喜欢风趣、细腻、微妙和风格化的人来观看他们的作品。音乐剧《第四十二街》(*Forty-second Street*) 除了最贫民化的老套路，别无其他引人之处。由于它的制作人不遗余力地在电视上大做宣传，因此它十分自然地吸引了情景喜剧《三人行》(*Three's Company*) 和《爱之船》的观众。

一个与贫民化趋势（不如说迅猛波及）相关的迹象是，两家优秀的纽约剧院被一家糟糕的饭店取代了。这件事发生于1982年的春天，碰巧那时奇克出租车[1]的制造商发表声明，声称不再生产这种车子，而这种车我认为是美国唯一文明的出租车。同时，美国的啤酒酿造商将某些敏锐的人已知多年的事情——美国啤酒业的贫民化趋势——公开化了。酿造商特别提到他们减少了啤酒花的含量，因为啤酒花会使啤酒带上酒味和苦味，而贫民喜欢清淡和微甜。正如一个酿酒业发言人所说的，"在过去的十年内，美国啤酒的苦味大概下降了百分之二十，整个酒味都变淡了。"朋友，这就是你我正在喝的酒，除非移居国外或有足够的钱消费从德国、荷兰进口的啤酒，我们别无选择。

也许事情并不完全像奥登所说：

---

[1] Checker Cab，一种老式计程车。——译者注

▽砖盒子：一种模式，适用全体。

知识失宠
显见于每张面孔

但只要你对"二战"以来的建筑样式贫民化作过思考，你就会发现事情正在越变越糟。现在，一模一样的长方形砖盒子被用来作教堂、学校、医院、监狱、宿舍、汽车旅馆、消防站或者商业写字楼。这种万能的砖盒子暗示了一点：不仅无人对用途的明显差异感兴趣，而且根本就没人对差异感兴趣。

理所当然的，相当长一段时间以前，公共建筑上文明的痕迹就消失了。现在你只能徒劳无功地去寻找橡树果、花环、栏杆、尖顶饰、排档间饰和三联浅槽饰，这些过去常见的装饰曾显示了一个比本地更大的世界和一个比实用更崇高的目的，如今都已无影无踪、荡然无存了。让人伤心的是，我们确实罪有应得。贫民化趋势支配下的社会，必然带来贫民化的建筑，这一点在金斯利·艾米斯[1]的诗《阿伯达斯[2]：中心广场》中得到了很好的刻画：

在新皮靴旁，有一只插着旗杆的工具箱，
凸缘，和一个又大又脏的
华丽门道，还有一些像舷窗的东西，
那是埃文斯与里斯夫人第一次幽会的地方。

博纳什屋，专卖绅士服装，
詹姆斯一世建筑风格，每道横梁都钉得牢牢的
真正的木头，说实话，到处都是
当他们
在"三盏灯"餐厅吃午饭时
她说"好吧。"

他将她放在城堡污秽的壮汉雕塑旁
这个雕塑，也许有天会幸运地掉在
《晚间邮报》上，那时他们正鬼鬼祟祟地
从波斯考尔度完倒霉的周末回来。

一些建筑师的札记将这里
命名为他们发现的最糟糕的市中心。
但这会不会贬得太低？当它如此卖力地

---

[1] Kingsley Amis（1922—1995），英国小说家、诗人。——编者注
[2] Aberdarcy，金斯利·艾米斯虚构的一个城市。——编者注

反映着心智永远的倾向。

所有的爱都需要见证,以某处的"某样东西"
这东西已成为爱的一部分。这两人
大概找到了卡尔顿府联排公寓,圣马克
广场,
和宏伟这边的一小块。你们呢?

第九篇

冲破常规的另类
THE X WAY OUT

那么我们呢？我们属于哪个阶层，对于社会阶层造成的束缚，我们又怎样想呢？

艾米斯的诗可能有助于我们找到答案：诗里的那个叙述者来自哪一阶层？

我们首先可以肯定他不是贫民，因为一个贫民的语言一定是毫无特色的。他也不是中产阶级，因为能发现阿伯达斯的公共建筑设施存在的严重问题并加以指责，而且毫不惧怕引起争议的人，不可能来自中产阶级。他更不可能是个上层人物，因为他使用的语言是诗歌。诗歌的创作需要才华、学识和不懈的努力，而这些，上层人物是不具备的。他那犀利的目光、嘲讽式的幽默。对埃文斯和里斯夫人这对可怜的中产阶级人物复杂并带有喜剧色彩的同情心，加上他对艺术的敏感，这一切都表明他拥有一个特殊的身份。

我们不妨假设这个叙述者根本不属于任何一个阶层，他来自一个未曾命名的群类，我称之为另类（X类）一族。之所以把另类归到某一类而不是某一个阶层，是因为你不可能生下来就是一个另类，你的出身和成长必然带有贫民或中产阶级的烙印。你只能通过转变而成为一个另类，或者，说得更清楚些，只有当你艰难地发现自己具备了另类的一些特质，尤其是好奇心和独创性这两种特质时，你才取得成为另类的资格。

这样的发现是将你从阶层的束缚中解脱出来的唯一途径。加入另类往往需要你远离父母和家乡，放弃忍耐和克制之心。从四面八方聚集到城市中来的年轻人，专心致志地从事"艺术""写作""创造性工作"——任何一件能真正将他们从老板、主管的监督下解放出来的事情，这就是孜孜以求的另类。若是能成功地使用自己的才华，这些年轻人最终会成为羽翼丰满的另类。

另类到底是什么样的人呢？

"波希米亚人[1]？"这种老式说法能使我们在脑海里对另类有了些概念，同样，"有才气的人"这种叫法也有助于我们的理解。

有些另类是知识分子，但大部分不是，他们当中有演员、音乐人、艺术家、体育明星、"著名人士"、富裕的嬉皮士、坚定的国外定居者和较有天赋的新闻从业人员。喜爱这些人的文章的聪明读者，一在作者栏里发现他们的名字就迫不及待地想往下读。

另类是"自我培养"的人（这里借用了 C. 赖特·米尔斯的说法）。他们是自由职业者，从事着被社会学家称为"自治工作"的职业。如米尔斯所言，如果中产阶级"永远是别人的人"，那么另类根本不隶属于任何人。

不受人管辖正是另类的一个显著特征。他们思想独立，不受社会习俗的约束，举止和行为都自由自在。他们热爱自己的工作，有敬业精神，工作没完成便决不放手。他们的脑子里根本没有"退休"这个词，这个概念只对那些受雇于人、为挣一份工资疲于奔命的人有意义，而那些人通常都鄙视自己的工作。

做一个另类就如同拥有了上层人物所拥有的大部分自由和一部分权力，只是没有他们那么多钱。另类可以算是"没钱的贵族"。

---

[1] 过去对放荡不羁的艺术家的别称。——译者注

只要熟识了另类的一些特征，就不难将他们辨认出来。先来看看他们的衣着和表情。另类完全按照自己喜爱的方式穿着打扮，他们从不刻意修饰以取悦于人，因为他们觉得没人值得他们下这样的工夫。因此，他们穿得很舒适随意，而且通常都有些"不羁"。其实只要永远按照比别人的要求差一级的原则来穿着，就能达到这一效果。

如果要求穿礼服打黑领结，那么另类就会穿一身暗色套装（剪裁守旧、样式土里土气），却系一个颜色醒目的领结。如果要求穿西装，他就干脆省却领带这一环节。如果要求"随意"的穿着，那么另类就会穿一条破破烂烂、打满补丁的牛仔裤，或是一条灯芯绒裤，这条灯芯绒裤要么污迹斑斑、要么就洗得褪了色。如果别人穿的是游泳衣，那么另类很可能就一丝不挂地来了。另类在挑选脚上的穿着时以舒适为主，从不关心其款式是否流行，因此他们的鞋（比如凉鞋和"莫卡辛"鞋——北美印第安人穿的、通常用鹿皮制的无后跟软鞋）总给人一种非常适合在柔软的松针上行走的感觉。

另类每年都要在这个国家购买大量的休闲马甲、法兰绒衬衫和徒步旅行靴，其中的大部分都是从 L. L. Bean 和 Land's End 这两家店里购得的。另类喜欢在大多数人穿西服便装或漂亮服装的场合穿这些衣服。另类很少穿能被人一眼认出的名牌服装，就算穿，他们选择的牌子也都是新颖独特的，而不是百威、USA Drinking Team 这些牌子。

但他们并不愿意人们对此发表任何评价，而且显而易见，就连对他们的品牌稍加留意都会被看作是不礼貌的行为。做一个另类，无论是男是女，和一个能一眼看出是哪个阶层的人待在一起时，随便他（她）怎么打扮，那身衣服都传达着这样的信息："我比你更自由、更气定神闲。"或者——在一些极端的场合下——"我比你更聪明、更有意思，请别让我感到厌烦。"

另类绝不会为该选一件黑色雨衣还是米色雨衣而发愁，因为他们根本不穿雨衣：他们要么任由雨淋，要么找个地方暂避一下，等雨停了再出来。他们可不是时间的奴隶。

另类中很少有发胖的，因为他们做大量的体育锻炼，这一方面是天性使然，另一方面，在他们眼里，运动实在充满乐趣。早在三十年前，在中上层阶级接受流行报刊的指导开始慢跑之前，另类就已经在锻炼身体了。最受另类喜爱的体育运动是一时兴起玩的触身式橄榄球赛，酒意微醺时玩起来最棒。

另类对几种常见的宠物避之不及，相反，他们愿意养驯化的郊狼、臭鼬、孔雀和食蚁兽这类动物。另类很可能会带性伙伴出入社交场合，却并不加以介绍，但大家都知道，这些另类中的一些人已很不体面地怀孕了。另类处理婴儿屎尿的手段就算不让中产阶级人士瞠目结舌，也够让他们大开眼界的，比如用网兜，或是背负式育儿袋。

另类选择的居所，附近通常会有一个很有特色的食品店和一个挺不错的葡萄酒店。另外还可能有一家 Army and Navy 服装店，或一个能买到休闲服的徒步旅行用品商店。为避免无聊，他们常去附近条件不错的公立或大学图书馆读书。一个不落俗套的报刊店对他们也很有吸引力，因为这些人还会读英、法、德、意等国家的期刊。

另类觉得该搬家了，就会搬走，完全自己做主，不像雇员那样，老被老板们牵着鼻子走。另类喜爱自己的居所，但如果有一天他们发现不再喜爱这地方了——比如这地方正飞快地向中产阶级或贫民靠拢——他们就立即搬走。他们的房子都不在"开发地段",相反,位置都有些古怪——比方说,在山坡上,或是牢牢地扎根在两座摩天大楼之间。他们的房子(当然,对这些人来说,永远不会是个"家")往往是旧的,而非新的。原因之一,是旧房子比较便宜;之二,向别人夸耀一所年头已久的老房子,就等于宣告自己不与那些沉迷于"新潮"的幼稚美国人为伍。

另类鄙视那些旨在炫耀身份地位的大众做法,因此他们的房前一般都没有车道。他们的车就停在大街上,样式落伍,而且基本上没有擦洗过。另类对待汽车的种类和状况的一条不成文法则是:无论哪种标贴——大学或其他的东西——都不会出现在后车窗上,也许只除了黑白两色的。在二战期间标志着最低汽油配额的"A"字标贴,倒可以作为崇古做法而允许其存在。毫无疑问,另类会回避大道和高速公路这些专为中产阶级准备的枯燥无味、没有特色的道路,他们更喜欢驾车缓缓行驶在"迷人"的乡村道路上。

另类一族天性喜爱通过模仿进行嘲弄,他们房前的草地和庭院永远不会给人留下美好的印象,相反,往往散发着强烈的讽刺意味:他们的前院没有草坪,地面上可能铺着砾石、沥青或是水泥(有时水泥面漆上了明亮的绿色),也可能杂草丛生、碎石散落,甚至会引人注目地种着大麻。

另类除故意制造出中产阶级效果外,还可能会模仿贫民的一些做法,例如,摆放几件丑陋得令人啼笑皆非的草坪家具或砌一圈滑稽的花墙。可无论怎样装饰,他们的前院永远给人以毫无生气的感觉，因为对于另类来说，房屋临街的一面无关紧要，幽闭的后院才是真正的去处。在那里，你可以避开别人的耳目，尽情玩乐。另类欢迎客人在自己家过夜，但他们从不像中上层人士那样指定哪些客人可以"留宿"。客人们不住客房，而是睡在空余的沙发上或睡袋里，夜间可能有人不断进进出出，更别提一大早的忙乱景象了。

要最简洁地描述一间另类的起居室，你可以这样说：凡是精美的室内装饰杂志推荐的东西这里一概没有。他们的指导原则就是一定不给人以刻意效仿的印象：屋里可能会有一只象腿伞架，还可能摆放着一些猫、狗、企鹅和鬣蜥的标本——他们这样做可未必是想表现动物标本剥制艺术。屋里到处都是女里女气的布料和织物——奇特的窗帘、散垂下来的坠着流苏的披肩、博物馆风格的墙布。墙上挂着的画强烈地反映出主人不随波逐流的品质：大胆的裸体画（有各种年龄和性别的人）、比基尼环礁或瓜达卡纳尔岛的地图，他们从不挂为中产阶级人士所钟爱的南塔基特岛和加泰罗尼亚的地图。咖啡桌上放着的杂志是《琼斯大妈》和《原子科学家通报》[1]。

当你发现自己坐得离地板越来越近时，你很快就会成为一个纯粹的另类了。一间完整意义上的另类起居室根本不会出现家具的腿，屋里任何一个表面——坐着用的、吃饭用的、斜躺用的——距离地板的高度都不超过 12 英寸。地板上要么光秃秃的，要么就散乱地铺着地毯。地毯的产地也都很不寻常，比

---

[1] Mother Jones、Bulletin of the Atomic Scientists，前者是美国左派知识分子的喉舌杂志，后者是美国科学家反核战争和平运动的喉舌。——编者注

如尼泊尔和洪都拉斯这样的国家。房间里通常还装有一个不是非常干净的燃烧的壁炉，他们之所以这么做，与其说是为了美化居室，还不如说是为了享受在壁炉前的地毯上做爱的乐趣。屋里还有大量的书架，上面塞满一排排的硬皮书，大部分书籍的出版日期都远在20世纪50年代以前。

另类经常看电视，但从来不看任何带有说教意味的节目，他们把国家教育台看成是对文化的一种威胁。另类的电视机上通常都摆着一只集市上常见的凸眼。他们喜欢看经典老片子，比如《蜜月期》和《我爱露西》，他们喜欢体验第五十次观看《蜜月期》里杰基·格里森[1]"未来主厨"那场戏和《我爱露西》里露西狂热的高尔夫游戏时那种欣喜若狂的感觉。通过这些爱好，另类表达了自己对伟大而崇高的古典主义的敬意。他们经常收看现场直播节目，只为能一睹某些意外差错闹出的笑话——足球比赛被搞得一团糟，公共演说手稿被一阵狂风吹散，总统、州长、议员、市长、高级神职人员在发表临时讲话过程中出现的失态行为，等等。另类们至今还念念不忘，约翰·肯尼迪总统就职仪式上枢机主教理查德·库欣祝祷时讲台失火那一刻，站在台上的大人物们丝毫没有察觉到的那一缕缕不祥的黑烟。

在饮酒方面，另类饮酒不是为了炫耀地位或酒量，而是想拥有一种平静的醉酒感觉。他们发现，喝伏特加和杜松子酒是达到这一目的的最佳途径。当然，有的另类也毫无节制地喝白葡萄酒。尽管另类喝得并不多，他们还是喜欢大量地购买便宜

---

[1] Jackie Gleason（1916—1987），美国喜剧演员，《蜜月期》主演之一。——编者注

的酒,而且专门买虽没有名气却品质优良的烈酒,像 Beefeater 杜松子酒和 Cutty Sark 苏格兰威士忌。他们这么做当然背叛了广告的上当受骗者,也就是中产阶级。在另类的住所,一加仑装的酒瓶随处可见。

另类很少在固定的时间吃饭,他们只有在饥饿和适宜的时候才会产生吃饭的愿望。和上层人士一样,另类吃饭的时间偏迟,而不是偏早;而且,由于席间不断有人讲笑话或编排一些丑闻诽谤中伤别人,因此一顿饭可能会吃很长时间。另类的菜肴绝少类似中上层人士常吃的法式菜或英式菜;他们的菜更倾向于北美风味、土耳其风味或印度支那风味以及素菜、有机餐和营养餐风格。

另类通常不愿到饭店就餐,因为他们不像某些人那样惶惶然,必须在地位较低的人面前趾高气扬、发号施令,来满足自己的怪念头,才能使自己获得一种身份上的保障。像另类这样既思维敏捷又富有洞察力的人早就明白:你若是足够聪明,那么在家里会比在外面吃得更好。许多另类喜欢的食物你可能一时半会儿搞不清楚到底是什么,比如说草药茶、柠檬伏特加、用石磨面粉烤制的食品,等等。另类偶尔也会预先不给任何通知就突然不再吃那些带有异国风情的食物,转而如痴如狂地迷上地道的美国菜,除苹果派、火腿、热狗、汉堡包、红番椒和火鸡之外什么都不吃。但无论另类的菜肴风格如何多变,都不会脱离以下这两个特点:(1)好吃;(2)用不着称赞。因为好吃是理所当然的。除了偶尔喝的苏特恩[1]白葡萄酒,或者饭后的

---

[1] sauterne:法国著名白葡萄酒产地。——译者注

钵酒，另类喝的酒通常是干红，但很好喝，而且从来无须就品质进行讨论。

若想鉴别某次宴会是否为另类之间的宴会，在其他方面都难分彼此的情况下，有一个办法可以让你稳操胜券，那就是，无论主人准备多少酒，来宾都会全部喝掉，绝对不会有剩余。而且，连主人最后也会傻了眼：就连家里的存酒，也所剩无多了。

另类天性见多识广，因此他们不知不觉地熟悉了很多城市的街道布局和路标，比如伦敦、巴黎和罗马，有时甚至连伊斯坦布尔和卡拉奇的情况也知道一些。这一方面与他们乐意了解更多新事物的习惯分不开；另一方面，无论何时何地，他们对人都怀有强烈的求知欲和好奇心。因此，另类的兴趣集中在历史、文学、建筑和美学品味等方面。（批评阿伯达斯中心广场的那个人刚好处于传统的中心。）

无论一个另类从事何种工作，他都会阅读大量的书籍。他们把读书看作人生体验中自然而然的一部分，这部分和阅历同等重要，而且相较阅历更为有趣。另类从不参加任何读书俱乐部。由于他们完全依照自己的喜好挑选图书，所以人们常听到他们抱怨当地书店经营者的眼光是如何媚俗，如何不可救药。另类的读书兴趣极为广泛，他什么样的书都读，有时甚至会翻翻畅销书，但他们读这种书的目的主要是为了看看里面是否还像以往一样充斥着陈词滥调。一般来说，另类都"念过大学"，但如果有谁给他寄来一份校友刊物，他通常会看也不看就同其他垃圾邮件一起扔掉。

由于另类完全自主，因此他们探索的也往往是一些非同寻常的边缘学科，比如，他们可能狂热地研究塞尔维亚-克罗地亚诗体学、晶洞玉石以及 11 世纪法兰西北部教堂法衣等问题。要是另类一时心情舒畅，突然唱起歌来，他们的神态很可能出自巴洛克时代的歌剧，或者《唐璜》[1]，或者《弥赛亚》[2]。就连他们平时吹的口哨，其曲调也都来自经典的保留剧目。一个真正厉害的另类，能一个音符不差地把贝多芬的四重奏曲吹下来。另类擅长演奏乐器，但几乎都是人们意想不到的乐器：他们不拉小提琴，不吹竖笛，他们弹奏美乐号[3]、自动竖琴或用鼻孔吹奏鼻笛。

虽然另类对"创造性"这个词深恶痛绝，认为它在日常话语里体现的意思是追求时尚、容易伤感以及心理上的不成熟，这完全是中产阶级的性格体现，但他们还是以一种创造者的态度来对待事物，当然也就是一个批评者的态度。一个另类能毫不费力地想象自己正在创造一件现代美术品、一出戏剧或一件建筑作品。因此，就电影来说，另类对导演风格的兴趣，丝毫不亚于他们对表演风格的兴趣。

尽管一个另类可能会深谙欧洲教堂建筑，甚至 15 世纪礼拜仪式上一些优美典雅的习俗，但除了个别的婚礼和葬礼，他从来不去教堂。不仅如此，他认识的人中也没一个去的。在他们看来，不知是谁想出了去教堂做礼拜这样荒唐的念头，简直太让人难堪了。如果在公共场合被迫低头祷告，那么另类就会偷偷抬起眼来审视周围那些顺从习俗的人的表情，观察人们的姿

---

[1] Don Giovanni，莫扎特的著名歌剧。——译者注
[2] The Messiah，亨德尔的著名清唱剧。——译者注
[3] 一种类似法国号的中音萨克号。——编者注

势和衣着。

另类通常自己给自己制定规章制度，因此就摆脱了社会习俗的束缚，这就意味着他们当中很多人都是作家，正如戴安娜·特里林[1]所言，"如果人人都想成为作家，不仅仅因为当作家可以使人出名，还因为艺术家的生活自由自在，你可以自己制定准则。"

另类很健谈。他们语言学得很出色，因此就想当然地认为，如果你仅仅因为自己是个美国人或因为眼界狭窄，就甘愿这辈子只讲一门语言，那可真够丢脸的。另类不像中产阶级和中上层人士那样，只会讲一两个装饰门面用的外国词，如 gourmet（法语，"风味美食"）、arrivderci（意大利语，"再会"）、kaput（德语，"完蛋了"）。他们能整段整段地翻译法语、意大利语、德语或西班牙语，有时甚至连俄语和中文都行。另类肆无忌惮地使用污言秽语，因为他们根本不在乎是否要赢得别人的尊重，但他们说起脏话来总会产生一种强大的修辞效果。而且不像贫民老把"操"（fucking）挂在嘴边，他们只是偶尔用"操"做个修饰语，而且从来不会把"g"的音省略掉。

跟大多数人比起来，他们可能更喜欢把一些人——通常是那些"人民公仆"或中产阶级的偶像——称为"傻冒"。这一点说明，一般情况下另类都有啥说啥，并不使用委婉语，比如他们坚持让自己的孩子使用"阴茎"和"阴道"这样的科学术语。

但他们也并不总是直言不讳，有时也说委婉语，但和彬彬有礼的人使用目的不同。他们喜欢反用委婉语，或者通过模仿

---

[1] Diana Trilling（1905—1996），美国著名文化、文学评论家。——编者注

来嘲弄他人。他们最爱用的是一些低俗小报上刊登的，既能使读者心照不宣地领会其讽刺挖苦之意，又能避免被人说成诬蔑诽谤的委婉语。因此，当一个另类眉头稍稍抬起，称呼某人为"坚定的单身汉"时，我们就可以推断，他指的是"充满激情的同性恋者"。同样，正如尼尔·迈克伍德（Neil Mackwood）所说，"小明星"是对妓女的一种讽刺性称呼；相应地，"经常做伴的人"指"情人"；"疲劳"（或"过度疲劳"）的意思是"醉倒在公共场合"；"爱玩儿"指的就是"乱交"；说一个年轻女子"苗条"就是说她"即将死于厌食症"。如果一个另类在使用委婉语时语调中加入足够多的挖苦暗示，那他就是在用这个委婉语表达讥讽。因此，当另类谈到一个可怜的家伙的盗窃癖问题，听起来就像在这句话前后恶毒地加上了表示怀疑的引号。

一个世纪前，马修·阿诺德在对英国的社会阶层进行了仔细的审察后，划分出三种标准的阶层，并继而阐述道，每个阶层里都有这样一些人，他们觉得自己并不属于这个阶层，想从里面出来，他把这些人定义为"异类"。很大程度上，就是这类人在美国的对应者组成了另类这一群落。其中有些成员来自社会上层，例如戈尔·维达尔。而另一些人，比如詹姆斯·琼斯[1]，原本是贫民，甚至可以称之为赤贫的农民。一个另类可以是没受过什么教育的人，就像琼斯那样，也可能受过很完备的教育，就像那些毕业于那几间要求严格的大学，并在学校里培养了智力和审美两方面信心的才华横溢的小伙子们。

简言之，另类构成了一个"无阶层"的阶层，他们在美国

---

[1] James Jones（1921—1977），美国作家。——编者注

社会中占据了一席之地。在那里，"交易"这种人生观无法再横行无阻。另类身上所特有的傲慢无礼的态度、聪慧的头脑、冷嘲热讽的说话方式和昂扬的斗志，使他们从束缚住其他人的阶级牢笼中逃离了出来。那些担心另类的性格特征可能会"非美国化"的人应该意识到，事实恰恰相反，这些人身上流淌着真正的美国血液。马克·吐温早就认识到了这一点，他塑造了一个典型的另类，当他初次把这个人介绍给读者时，他说："哈克贝利·费恩来了，又走了，全凭他自由的个人意志。"虽然他们的地位是无法继承的，虽然他们毫不注重礼节，但自由的精神使他们成为一种特殊的贵族。在某些方面，他们类似 E. M. 福斯特[1]笔下"敏感、得体、大胆的贵族阶层"，这个阶层的成员"敏锐地感受着自己和他人的内心世界……细致得体而不手忙脚乱"，而且"他们具有大量的幽默感"。"他们又踏上征途了，"福斯特说，为自己看到的景象所振奋，"这是一支不屈不挠的军队，但还不是一支能够永远取胜的军队。"

当权者看到了他们的价值，便想方设法地网罗他们、利用他们。当权者借用了许多招数——埃及的祭司、基督教的教会、中国的行政部门曾用过的，以及其他很多值得一试的绝招。但他们不断从网里溜出来，跑掉了……

如果说想象力贫乏、理解力有限的人竭力想钻进中上层社

---

[1] Edward Morgan Forster（1879—1970），20 世纪英国著名作家，他的长篇小说几乎都是反映英国中上层阶级的精神贫困，在每部作品中主人公都试图通过挣脱社会与习俗的约束来求得个人解放。——编者注

会，那么，那些有着天赋过人的心智和洞察力的精英们则正在奋力摆脱束缚，准备走进另类的行列。只有超然于阶层混乱造成的压抑和焦虑的另类，才是一个真正享有硬币上允诺的自由[1]的美国人。也只有在另类的世界里，一个美国人才能躲开曾腐蚀了无数人的野心和妒忌。早在1845年，托克维尔就预见到了美国政府排斥贵族化行为准则将会产生的恶果——"欲望仍处在极度膨胀之中，"他写道，"而能够满足这些欲望的手段却一天比一天少。"因此，"这些在内心燃烧着、膨胀着、受了挫的欲望，开始隐秘地、徒劳地咬啮心灵，我们随处可见心灵遭受的痛苦折磨。"

目前，另类一族的阵营还不够强大，但肯定会大起来的，因为许多人尚未意识到他们已接到邀请，他们最终会加入另类的行列。

---

[1] 美国多种硬币上都有自由女神像。——编者注

第十篇

练习题、客厅评分表与读者来信问答
EXERCISES, AND THE MAIL BAG

一、练习题：学习推断阶级属性（答案附后）

指出下列每个人的阶级属性：

1. 一个小女孩，当她第一次被带去听交响音乐会时，她这样描述："一个侍者走了出来，想用小棍子打乐队里的人。"

2. 一个 50 岁的男人，坐在 35 英尺长的克里斯游艇甲板上，喝着听装的百威啤酒，被三个身穿三角背心、头戴廉价白色快艇帽的美丽可爱的女孩围着。

3. 飞机上一个整洁清秀的小伙子，穿着三件套的深色西服、白衬衣，打着老式领带。当他与邻座交谈时，你可以不断听到"电脑界面""基金""对话""生活方式"以及"底线"等词汇。

4. 飞机上一个整洁清秀的小伙子，穿着三件套的深色西服、白衬衣，打着老式领带，当他与邻座交谈时，你可以不断听到"青铜锈"（不仅发音准确，而且果断优雅）、"quattrocento[1]"以及"维多利亚和阿尔伯特博物馆"等词汇。

5. 纽约一家大公司的一个年轻女律师，喜欢在电视教育频道看莎士比亚戏剧，并经常光顾一些有口碑的风味餐厅。"《纽约客》杂志简直就是我的圣经。"她会这么说。

6. 一位中年女教授，在东海岸一所大而历史悠久的大学里教授古碑铭研究专业，夏天和冬天在安纳托利亚（土耳其）的住所与比她年轻许多的男友一起度假。她的母亲是妇女监狱的勤杂工，父亲是伍德肖普的中学老师，两人都热衷于上教堂。

7. 一个二十七八岁的男人，穿着三件衬衣，最里面的一件

---

[1] 意大利语，"15 世纪"，专指意大利那一时期的文学艺术。——译者注

是鲜红色的，然后是一件黄色的，最外面一件是淡蓝色牛津布的、配有领尖纽扣和领圈。

8. 一名小镇理发师，他的妻子长得很胖。

9. 一对二十来岁的男女，从纽约飞往旧金山，他们都穿着肮脏破旧的牛仔裤，男孩的棉衬衣褪色并被撕破了，透过女孩的衬衣可以清楚看到她的乳头。他们都穿着没有鞋跟的鹿皮鞋，也都不穿袜子。

答案：

1. 判断这个女孩属于哪个社会阶层，得看指挥的穿着。如果他打着白色领带，这个女孩就可能是上流社会的；如果是别的颜色的领带，她可能是中上层阶级。中上层阶级以下的小女孩是不会被带去听交响乐的。

2. 他是上层贫民阶级的一员，用攒了一辈子的钱买了那艘可怕的船。如果他将那些女孩的帽子摘下来，并用玻璃杯喝啤酒，那他有可能是个中产阶级。如果他让女孩子们穿上男式旧衬衫，并把下摆露在外边，他甚至可能是中上层。

3. 这个小伙子是中产阶级，甚至可能是上层贫民，比如某个公司的培训人员，正要去参加"会议"。他以为自己会给人中上层阶级的印象，但他露了馅。他肯定还以为将来某一天他能爬上公司的领导层，但这一点他也错了。

4. 这个小伙子要么是上层，要么是中上层。他继承了一笔钱，但他仍然喜欢做点有品味的工作——就他而言，比如，在博物馆当个兼职馆员，或在经营古典艺术品的画廊干份轻松高雅的工作。如果他有一天宣布结婚，他的朋友们定会大吃一惊。

5. 她只能是个中产阶级，大概内心深处还怀有不能成为中上层的痛苦。

6. 另类，显而易见。她的生活方式与她的家庭背景毫无关系，这里提及她的家庭不过是放烟幕弹罢了。

7. 他并不是疯子，只有中上层阶级的人才可能像他那样穿几层衬衣。如果他是从脏乎乎的旧雪佛兰车里钻出来的，那他可能是个上层。

8. 他不过是个手艺人，但他仍然被划为上层贫民。如果他的妻子再胖一些，他就会沦为中等贫民。

9. 他们要么是上层，要么是另类，这表现在他们旅行时的穿着会使循规蹈矩的人看着别扭。如果他们是中产阶级或者贫民，他们反而会打扮成很体面的样子。再仔细看看，如果他们脱掉鹿皮鞋并赤着脚在通道上轻轻地走来走去，那他们可能属于另类，不过露出乳头已经可以说明他们是另类了。

二、客厅评分表(修订版)

[此表格早期原始版本发表于1935年斯图尔特·查平(F. Stuart Chapin)所著的《当代美国机构》一书]

起始分为100。如表所示,以你家、你朋友或熟人家的起居室为例,加上或减去下列物品所对应的分值。计算出你的得分后,再根据最后的附表来确定你的社会阶层。

硬木地板	+ 4
镶木地板	+ 8
石地板	+ 4
塑胶地板	- 6
房间铺满地毯	+ 2
壁炉	+ 4
新的东方地毯	- 2(每一块)
旧的东方地毯	+ 5(每一块)
磨出线的旧地毯	+ 8(每一块)
10英尺高及高于10英尺的天花板	+ 6
世界知名画家的原作(油画)	+ 8(每一幅)
世界知名画家所作素描、版画或石版画	+ 5(每一幅)
所有毕加索的油画、版画或其他作品的复制品	- 2(每一幅)
家庭成员所作油画、素描或版画	- 4(每一幅)
窗帘:有吊杆,使用拉绳	+ 5
窗帘:无吊杆,使用拉绳	+ 2

真的 Tiffany 台灯	＋3
仿制的 Tiffany 台灯	－4
描绘牛仔的艺术品	－3
任何家庭成员的"专业"油画肖像	－3
任何收藏品的展示	－4
透明塑料家具保护罩	－6
用金属线装饰家具	－3
用玻璃纸装饰的灯罩	－4
没有烟灰缸	－2
客厅里有冰箱、洗衣机或烘干机	－6
摩托车存放于起居室内	－10
房间里能看到的期刊：	
《国民探秘者》	－6
《大众机械》	－5
《读者文摘》	－3
《国家地理》	－2
《史密森学会会刊》	－1
《科学美国人》	－1
《纽约客》	＋1
《市镇和乡村》	＋2
《纽约书评》	＋5
《泰晤士报》文学副刊（伦敦版）	＋5
《巴黎竞赛画报》	＋6
《哈德逊评论》	＋8
每一张全家福照片（黑白）	－2

每一张全家福照片（彩色）	− 3
每一张带纯银相框的全家福照片（黑白或彩色）	＋ 3
结了小果实的柑橘盆栽	＋ 8
棕榈树盆栽	＋ 5
保龄球托架	− 6
金鱼缸或热带鱼缸	− 4
以流苏装饰的每件家具	− 4
任何可以断定为瑙加海德人造革的东西	− 3
任何展示一种古代或现代外语的物件（西班牙语除外）	＋ 7
木制软百叶窗	− 2
金属软百叶窗	− 4
摆在桌上的大理石或玻璃方尖碑	＋ 9
见不到有期刊杂志	− 5
墙上少于五幅画	− 5
每件家具都有 50 年以上的历史	＋ 2
放满了书的书架	＋ 7
任何超过 75 年历史的皮封面书籍	＋ 6
书放得不太满的书架	＋ 5
书架上放不下的书堆在地板和椅子上	＋ 6
嵌进墙壁的书架上摆着碟子、罐子、瓷像，但没有书	− 4
墙壁嵌入式电视机和音响系统	− 4
咖啡桌上放着装满来自好玩、怪异地方的火柴盒的容器	＋ 1
雕塑（原作，非户主或任一家庭成员所作）	＋ 4（每一件）
雕塑（户主或任一家庭成员所作）	− 5（每一件）
每一件指向英国渊源的物品	＋ 1

任何暗指——哪怕是隐晦地——图坦卡蒙时代的物品	− 4
每件装框的证书、文凭或奖状	− 2
以上每件经过压膜	− 3
每样由佛米卡抗热塑料薄板制成,并刷着仿玳瑁漆的物件	+ 1
每把埃姆斯椅[1]	− 2
带有家中任何一个人名字或姓名缩写的物品	− 4
房间各处可见的装饰用嵌线	+ 5

计算结果:

245 分以上	上层阶级
185 ~ 245 分	中上层阶级
100 ~ 185 分	中产阶级
50 ~ 100 分	上层贫民
50 分以下	中层或下层贫民

---

[1] 一种胶合板或塑料椅子,由美国设计师 Charles Eames 于 20 世纪 40 年代设计并以其名字命名。——译者注

三、来信问答

亲爱的先生：

我们是一对年轻夫妇，打算买我们的第一个家（home），请问壁炉是否比车库更能提高我们的身份？

——充满希望者

亲爱的充满希望者：

壁炉当然更能提高你们的身份，但车库的意义在于停车。注意不要说买第一个家，这样说不雅。

————————

亲爱的先生：

站在大城市的人行道上，吃着一个热狗或类似的从路边摊上买来的食品，这样的人是什么阶层的？

——迷惑者

亲爱的迷惑者：

只有衣着华贵、相貌英俊的人这样做无损他们的身份。中产阶级这么做只会降低身份。对上层社会的人而言，穿着昂贵的西服出现在午后的球场上是一种荣耀，只会进一步确立他们的身份。作为上层阶级成员，你如果这么做也会在等级上得高分，人们喜欢上层表现得民主。

————————

亲爱的先生：

我是个打算移民到美国的英国人，你能帮我解释一下那儿的社会等级制度吗？

——阿特金斯

亲爱的阿特金斯先生：

不可能，你永远不可能把它弄清楚——太复杂了。你得出生于此，并在此长大。但你不用担心，就因为你在英国出生，便至少可以使你的社会等级上升一级，无论你可能来自多么糟糕和难以启齿的阶层。

亲爱的先生：

公制[1]是不是很粗俗？

——焦虑者

亲爱的焦虑者：

这是个十分复杂的问题。从公制背离英国制度的角度看，它显得很俗。但无论如何，一想到法国和意大利都用这种度量衡，那就意味着有某种可以炫耀的地方了，就像说："我想要半公斤那种看上去挺不错的 ris de veau[2]。"我想公制雅不雅最终取

---

[1] metric system，米千克秒（MKS 或 mks）单位制，是对英国的英尺-磅-秒（FPS）单位制感到失望的科学家发展起来的，建立在米、千克、秒三种基本的单位上，为了使计量单位更易于使用。——编者注
[2] 法语，"甜面包"。——译者注

决于你计量的是什么东西，毕竟，知道一公升是多少，能很快说明你是个熟识进口葡萄酒的人。

───────────

亲爱的先生：

我在乔治敦一直住了三十年，如今，我发现自己必须搬到得克萨斯的德尔里奥去。我会失去已经得到的社会地位吗？

——忐忑不安者

亲爱的忐忑不安者：

这还用问吗？您将永远没机会再出席体面的社交活动，还好您至少不需要搬到迈阿密去。

───────────

亲爱的先生：

为了一场打赌，您能告诉我什么东西是粗俗的吗？

——好奇者

亲爱的好奇者：

我会认为下列事物是不雅的，但没什么特别的顺序：杰瑞·刘易斯（Jerry Lewis）马拉松式的电视节目；任何"文化中心"；威灵顿牛肉馅饼；矫揉造作的饮料名称，比如"drinky-poos"或"nightcaps"；化纤含量高的餐巾；彩色的葡萄酒杯；描绘家庭成员的油画；塑料压模的文凭和证书。而下列事物不算俗：国庆节的焰火、西冷牛排、纸餐巾、旧衣服。你应该能推导出其中的判断标准，并依此作出判断。

───────────

亲爱的先生：

我在教堂里弹竖琴。我听人说竖琴的地位比普通的教堂钟地位低，这种说法对吗？

——敲钟人

亲爱的敲钟人：

恐怕他是对的。不过可以弹些好曲子来弥补这一点，比如用《F大调旋律》（Melody in F）来代替《安妮·劳拉》（Annie Laurie）《灰色老母马》（The Old Gray Mare）[1]和《不可能的梦想》。既然你的信不是来自南加州，我想你实际上宁愿弹奏竖琴也不愿改成大声地放磁带。如果你真的担心自己的等级，最好另找一份工作，并试着找些更老练的人交往。

———————

亲爱的先生：

我儿子现在在佛罗里达州圣彼得堡镇的艾科德学院读书，但他坚持要在车后窗上贴一张哈佛大学的标贴。他这么做错了吗？

——担心者

亲爱的担心者：

他这么做当然错了，不过这件事至少说明他在那儿已经学到了点东西，他也许有一天会远走高飞。

———————

[1]《F大调旋律》是19世纪俄国最杰出的钢琴家、作曲家安东·鲁宾斯坦的作品；《安妮·劳拉》是知名苏格兰民谣；《灰色老母马》是美国儿歌。——编者注

亲爱的先生：

我开户那家银行的工作人员在告别时对我说："Have a nice day！"（祝你今天愉快），这让我很难受。我不知道该如何作答。您能帮助我吗？

——忠诚者

亲爱的忠诚者：

我想你可以说"You too"（祝你也愉快）或"Have one yourself"（也祝你愉快），尽管后面这句有点像"Have one on me"（我已经很愉快了），听起来有些尖刻。但你永远不要说"Mind your own business"（管好你自己的事），这么说太粗鲁。我认为，对"祝你今天愉快"最好的回答是我的一位英国朋友建议的，他说："谢谢，但我今天另有计划。"非常礼貌，又能清楚地表明你不属于那个人所属的社会阶层。

中译本第 1 版[1]序言
品味—社会等级的最后出路

阅读有许多种标准,有趣是其中之一。经过许多年的阅读,似乎越来越重视一本书的趣味。书架上的书那么多,取哪一本读呢?除非你有严肃的心情,否则不会去碰那些大部头的经典。它们的分量过重,令人望而生畏。不过也有一类书,谈的是严肃问题,读来却意趣盎然。比如谈论社会等级问题,不可谓不严肃,是个想起来就会令人绝望的话题,对这一问题的思考曾经产生了大批激进思想家,对他们思想的传播则导致了无数次革命和战乱。但是我想推介给读者的这本书,谈的也是阶级话题,揭示的道理也很深刻(至少我这样认为),但读起来却充满乐趣,有如饮一杯陈年的红酒,它的锋利包裹在厚实的趣味之中。

本书的英文原名是"CLASS"。在英语中,这个词既有阶级、阶层和等级的意思,也含有格调、品味的含意。说一个人是否"classy"或说一个人有没有"class",并非在说他或她的社会地位和阶层高或低,而是说这个人有没有品味和格调。因此,作者的书名取"class"一词的双重含意,指通过一个人的品味

---

[1] 1998 年中国社会科学出版社出版。——编者注

和格调来判断他或她所属的社会阶层。

保罗·福塞尔，美国宾夕法尼亚大学的文学教授，著名文化批评家，曾任教于德国海德堡大学、美国康涅狄格学院和拉特格斯大学。他关于"一战"时期美国社会文化的专著曾获得1976年美国国家图书奖。他是英美文化批评方面的专家，擅长于对人的日常生活进行研究观察，视角敏锐，语言辛辣尖刻又不失幽默和善意。本书出版之后在美国立刻引起轰动，一方面好评如潮，另一方面也受到来自社会各阶层的猛烈批评，认为福塞尔夸大了美国的等级偏见，对穷人缺少同情和道义支持，对人类的弱点过于尖酸刻薄，等等。其实作者在著作发表之前就准确地预知到了人们的反应，正如作者在本书开头时写道："今天，你只需要提及社会等级这个话题，就可以轻易地激怒别人……最近有人问我正在写什么书，我说正在写一本关于美国人的社会等级的书。人们听后会先紧一紧自己的领带，再溜一眼衬衫袖口看看有没有磨损开线。几分钟之后便悄悄地站起身来走开。"

什么是一个人的社会等级标志？在今天这个时代，由于人类生活质量的普遍改善，社会观念的进步，这一问题已经不那么容易回答了。它常常不是你的职业，不是你的住宅，不是你的餐桌举止，也不是你能挣多少钱或者拥有多少财产，而是一系列细微的、你在自觉不自觉中呈现出来的行为特征的混合，正是这一切构成了你在这个世界上的等级定位。眼前的这本书，是我所读过的关于社会等级这一话题的最机智、最有趣、最辛辣，而又多少有些令人恼怒的佳作。

我们不得不承认，人的社会等级或地位不是一个轻松的话题。谁高谁低？怎样识别，识别的标准是什么？作者并没有用学术的社会研究方式回答这些问题，而是绕开理论上的争论，从人的衣、食、住、行以及日常话语里呈现出的特征来分析判断人的社会阶层。按作者的话说，他只从"可以看见的事物和可以听到的话语所传递的信息来分析人的社会阶层，而不考虑他们的种族、宗教信仰和政治观点"。作者认为，宗教信仰和政治观点不可见，而种族虽然可见（肤色），却并非个人选择的结果，因而不在作者的考察范围内。作者真正感兴趣的东西显然是人们在日常生活中自然流露出的那些品质。因此在阅读时，这本书不应被看作一本学术研究专著，而应当被看成是一本社会等级表象观察指南。

那么作者的等级标准是什么呢？通过大量的观察之后，作者认为，正是人的生活品味和格调决定了人们所属的社会阶层，而这些品味格调只能从人的日常生活中表现出来。比如一个人的穿着，家里的摆设，房子的样式和格局，开什么车，车里的装饰，平时爱喝什么，用什么杯子喝，喜欢什么休闲和运动方式，看什么电视和书，怎么说话，说什么话，等等。作者根据人们的生活方式取向，给美国社会分了九个等级，用辛辣嘲讽的语言归纳了这九个等级在生活品味方面的差异。

从 1994 年第一次偶读此书到现在，我已经读过至少三遍了，而且每读一次，都会对美国社会各个阶层的行为特征增加新的认识，不光是对周围的普通人，而且也包括 celebrity，即所谓社会名流。无论现在他们已经多么有钱，你只需注意一下他或她的衣着和言谈举止，再按照福塞尔提出的标准加以衡量，就能判断出他们最初来自什么阶层，而且完全正确。尽管此书初版于1983年，但在稍微用心观察过周围人的生活之后，我发现作者揭示的许多特征在20世纪90年代的美国仍然有效，人们在生活格调和趣味方面并没有发生太大的变化，中产阶级仍旧在房间里满铺化纤地毯，贫民阶层仍旧爱打保龄球。习惯于喝易拉罐装啤酒的人们虽然慢慢改为喝玻璃瓶装啤酒了（并非由于趣味的改变而是由于环境保护的原因），但并没有改为喝口味偏干的葡萄酒或者进口矿泉水。我开始意识到作者的尖锐所在，人的生活品味随着他的成长一旦形成之后，一般不再会发生大的改变。即使经由有意识的熏陶和训练（我不由得想起全国各地正在兴起的礼仪学校，刚从礼仪学校毕业的人又开始随地吐痰了），似乎也收效甚微，只能使人再次想到"培养一个贵族需要三代人"的说法，是不是贵族倒不那么要紧，但是改变一个人的生活格调则绝非易事。由此推论，用生活品味考察人所属的社会等级更为衡常、更为有效。一个人可以在一夜之间暴富，但却不能在一夜之间改变自己的生活格调。这就是我们今天为什么经常看到腰缠万贯的富豪，其举止和品味却还保持着昨日"贫民劳动者"的本色。

当然，作者并非意在贬低某些阶层，抬高另一些阶层。作者实际上嘲讽的是人们在等级问题上暴露出的虚荣、自大、粗俗和缺少品味。这些特征并非偶然的选择结果，而是具有深刻的社会文化根源。比如，美国人数最多的阶层——中产阶级，按照作者的分析是最为虚荣和势利的阶层，原因在于他们像螺丝钉一样可以被随意替换，因而最缺少安全感，生活也最焦虑。在这样的心态中生活，首要的事情就是必须得到他人的认可，要在他人眼里看起来生活得既得体又安全，因此他们的爱虚荣和喜欢炫耀在衣食住行和话语上必然体现出来。但从本质上说，他们中的大多数人都是从更低的社会阶层奋斗上来的，所以不可避免地缺少富人阶级才会有的高级生活品味，因而在生活中追求的必然是那些缺乏个性的、标准的、可以明确指示身份的物品。作者显然非常反感这种拘谨的循规蹈矩，毫无节制的炫耀以及缺乏创造性的生活方式，因此在字里行间毫不掩饰地流露出冷嘲热讽的情绪。

尽管作者的主旨是用人的外在生活特征来分析判断一个人所属的社会阶层，我们还是能够强烈地感觉到作者努力的另一个向度，即为社会等级划分提供新的观察依据。在今天的社会里，社会等级已经由更多的文化标准来确立，而不是简单地以有产和无产、剥削与被剥削、压迫与被压迫等标准来划分。人们可以经由提高自己的生活品味来改变社会地位。另一方面，仅仅有钱并不能提高一个人的社会地位，还必须提高文化品味与生活格调。没有品味的人永远不能改变自己最初所属的社会阶层。

本书另一个最大的特点在于，每个读者都会在阅读过程中情不自禁地想到自己以及自己周围熟悉的人的生活，然后根据作者提出的言行举止特征来检验自己和别人的社会等级，或者感到满意，或者（更多的时候）感到害臊和汗颜，甚至感到一丝莫名的愤怒，因为你发现自己一直以来追求的东西竟然都缺少品味，自己原来是个没有多少格调的人。而且你发现周围的很多人都像你以往认为的那样是些很有档次的人，相反，他们不少人居然只能算是中产阶级甚或是贫民阶层里的一员。这无疑是令人难堪的事情。

我以为，这本书的独到和有价值之处就在于，它指出了品味和格调在社会阶层划分里的重要性，因为品味和生活格调是可以培养和学习的，它恰恰不像金钱和财产那样，获得的过程常常是一个人在精神和道德方面堕落的过程。通过自身的教养，一个人不需拥有很多金钱，就可以通过提高品味和教养，达到较高的社会地位。

作者为了给自己所属的社会阶层定位，提出了 X 阶层这一概念，即指那些有品味、有创造力、有思想、有影响力、生活得体但并不富有的阶层。这一概念后来成了美国新一代人的文化标志，比如 20 世纪 80 年代的"雅痞"阶层和 90 年代的"文化另类"（alternatives）阶层，从而进一步地解构了传统的等级社会，为社会分层标准开辟了新的向度。

今天的中国，正处于社会等级分层的新十字路口。几十年的平等社会神话已经打破，人们的社会等级观念正在急速地更新。推动这一变革的最有力因素就是金钱，占有金钱的多少正在把人们的社会地位重新划分。金钱取代了平等和社会公正，开始编织自己的神话和传奇，编织人们的生活梦想，同时毫不犹豫地粉碎着一大批人的致富期望。金钱成了一个不折不扣的社会隐喻，一个可遇不可求的价值符号，一个双重的象征：既象征着全部有关幸福的梦想，又象征着所有追逐金钱者的噩运，于是人们困惑地问道：难道这就是我们要实现的社会理想吗？

这样想或多或少有些过于悲观。事实上，在中国，一种新的社会生活观念已经或正在开始形成。越来越多的人感到，无止境地追求金钱并不能带来真正的幸福，也未必可以顺利地改变自己的社会地位。追逐金钱耗费了太多的时间、精力和创造力，而珍贵的不能重复的生命却在悄悄地流逝。不管现实中存在多少令人沮丧或使人激动不已的事实，有人发财致富，有人陷于贫困，但处在这两极之间的大多数人的生活质量正在得到明显的改善。他们不再是穷人，尽管他们也远远没达到富人的收入水平。正是这一部分人发出了追问：我们是谁？我们属于什么阶层？如果不喜欢追逐金钱，我们的希望在哪儿？我们的未来是什么？这个社会在金钱统治的道路上还会走多远？

本书正是在这一向度上提出了社会分层的新标准。不管你喜欢不喜欢这种标准，无论你承认不承认这样的事实，有品味有生活格调立刻能够使人们对你刮目相看（文化痞子和玩世不恭者除外。令人欣慰的是，他们的人数同前几年相比正在越来越少），使你获得更多的尊重和欣赏，从而提高你的社会地位。金钱固然重要，但是只有金钱并不能使你获得普遍的认可、尊重和赏识。你怎样花你的钱，用它购买什么样的消费品，这种消费方式使你呈现出什么特征，则成为更加要紧的问题。

尽管作者讨论的是美国社会中的等级现象，但市场经济带来的世界化趋同态势，美国对全世界其他国家越来越深的商业和文化影响，使得本书中描述的种种现象，已经可以在中国找到令人悲哀的对应。美国昨天和今天的等级困境，也许就是中国明天的生活闹剧。如果本书能够成为一面镜子，使中国人可以从中看出每个人未来的或正在显露的鄙俗和丑陋，从而开始注意培养品味和生活格调，也许还来得及避免跌入恶俗的低级生活趣味。

最后，我还想谈的一点是，此书的艺术特色。保罗·福塞尔的写作极具个性，措辞考究典雅，句子长而复杂，是典型的英式写作风格。他在行文中大量地使用了反讽手法，叙述幽默诙谐，有时几乎到了尖酸刻薄的地步。再者，书中对美国社会生活各个方面的观察和展示精微至极，如果没有敏锐的洞察力和社会批判眼光，是绝无可能做到的。这样一种风格，要想在译文中全部体现出来，简直没有可能。倘若我没有在美国长期居住的生活经验，是决计不敢去翻译此书的。好在两位年轻译者对作者语言的把握误差不大，这才保证了译文的基本质量。我想说的是，即便不能完全体现保罗·福塞尔的艺术特色，这个译本在展示作者的思想风格方面，无疑是一次经得住检验的努力。

在停笔之前，我不由地想到法国后现代大师罗兰·巴特，他在接受记者采访时谈到他所希望的理想生活，他说："有点钱，不要太多；有点权力，也不要太多；但要有大量的闲暇。"钱和权力对于一个生活在商业社会里的人来说不可全无，否则你会生活得没有尊严和安全感。但无止境地追逐金钱的生活也不值得，因为缺少品味。那么罗兰·巴特渴望得到大量闲暇用来做什么呢？他简单地回答道："读书，写作，和朋友们交往，喝酒（当然是葡萄酒），听音乐，旅行，等等。"简言之，过有品味的生活。因此，读过此书之后每个人都应该认真想想，你真正想过的生活是什么？至少有一种算法是聪明的：有钱并不必然使你的社会地位提高（这里并非在说经济地位，而是社会地位），因为这世界上总是有人不在乎你的钱财。但有生活格调和品味却必然会受到别人的尊重和欣赏，从而提高你的社会等级。

保罗·福塞尔写作此书的初衷，也许正是为了这一目的。

石　涛

1998 年 6 月于北京

中译本第 2 版[1] 序言
等级、格调,新的社会话题

《格调》中译本三年前的出版,在中国读者中产生了强烈的反响。作为策划者和译者,我感触良多。社会等级和生活品味这样的话题,已经再次进入中国人的生活。但在对此书的评论中,还存在种种试图淡化或消灭这一话题的努力,虽然这样做的结果反而强化了争论。有些批评者将此书的广受关注简单地归咎于"商业炒作",但在我看来,喜欢将问题简单化的知识阶层"平民代言人",再一次远离了大众社会生活的现实。

1. "阶级"还是"格调"

本书的英文名字是"CLASS",我将其译为"格调",受到一些批评文章的质疑。尽管我在《格调》第 1 版的前言中已对书名的译法做了说明,但仍有众多批评者评头品足,我如果不予以正面回答,恐怕真会给读者造成"有意炒作"之印象。

先从词义上说。按照《韦伯斯特大辞典》的定义,英语"class"一词有多重含义,翻译过来相当于中文的"种类、阶级、阶层、等级、班级"以及口语中常用的"格调、品味和档

---
[1] 2002 年广西人民出版社出版。——编者注

次"。在此种情形之下，取何种中文译法，便要斟酌作者的用意和书的内容来恰当决定，而不能仅从标题的字面意思确定。这大约是翻译工作的常识。

再者，从内容上说，福塞尔尽管是在讨论社会等级，但他的主旨却集中在各阶层人的行为举止、风范、品味和教养上。社会等级自古有之，但根据人们的生活品味来判断等级，却是福塞尔的独到之处。凡读过此书的人都能看出，福塞尔并非在写一本关于美国社会分层理论的学术著作。因此，如果简单地译为"阶级"、"阶层"或"等级"，显然不能准确反映此书的主题，会对读者形成误导。

另外，我们还可以从作者在书中对"class"一词的用法，来寻找恰当中译法的线索。比如，第二章中作者谈到肯尼迪在电视里看到尼克松时说："The guy has no class"，然后作者补充道："he was not talking about money"。书中这句话译为："'这家伙一点没档次'，当然他指的并非金钱。"那么肯尼迪说的"class"是指什么呢？根据作者上文提到的"……与金钱同样重要的因素还有风范、品味和认知水平"的语境看，此处的"class"指的显然是人的格调、品味或档次，而不是尼克松的社会等级。尼氏当时以副总统身份与肯尼迪竞选总统，如何能没有阶级地位？认为"class"一词必须译为"阶级"的人，除了对此书的理解存在偏差之外，我不得不说，其英文知识也是有限的。

最后，我想问，从什么时候开始，翻译书的书名必须直译而不能意译了？若必须直译，我们今天有多少翻译书需要改名呢？我至今记得，当年傅东华将美国小说 *Gone with the Wind* 翻译成《飘》，而不是《随风而去》，曾传为译界佳话；再有，朱生豪先生将莎士比亚的 Much Ado about Nothing 译为《无事生非》而不是《无事空忙》，以及宋兆霖先生将 Wuthering Heights 译为《呼啸山庄》而不是《伍瑟林高地》，等等，这类例子不胜枚举；并且，港台译界至今绝大多数译著的书名仍根据内容意译。说到底，书名的翻译是译者风格和原作内容结合的产物，从来没有所谓的一定之规。

2. 真问题还是"伪问题"

有文章称，"格调"对于中国人来说是一个"伪问题"（见《南方周末》1999年7月2日《新生活》专栏沈宏非的文章：《一切从〈格调〉开始》），此说法颇令人不解。如果说文章作者自己相当超越，生活格调问题并不进入他的生活，那么此事可以与之无关，但为何却必须与他人无关，因而要贬斥为"伪问题"呢？谁有权力为大众设定"真问题""伪问题"的判断标准？

按照社会学理论，社会问题是不能被凭空制造出来的，而是由社会需求、文化变革与经济发展决定的，并成为这些因素的外在表象和场景。随着经济生活的改善和个人财富的增加，人们追求生活格调的愿望也在生长。由于书中对等级社会里的种种恶俗和奢侈进行了精辟的描述和分析，《格调》一书很自然地抓住了中国读者的注意力。简单讲，人们之所以要阅读《格调》，是认为此书讨论的问题与自己的生活相关。

尽管此书谈论的是美国的社会等级与生活品味，但受全球市场和商业文化渗透的影响，各国社会生活中的共通性已经越来越普遍。因此，不仅仅是作者的视角具有启示性，作者描写的生活内容也已经有了大量的中国翻版。无视中国社会今天的生活形态或因对其缺乏观察而妄下断言，恰好暴露了知识分子的褊狭。不同文化中的"不可通约之处"固然存在，但由此便将生活格调处理为中国人的"伪问题"，却不具有任何说服力。

另一方面，按照这些批评家的逻辑，由于《格调》写的是美国，因而不是中国的"真问题"，其言外之意似乎是在说，中国人的生活不需要格调，在我看来这几乎是对国人的冒犯。也许中国人的生活再回到过去的"无差别"时代，才比较符合批评家们为国人设计的价值定位。虽然按照沈文的说法，讨论这个问题会"沦为最没有品味的行为之一"，但这一论断并没能阻止人们用大量的报刊篇幅从事这一"没有品味"的行为。

3. 中国之现实

既然争论集中在对中国现实的不同理解上，对这一现实的判定便显得十分必要了。我有时会大为好奇，《格调》批评者眼中的中国社会是否和我看到的是同一个现实。

我所使用的判断依据大致有三个方面：物质需求、文化需求和政治需求。在这些层面上，我观察到的情形是，无论衣、食、住、行等物质需求，还是教育、阅读、运动、娱乐、休闲等文化需求，以及越来越多地对法治、权利、社会公正等的政治需求，在今天的中国，都是人们迫切渴望全面改善的事物。如果实现这些需求的过程重新出现了社会分层，恐怕也是历史的必然，它既造成了差异，也提供了社会发展的动力。

我的问题是，为什么如此变化在有些人看来几乎不能容忍？为什么给人们提示阶层定位和理解自己生活方式的书被视为"误导"？难道没有此书的出版，人们就会终止改善自己社会地位和生活方式的努力？他们到底怕什么呢？

显然，这些文章都认为只有金钱才可能提高生活品味。换句话说，只有金钱是划分等级和品味高下的标准，没钱的人断然不会有品味，由此而判定《格调》一书是在讥嘲穷人，标榜上层阶级的生活方式。这种看似出于同情"劳苦大众"而进行的批判，恰好是在向"劳苦大众"宣判：他们的生活品味将永远得不到改善，因为那是有钱人的专利。

认真读过此书的人知道，这种说法显然歪曲了作者的原意。第一，作者提出通过一个人的格调判断其社会等级，并非意在提倡等级歧视。第二，作者坚定地认为金钱并不决定人的社会地位，他在书中举出许多例子来说明这一论断，比如美国总统的例子、名演员的例子、百万富翁的例子、地方议员的例子等，他们都很有钱，但都缺少品味。为了说明钱不决定一切的道理，他还举了"蓝先生"与"白先生"的例子。第三，作者提出了"另类"的概念，为人们摆脱等级困境提供了出路。

其实，《格调》批评者的表面说法只是烟雾，问题的根源还在于怎样看待社会分层。

从这些批评中，人们可以轻而易举地嗅出"乌托邦理想"和"平等社会"的潜台词。他们不能容忍存在社会等级差别的现实。为什么？其中的原因我只能猜测，除了对社会现实的隔膜以外，更可能的原因是，在一个存在等级差别和物质不平等的社会里，他们作为"精英分子"难以继续保持自身的优越地位。而在一个"乌托邦"社会中，只有他们掌握话语霸权，"劳苦大众"只能俯首听命。

至于另一篇文章，更是道出了这些人的精神优越感："《格调》的畅销恰恰是目前趋炎附势、社会庸俗的潮流的集中表现，它掌握、利用并且扩大了这样的趋势和这样的潮流。"（见《深圳周刊》林维稼的文章：《〈格调〉：正在流行的西餐炒冷饭》）

暂且不论《格调》是否具有这样的魔力，单从以上说法的严厉，便可以感觉到这些批评者的颐指气使。他们能够并且必须为大众生活方式的选择操心，必须代表社会良知行使道德权力。在他们看来，社会中的多数仍然是"劳动人民"或"劳苦大众"，需要他们的拯救。他们不愿面对社会转型时期的种种新的社会特征，继续用他们所特有的话语方式指控人们的生活方式，将人们改善自己生存处境的努力斥为"庸俗"。

说到底，一个没有"救世主"的富足的公民社会不符合他们的口味，一个存在等级差异的社会令他们无所适从。为了保住自己曾经拥有的知识和话语权力，他们不得不对诸如生活格调这类会令他们"迷失"的事物展开批判。对于这样一个正在逐渐"边缘化"的知识群体，我想再说几句话。

4. 知识分子悖论

今天，中国的知识分子群正面临最严峻的挑战，其生活形态和社会定位充满悖论。一方面，知识分子群体成为一个不确定的阶层。新的社会分层使知识分子的社会等级充满变数，他们在社会分层中的走向，大抵取决于其知识转化为社会影响力和生存手段的能力。

其次，在这一深刻的历史转型时期，知识分子的价值取向开始由过去的单一形态走向多元，若干不同的社会思潮将他们分化为不同甚至相互敌对的阵营，贴上了如"新权威主义""制度创新派""新儒家""民族主义""后现代主义""自由主义""保守主义""环境主义""女权主义""市场主义"等标签。这些标签的使用，显然有其现实理论立场的来源。

再者，大多数知识分子的知识结构陈旧，过去多年的无效训练难以转化为改善生存的手段，更不足以应付知识更新的挑战，无法适应从前现代社会[1]向市场经济和后工业化社会转型的现实。因此，由于社会发展的曲折轨迹和方向，多数知识分子从20世纪80年代社会变革推动者的位置上退下来，回到他们唯一熟悉的传统立场上来。虽然他们希望继续扮演"为民代言者"的角色，但由于持续的边缘化，逐渐失去了观察、体验和判断社会现实的语境。他们的立场固然多从"劳苦大众"的利益出发，但如果语境错位，则不但无法解释和实践历史变革，而且很容易陷入历史的诡吊。举例说，在纳粹法西斯统治德国时期讨论犹太人的"不良"商业行为，就是忽视价值立场和道德底线的做法，即便冠以"学术研究"的名义，其动机仍然十分可疑，即使不是助纣为虐，至少也是极端缺乏良知和人道主义责任。

事实上，"代言人"总是倾向于成为"指导者"。一有机会，"代言人"就打算指导别人的阅读，仿佛读者缺少起码的文化常识，如果没有他们的指导，即使像盆栽柑橘树在广东不说明等级这样的文化差异，人们也会搞不清楚，非得他们来指点迷津。在一个多元化发展的社会里，当人们有权选择自己的价

---

[1] 相对开放的后现代社会而言，前现代社会较为封闭，除了社会生活，更多的是思想上的封闭。——编者注

值取向时,这类"指导"就会显得既多余又滑稽。

5. 也谈"炒冷饭"

既然林文把《格调》一书定位为"西餐炒冷饭",作为译者,我想沿着林文的思路梳理一下这一说法。

如果说译介西方著作应被称作"炒冷饭",则自严复翻译《天演论》始的一切引进西方思想的努力均可被称为"炒冷饭"。所谓"冷"者,意思可能是说某一思想或理论已经在西方不时髦了,却又被引进到中国来,实在有辱国人的智力。言外之意是"热饭"可炒,"冷饭"还是留给西方人自己去慢慢吃吧。

若按此分析,便有三个问题需要讨论:一、引进西方思想是否是"炒冷饭";二、何为"冷饭"何为"热饭",标准如何定;三、是否只有"热饭"可炒而"冷饭"不可炒。

对于第一个问题,只要具有常识判断能力的人就可以回答,因为中国正是在引进和借鉴西方思想的过程中,开始自己的启蒙和现代性进程的。没有西方思潮的"东渐",中国仍会在闭关锁国的黑暗笼罩之中沉睡。

第二个问题则相当关键。一百年来,中国对引进"西学"的选择充满血腥的斗争,恰恰因为有此排他性的"冷饭"和"热饭"之分。认为某一理论"热饭"者,便很容易将其视为唯一"真理",对其他西方思想尽数排斥。而其判断标准,似乎只有一条,即能否为实现其一己的政治目的所用。不能为其所用者,一概作为"冷饭"扫荡之,绝不容许"败坏"国人的精神。一百多年后的今天,这一习惯仍然未改,即使是一本谈论生活格调与社会等级关系的书,也未能幸免被斥为"冷饭"的命运。

第三个问题最说明价值取向。我以为，有些被视作"冷饭"的东西恰恰是西方文化中的精华，只有不断地"炒"才能使其价值彰显出来。

这篇序言本不欲讨论严肃问题，然而"生活格调"引发的"等级"和"品味"大争论，实在让人无法不"严肃"。也许只有本书作者赞赏的"另类"一族，能真正游离于种种喧嚣之外，不为等级焦虑所困扰。

书通常是给读书人看的，不读书的人有其他的消遣方式。但如果一本书内容严肃却进入了大众阅读领域，则它的话题必然与大众有关。《格调》就是这样的书，无怪书出版后引出了一大堆克隆品种，妄图靠着相似的外貌蒙骗读者的钱财。如今一切都已风平浪静，再读此书，仍有无限乐趣。于是重新修订了文字，再加上敝人一篇描写中国人生活格调的拙作，重新授权广西人民出版社出版，以飨读者。

石　涛

2002 年 2 月于北京

出版后记

《格调》是20世纪90年代美国的畅销书，90年代末引入我国后畅销了很多年，还引发了国内的"品味之争"，使"品味""格调"一类图书成为一时的出版风尚。至今，许多人谈及等级、生活品味的话题，都绕不过这本书。但由于出版年代较为久远，很多人想读却苦于买不到。

作为《格调》的读者，我们也深知这种缺憾，于是想尽办法联系到了作者的经纪人，签下版权后就即刻开始了编辑工作。

这一次新版，我们对旧版进行了细致的编校加工：统一了前后文对同一名词、人名的译法，将一些商品品牌、人物、电影、城市、文学作品的过时或不准确译法修正为当前比较通用的译法，给一些人物、事件加了脚注，同时还对照英文原版更正了一些翻译错误，以期最大程度上方便读者的阅读，最忠实地还原作者的本意。

距离本书上一次出版已将近十年了，这期间中国的社会形态有所变化，但国人对等级、阶层问题的敏感程度丝毫不亚于作者笔下的美国人，2005年天涯论坛的史上最牛帖——"周易大战"所争论的就是这类问题。据网友判断，"周易大战"中的胜者周公子击败伪贵族的制胜法宝就是《格调》，可见《格调》

影响力之深远。

只要读过这本书，任何一个敏锐的头脑都能发现作者笔下的美国社会与当今中国社会之间奇妙的相似：书中讲到的大部分现象在今天的中国也能一一找到对应，比如彻底沦为旅游观光业的旅行，根本不具备相应办学条件的学校"升级"为大学，房地产商人用"家"的概念促销……因此，本书对今天的中国社会而言仍有很强的参考价值。

这本书胜在有趣、好读，从最日常的角度切入，本质上却是发人深省的严肃的社会学著作。在种种无聊模仿大行其道的今天，有趣也算得上一种稀缺资源。所以，我们可以拿这本书当镜子、当万花筒，照照自己、照照身边的人，也照照这个社会，不论等级上下、品味高低，多一些自嘲而不是愤慨，多一份清醒而不是麻木，还能乐在其中，总归是好的。

最后，感谢石涛老师为本书新版所做的一切。

服务热线：133-6631-2326　188-1142-1266
读者信箱：reader@hinabook.com

后浪出版公司
2016 年 12 月

图书在版编目（CIP）数据

格调：社会等级与生活品味 /（美）保罗·福塞尔著；梁丽真，乐涛，石涛译 . -- 2 版 . -- 北京：北京联合出版公司，2017.2（2024.11 重印）
ISBN 978-7-5502-9291-8

Ⅰ . ①格… Ⅱ . ①保… ②梁… ③乐… ④石… Ⅲ . ①社会地位—分析—美国②阶层—分析—美国 Ⅳ . ① D771.269

中国版本图书馆 CIP 数据核字 (2016) 第 299350 号

CLASS: A GUIDE THROUGH THE AMERICAN STATUS SYSTEM by PAUL FUSSELL
Copyright: © 1983 BY PAUL FUSSELL
USA Permissions granted through BIG APPLE AGENCY, INC., LABUAN, MALAYSIA.
Simplified Chinese edition copyright: 2017 Ginkgo (Beijing) Book Co., Ltd.
All rights reserved.
本书中文简体版权归属于银杏树下（北京）图书有限责任公司

格调：社会等级与生活品味

作　　者：[美]保罗·福塞尔	译　　者：梁丽真　乐涛　石涛
出品人：赵红仕	选题策划：马国维
出版统筹：吴兴元	特约编辑：罗炎秀　张怡
责任编辑：李征	营销推广：ONEBOOK
装帧制造：墨白空间·陈威伸	

北京联合出版公司出版
（北京市西城区德外大街 83 号楼 9 层　100088）
河北中科印刷科技发展有限公司印刷　新华书店经销
字数 200 千字　889 毫米 ×1194 毫米　1/32　9.5 印张
2017 年 2 月第 2 版　2024 年 11 月第 17 次印刷
ISBN 978-7-5502-9291-8
定价：68.00 元

后浪出版咨询（北京）有限责任公司　版权所有，侵权必究
投诉信箱：editor@hinabook.com　　fawu@hinabook.com
未经书面许可，不得以任何方式转载、复制、翻印本书部分或全部内容
本书若有印、装质量问题，请与本公司联系调换，电话 010-64072833